D1720497

Die Puppen von New York.

Ursula Voß

# Die Puppen von New York

## Der Salon der Familie Stettheimer

parthas berlin

# Inhalt

*Gegenüber: Florine Stettheimer, 1917*

*Das Foyer des Puppenhauses*

# Vorspiel im Salon der Puppen von New York

Bei der Einweihung des New Yorker Museums für Stadtgeschichte – damals noch im Old Gracie Mansion am Ende der 88. Straße am East River beheimatet – gab sich ein Chronist großmundig transkontinental: Im Valentine's Manual of Old New York von 1926 steht auf dem Vorsatzblatt ein Shakespeare-Vers:

> I pray you let us satisfy
> Our eyes –
> With the memorials and the things of fame
> That do renown this city.

An jenem Eröffnungstag am 7. November 1924 liefen gleich unterseeischen Kabeln Fäden zum London Museum im britischen Königreich und dem Musée Carnavalet in Paris. Orte ehrwürdiger Relikte, so materiell wie immateriell beschaffen. Horte, wo im Gemäuer, im nachgestellt historischen Ambiente, das Echo der Wörter, der Seufzer, der geflüsterten Vertraulichkeiten oder der Häme und Ranküne, der giftigen Nachrede aus Kabinetten, Gemächern und Salons des alten Europas hörbar nachklingt. Bruchstücke hoher Konversation dringen in die Gehörgänge der Handvoll Eingeweihten unter den Besuchern, den Kennern von Memoiren, Denkwürdigkeiten und Korrespondenzen, und ergänzen angelesenes Wissen. Hinter solchen Mauern haust sie, die »oral history«, die gespeicherte Erinnerung von Kulturnationen.

Gemessen an der Welthaltigkeit der einstigen Gespräche, der Diskurse oder Debatten, ihrer Ausuferung hie und da ins Metaphysische, wünschten sich die Bewahrer und Heger des Wortes, der ultima ratio menschlichen Seins, einen Kuppelbau als Aufbewahrungsstätte. Will man sich im Format bescheiden, so genügt als Kristallisationspunkt gleichsam ein Kabinettstück von Puppenhaus, das anno 1945 dem New Yorker City Museum geschenkt wurde: The Stettheimer Dollhouse. Ein Juwel. Die Kleinstwelt eines Avantgarde-Salons im Manhat-

7

tan des Jazz-Zeitalters. Diesen regierten in den 1920er und 30er Jahren die drei deutsch-jüdischen Schwestern Stettheimer. Sie waren unvermählt und stolz auf diesen Status. Salonnièren großen Stils dank ihres Vermögens, ihrer Bildung, ihrer Europa-Erfahrung, ihrer Frankophilie (bei unverhohlener Germanophobie) und ihrer Toleranz gegenüber dem zu ihrer Zeit noch moralisch Bizarren: der Transgression. Ihr Snobismus ließ auch das Vulgäre zu. Für die schon jenseits der Halbzeit ihres Lebens angekommenen »Stetties« waren Eleganz und Extravaganz Begriffe, die als Schibboleth dienten.

Schälen wir sie heraus aus ihrer Verpuppung im Dollhouse: den Engel der Familie, Caroline Walter Stettheimer (1869–1944) – ihr oblagen die Gastmahle, die Reisen, das Haushalten in der Stadt und an den Feriensitzen, und sie schuf in langjähriger Geheimwerkelei ihr eigenes Ibsen-Puppenhaus. Florine Walter Stettheimer (1871–1944) ragt als Mittelfigur des »Triumfeminats« weit über ihre Schwestern hinaus. Sie gilt so gewiß als eine Malerin der amerikanischen Moderne, genauer: einiger Aspekte des American Way of Life in der ersten Hälfte des 20. Jahrhunderts, wie sie dieser Moderne, die noch wild und unsicher sich gebärdete, ihre zarte Inidividualität entgegenhielt. So sehr leistete sie sich Privatheit in Sachen Kunst jenseits des Mainstream, der über die Meere hinweg Kontinente verband, daß sie ihre preziöse, eklektizistische und innerhalb der Ars fantastica einzigartige Malerei nicht in den Handel gelangen ließ. Allein der Gedanke, eines ihrer Werke könnte ins Schlafzimmer eines Mannes gelangen, wurde zum Albtraum. Sie trug ihre Haut nicht zu Markte, wie denn jedes ihrer Bilder ein Stück Lebenshaut mit einer Tätowierung war, die verschlüsselt viel von der Künstlerin preisgab. Deutlicher wurde sie in ihren Gedichten, den *Crystal Flowers,* scharfkantig darin ihre Zynismen wie Glassplitter. Diese lakonischen Poeme spiegeln den Lebensgang wider, in einem flüchtig dahingleitenden Parlando sind unter der Oberfläche wie in der eines schnellen Flußlaufs Tiefen ahnbar. In den Gemälden hingegen wird das unmittelbar wie auch das einst Erlebte und doch Nie-so-Gewesene den Wunschvorstellungen angepaßt. Bildträume reimen sich auf Fluchträu-

8

me. Interpreten und Kritiker fragten und fragen sich noch heute: Wohin mit diesem exotischen Vogel in der amerikanischen Kunstlandschaft?

Die Jüngste unter den Schwestern, Henrietta Walter Stettheimer (1875–1955), galt als die Intellektuelle bei den gleichwohl belesenen Älteren. Sie erwarb ihren Doktorhut im Fach Philosophie und strebte eine Karriere als Schriftstellerin an, nur wollte sich kein Erfolg einstellen. Dafür war sie eine bekennende Feministin, die jedoch den Männern keineswegs abgeneigt war, was sie dazu brachte, einen Roman *Love Days* zu nennen. Den Wahrheitsfanatikern nimmt Sigmund Freud die Illusion, sie könne sich in einer autobiographisch gefärbten Erzählung dem Leser enthüllen; Wahrheit sei nicht zu haben, und wenn man sie hätte, dann sei sie nicht zu brauchen. Henrietta ging es um die Vertuschung einiger Wahrheiten oder Wirklichkeiten, als sie nach dem Tode Florines deren nachgelassene Schriften, Korrespondenzen und Tagebuchnotate so bearbeitete, daß allzu Privates nicht an die Yale University Library gelangte. Streichungen und Ausmerzungen von Etties Zensorenhand wahrten jene Privatheit und Intimität, die Florine höher stellte als jedes offene Bekennen der Höhen und Tiefen ihrer Person, welche dem Verstehen ihrer Kunst dienlich gewesen wäre.

Das Schwesternheiligtum war Henriettas Geschenk an das Museum of the City of New York. Der Schaulust der Flaneure waren, von außen betrachtet, enge Grenzen gesetzt, die, je nach Kraft und Intensität der eindringenden Phantasie, sich zu Räumen der Erkenntnis erweiterten.

Bedeutende Menschen sollen also diese Miniaturmenschlein im Schachtelgehäuse einmal gewesen sein! Im Puppenhaus bündeln sich wie in einem Brennglas Strahlungen, welche die einst dort Gewesenen immer noch aussenden. Richten wir unsere Lupe auf die Doppelgängerpuppen all der Kultur-Gurus: Marcel Duchamp, Gertrude Stein, die Baroness de Meyer, Henry McBride und Edward Steichen und viele andere mehr. Doch bevor sie zu Beginn der 1970er Jahre ins Puppenhaus einzogen – also drei Jahrzehnte nach seinem Entstehen – stand es leer. Oder vielmehr doch nicht leer, denn wie kann ein Schrein der eingefangenen Stimmen, des Dahergeplauderten, des Klatsches oder der kleinen

Bosheiten jemals leer sein? Die Stettheimer-Schwestern waren Ladies, Damen von Welt, und so gelassen beim Zuhören wie im Überhören gewisser Dinge. Und stets fließt Neues in den Sprachstrom hinein, in dem wir schwimmen – wir, die »Sprachtiere«[1], wie die alten Griechen meinten. Wie lange ist es schon her, daß man noch Regeln aufstellte für die Causerien in den Salons des 17. und 18. Jahrhunderts, wobei im Ancien Régime besonders strenge galten. Deren Gebieterinnen führten die Freunde der Stetties namentlich im Munde und blickten dabei ihre Wiedergängerinnen, ihre Gastgeberinnen an, fabelhaft elegant in Pariser Couture.

Münder, denen Wortkaskaden entströmten, sind zu Asche geworden, sind, einem kosmischen Gesetz gehorchend, zum Firmament der Menschheitsgeschichte aufgestiegen und als Sternenstaub verblichener Geister herabgerieselt. Geglitzer im Puppenhaus! Jedes Partikelchen ein einst gesprochenes Wort. Sie sind allemal Seelennahrung für die Bedrängten und  Bekümmerten oder Gelangweilten. Seelen, die nicht tot genannt werden wollen, sondern noch immer im Kulturgedächtnis herumflattern möchten als »social butterflies«[2]. Gesellschaftsschmetterlinge nannten die in New York ansässigen Damen deutscher Zunge jene hochgestochenen Amerikanerinnen, die sich das Adjektiv »sophisticated« wie eine Brosche an ihre Corsagen hefteten. »Miss Butterfly« und »Flutterby« sind Namen, mit denen Florine ihr Ich mit Feder und Pinsel umspielt; sich und ihre Schwestern malte sie sylphidenhaft. Malte Menschen wie schwirrende Wortträger, die weiblichen in den Gazegewändern der Chrysaliden, den Modepüppchen der Natur. Vor ihrem Zustand der Verpuppung im Reich der Schmetterlinge und Insekten waren die drei Schwesterwesen nach Art der Töchter vom Alten Stamm von delikater Empfindsamkeit. Wahrerinnen des Geschmacks, des bon goût und bon ton der Konversation in ihrem ultrafemininen Salon, den das Puppenhaus in vielen Facetten widerspiegelt; jede dieser Facetten mitsamt ihren Staffagefigürchen bildet ein Konversationsstück nach Art der englischen Malerei. Gebildete Herrschaften sitzen da in verstummter Unterhaltung.

Wie sich bei den Stettheimers die Sprachebenen überlagerten und überkreuzten, bleibt im Nachvollzug ein linguistisches Puzzle. Zuoberst schäumt dadaistischer Wort-Ulk. Dagegen opponiert in der tiefsten Schicht das biblische »Am Anfang war das Wort«. Wie sehr die jüdische Kultur eine Kultur des Wortes ist, bekräftigt der Dichter, der im Gesichtskreis der Schwestern herumgeisterte: Marcel Proust. Seine poetische Kraft schien ihm von den alttestamentlich Propheten zu kommen, alle die hebräischen Lyrismen, die apokalyptischen Klagen. Sein Roman *À la recherche du temps perdu* wurde Florine zur Begleitlektüre zeit ihres Lebens; nach jedem letztgelesenen Wort folgte das erste, so als begriffe auch sie sich auf der Suche nach ihrer eigenen verlorenen Zeit. Aber ob sie nach dem Judaismus als einer Religion des Wortes forschte oder ob sie sich einwiegen ließ vom Cantus der Melancholie, die ja ihre eigene war, die sie mit dem Cole-Porter-Sound übertönte, ist dabei unerheblich, nicht aber die Lehre vom Wert der Vergangenheitsbeschwörung, zu der sich die Künstlerin durch Marcel Proust herausgefordert sah.

Das Wort, dieses sakrosankte Kulturgut zu wahren und nach den Gesetzen der Sprachkunst zu behandeln, seiner Aura der abgelebten Zeit ein gewisses Flair der Jetztzeit beizufügen, der Avantgarde, des Modernismus, wurden Anliegen und Aufgabe der jüdischen wie der nichtjüdischen Salonnièren. Bei den drei Schwestern erfuhr noch der Smalltalk eine gewisse Weihe, wenn beinahe im gleichen Atemzug das Gespräch vom Heiligen Geist auf die gefeierte Diva Mae West überging. Daß diese wegen ihres Schauspiels mit dem knappen Titel *Sex* verhaftet und das Stück polizeilich verboten wurde, sicherte ihr ein flüchtiges Interesse bei der erotisch recht aufgeschlossenen Henrietta.[3] Ihrem Mund huldigte Salvador Dalí mit einem üppig geschwungenen karmoisinroten *Lippensofa Mae West* – ein surrealistischer Scherz mit tieferer Bedeutung. Das Sofa ist unverzichtbares Requisit der Gesprächskultur, wie die Kline im alten Griechenland, wie der persische Divan, wie das sogenannte »Berliner Judensofa«[4].

Im Puppenhaus thront auf einem steiflehnigen »settee« (laut Lexikon ein kleines Sofa) Mrs. Stettheimer senior – das Über-Ich einer jeder

*Die Fassade des Puppenhauses*

ihrer Töchter. Ihre Haltung gleicht der einer archaischen Muttergottheit auf Steinsitz, eine altägyptische Sitzfigur und als solche Hüterin einer jahrtausendealten Tradition, welche sich seit den Tagen des Mittleren Reiches fortsetzte und sich den religiösen Bräuchen der nachfolgenden Generationen aus dem Lande des Nilstroms anpaßte. Jenem Granitsitz der götterähnlichen Wächterinnen widerfuhr in der Neuzeit eine gewisse Profanierung, er mutierte zum gepolsterten Sitzmöbel, dem Sofa. Es weist den Stil der jeweiligen Epoche auf, dient aber weiterhin der Aufgabe seiner unentbehrlichen Präsenz in den geselligen Gesprächskreisen. Es wurde Zeuge wandelnder politischer und ästhetischer Urteile im Zuge der Aufklärung, des Enlightenment – europaweit. Vornehmlich die Salonmaler und vor ihnen schon die Porzellanmodelleure brachten das Sofa als dekorativen Sitzplatz eleganter, arrivierter oder anrüchiger und nur durch Schönheit geadelter Frauen zur Geltung.

Das Weib, das Wort, der Divan bildeten einen irritierenden Dreiklang für Illustratoren und Karikaturisten. *Caffée Clatché* nannte Daniel Chodowiecki im 18. Jahrhundert seine Salon-Satire *Die klügsten Leute in der Stadt*: »Où peut-on être mieux qu'au sein de sa famille – das heißt zu Teutsch: Gleich und gleich gesellt sich gern«.[5] Ein in Kupfer gestochenes, sehr belebtes Biedermeiersofa. Schnatternde Gänse, kollernder Truthahn sowie Katzen üben sich in der Fächersprache, das Huhn gackert, die Pfauen sind still. Dabei wüßten sie vieles lautstark vorzutragen: ihre Mythologie, ihre Symbolik, ihr Debüt am Hofe Königs Salomos, ihre Rolle als Begleittier der olympischen Juno wie der Femme fatale – überhaupt ihre Beziehung zur Frau. »Die weiblichen Seelen sind Pfauen, deren Juwelengefieder man in reine und geweißte Wohnungen unterbringen muß, indes unsere in Entenställen sauber bleiben«[6], so der Spottvogel Jean Paul.

»So absurd, so German!« nach Meinung der Stetties, wollte man ihre Stimmen aus dem Concerto der Kommentatoren heraushören. So deutsch, wie weiland die Weimaraner Hofgesellschaft am Tisch der Herzogin Anna Amalia. Die Damen in weißen hohen Hüten, stickend und beredt, sie mimen die Abendunterhaltung von anno 1795 im verblaßten Aquarell. Der Künstler wie vor einem Schaukasten sitzend, um die nach lebenden Personen modellierten puppenhaften Figürchen abzumalen ... Der Geist ihrer Gespräche ist längst entwichen. Aber die Historiker werden die Plaudermünder wieder zu öffnen verstehen und ihnen das Sprach- und Gedankengut aus all den Tagebüchern und Briefwechseln eingeben, so wie man beispielsweise Spieldosen mit einer sprechenden Apparatur versah, ähnlich wie bei den mechanischen Musikpuppen aus dem Italien des 18. Jahrhunderts, die von einem eingebauten Uhrwerk angetrieben wurden. Auf die herzogliche Hofgesellschaft bezogen ein Procedere wie eine Phantasmagorie: die Rekonstruktion des – vielleicht? – so Gewesenen, das Wiedereinholen verwehter Wörter, um den gleichsam eingefrorenen Moment der Konversation aufzutauen und zu verlebendigen.

So gesehen überdauert eine alte, aristokratische Höflichkeit, die man noch den Stettheimer-Schwestern nachsagt und ihnen Adel zugesteht. Das Gespräch als eine Form des sozialen Gestus gilt es aus der gemalten Zweidimensionalität einer Soirée von Florine Stettheimer in die Dreidimensionalität des Puppenhauses zu überführen. Es bleibt ein reizvolles Gedankenspiel, einer Gesprächssimulation nachzuspüren und aus der Körpersprache der Puppen Dialoge zu erraten. Eine Denkübung der Kulturbeflissenen im Museum of the City of New York. Intellektuelle unter ihnen und Snobs, die Geschmack finden an einem gewissen übertriebenen Dada-Flair. Diese Allüre verträgt sich durchaus mit der Rückbesinnung auf die historischen noblen Gestalten, selbst anhand ihrer steifhalsigen Wiedergänger en miniature.

Mit der amerikanischen Elle gemessen ist es nur ein Steinwurf vom Weimarer Musenhof zur Arnstädter Puppenstadt Mon Plaisir. Dessen Schöpferin Augusta Dorothea von Schwarzburg-Arnstadt (1666–1751) war eine hochverschuldete Sammlerin von Porzellan und Kleinodien aus China, Japan und Persien. Mit dem Kleinstaat Mon Plaisir suchte sie sich von der Bedrückung zu befreien, doch das feudale Vergnügen erwies sich ebenfalls als ein sehr kostspieliges Ventil. Man betrachte diese wachsköpfigen Miniaturwesen, man entkleide sie ihrer seidenen Roben mit der Watteaufalte, man nehme den Perückenkavalieren ihre Westen, ihre Justaucorps aus Silberbrokat, sodann stecke man die dürren Bälge in die schwarzen Herrenanzüge und Charleston-Kleidchen der Puppenhaus-Figuranten – geblieben ist im anderen das Gleiche. Die gleichen unbiegsamen Rücken, die Antlitze faltenlos und die Mienen drücken ein grenzenloses Erstaunen über ihr Sein und ihre Zeit aus, über ihr – im philosophischen Sinne – Hineingeworfensein in eine erstarrte Puppenexistenz. In diesem Sinne stimmen die Fragen der Lebenden und der Nichtbelebten im Museumsraum überein. Wer einen existenzphilosophischen Diskurs puppenhaften Wiedergängern in den Mund legt, der beweist auch den Charakter des Ephemeren so mancher Idee, die Unwichtigkeit so mancher Argumentation – oder schlicht die Oberflächlichkeit der nachgeplapperten Theorien von Denkern. Widerstreitendes schwirrt im Puppenhaus herum wie in einem Insektarium.

Im Zuge der unaufhaltsamen Kulturrevolution geschah die Opferung der Köpfe. Noch im 21. Jahrhundert greift ein Künstler zur Guillotine, läßt seinen – in diesem Fall lebensgroßen – Dummys oder Schneiderpuppen ihren historisch modischen Habit aus dem 18. oder 19.

*Die Galerie des Festsaals im Puppenhaus*

Jahrhundert. Yinka Shonibare will seine Geschöpfe als Meditationsobjekte verstehen: »meditations on the complexity of identity, coming at the question from the indirect angles provided by wit, ambiguity and beauty.«[7] Die kopflosen Figuren des Briten mit nigerianischen Wurzeln stecken in bunter afrikanischer Kostümierung, wobei die traditionelle Musterung auf ursprünglich in Holland hergestellte Wachsdruck-Textilien zurückgeht, eine Übernahme der Batik in der indonesischen Kolonie. Also weder in der Welt noch im Reich der Puppen echte Authenzität. Der oben zitierte Interpret dieser »complexity of identity« gesteht den Skulpturen Witz, Doppelsinnigkeit und Schönheit zu – je nachdem, aus welchem Blickwinkel man sie betrachte und welcher Hemisphäre man sie zuordne.

Das Publikum in den Museen staunte. In *How to Blow Up Two Heads at Once (Ladies)*[8] von 2006 zielen zwei Mannequins in bürgerlich angepaßter Belle-Époque-Mode, gerafft und gerüscht, aber kaum dekolletiert, mit langläufigen Duellpistolen aufeinander! Nur daß die Köpfe schon vor dem Schuß in die Luft geflogen sind. Die Austragung feministischer Diskurse und auch von Frauenrivalitäten mit gezückter Waffe beschäftigte die Phantasie der Illustratoren und Kunstmaler im Fin de siècle. Dem Kopfabtrenner und Meister der verhauchten Seufzer widerfuhr eine große Ehrung. Königin Elisabeth II. ernannte Yinka Shonibare 2005 zum Member of the Order of the British Empire (MBE). Sich eine Begegnung zwischen dem Künstler und den Stettheimers vorzustellen, würde zu einer Art von imaginärem Dialog führen, eine surreale – in Frankreich gepflegte – Spielart der Salonkonversation. Henrietta als Intellektuelle und Feministin würde ihren Abscheu bekunden. Caroline würde der Gedanke an die königlich noble Geste versöhnlich stimmen. Queen Mary wurde ihr zum Leitstern in Dingen der Mode und Allüre, und Queen Marys Puppenhaus aus den 1920er Jahren mochte sie vor Vollendung ihres eigenen Projektes beflügelt haben. Abstruse Ideen! Sie wurzeln in der Tradition des französischen Salons der Literatur- und Kunstbeflissenen, die sich in den europäischen Idiomen verständigten; die Ausläufer dieser Salonidee reichten bis an die Gestade der Neuen Welt. Von New York City, Manhattan, wo die Stettheimers ihren Salon führten, war es gedanklich nicht weit bis zum Ausgangsort Paris. Dort, wo sich zu Beginn des 17. Jahrhunderts die sprachbeflissenen Preziösen – vorwiegend Damen – im Blauen Zimmer des Hôtel de Rambouillet einfanden. Ein Laboratorium stilistischer Verfeinerung und zugleich, erwägt man die komplizierten Psychen, ein Labyrinth weiblichen Seins. Nicht anders ist das Stettheimer-Puppenhaus zu verstehen.

# Im goldenen Netz der »anderen« Gesellschaft. Die Familie

Was ist dieses Puppenhaus anderes als ein nach außen gekehrtes Inneres. Die Außenhaut gleichsam einer Innenhaut, welche eingekerbte Zeichen und Symbole zeigt. Bei ihrem Entziffern lassen sich die Wunschvorstellungen der einstigen Bewohnerinnen ausmachen: das Sehnen nach einer Opulenz der Räume, die ein Liliputformat zwar nur schwach erfüllt, doch immerhin ließen sich Vergoldungen anbringen, kristallene oder eben nur gläserne Lüster und Möbelchen, denen das Wort vom »Jewish Rococo«[1] stillschweigend aufgeprägt zu sein scheint. Blumen fehlen hier. Allenfalls exotisch Florales bieten Wandverkleidungen, und dazu noch das Pfauenmotiv, oder die Petit Point-Bezüge der Sesselchen und des Sofas. In der gelebten Wirklichkeit fehlte es in den Wohnungen der Stettheimers nie an täglich erneuerten Blumen in den Vasen, die auf Florines Bildern weiter und weiterblühen, manche in unwahrscheinlicher Größe …

Blühende Terrassen fanden die Schwestern im Sommer in Westchester County, auf dem von ihnen angemieteten Landsitz von Jay Gould. Das war in den 30er Jahren, und den dubiosen Ruf des längst verstorbenen Magnaten ertränkte das Meer der Farben und der Düfte in den legendären Gewächshäusern. Auch er häufte Kunstwerke an, vor allem Gemälde. Seine Tochter Anna hatte 1894 in Paris den Marquis Boniface de Castellane kennengelernt; sie galt als die Reichste der Vereinigten Staaten, der junge Aristokrat war fast bar aller Mittel, als er das Sommerhaus der Goulds auf Long Island betrat – »la maison sans architecture«. In seinen Memoiren *Comment j'ai découvert l'Amérique et l'art d'être pauvre* ersteht der Schrecken von neuem: eine meterhohe Halle, halb Salon, halb Vestibül, mit »snowboots« und »tennis rackets« bestückt, an den Wänden eine Stierkampfszene von Diaz in blutigem Realismus gegenüber Gainsboroughs Portrait der Herzogin von Marlborough. Ein Konzertflügel in Form eines vergoldeten Meeresungeheuers … Seine Wohnsitze ließ Gould im Stil des Gothic Revival errichten.

Man hat Jason Gould (1836–1892) als »The Wizard of Wall Street«[2] bezeichnet, der Hexer an der Börse. Ein schlanker Mann mit dem »braunen Bart des Propheten, der nie seine Stimme erhob«[3]. In schrägsteiler Sütterlinschrift notierte Thomas Mann in seinen Paralipomena das »Beispiel eines Railway Kings. Jay Gould, geb. zu Roxburg im Staate Newyork«[4] und zählte auf: Union Pacific, Missouri Pacific, Texas and Pacific, Pacific Mail Steamship Company, Western Union Telegraph Company, New Yorker Hochbahnen … Ein »Leviathan, ein Vogel Roch«[5] trug ihn im Märchenroman *Königliche Hoheit,* eingehüllt in die Aura aus Gold- und Kohlenstaub, das Gefieder aus Eisenspänen, über den Ozean in eine kleine deutsche Residenzstadt.

Im Jahr 1916 veröffentlichte der New Yorker Verleger Alfred Abraham Knopf *Royal Highness* als »fairy tale« aus der kriegführenden Nation, ein Jahr bevor Präsident Wilson in den Ersten Weltkrieg eingreifen sollte. Die Romanze einer Milliardärstochter mit Indianerblut, der kein verarmter französischer Aristokrat über den Weg lief, sondern ein bedürftiger Prinz, untermalt Säbelgerassel und wilhelminisches Hofzeremoniell. Was aber blieb bei diesem Transfer von den Originalfiguren übrig? Von dem Modell Anna Gould vor allem? Sich die Stettheimer-Schwestern auf der Blumenterrasse mit Hudson-Blick über der Lektüre des Buches (es wurde 1926 und 1939 wieder aufgelegt) vorzustellen ist ein ganz freies Gedankenspiel.

Da tauchen aus den Buchseiten die »Adirondacks« auf, waldreich und gebirgig im Nordosten von New York; oder »das Schloß Newport an der See«, »die Gartenpartien« dort und die »Blumenkorsos«; »man ritt spazieren und fuhr Four in hand oder im Automobil«[6] –, wie vertraut waren die Stetties damit, wie geläufig waren ihnen die Schauplätze der Erzählung, diesseits und jenseits des Atlantik. Ja, sie hatten diese Luft geatmet, auf den Ozeandampfern und in den Metropolen Europas. In Paris hatte man die Gesellschaftsspalten in den Journalen gelesen; die enthielten den Rohstoff für hunderte von Romanen (weshalb sich auch Thomas Mann diese Quellen beschaffte). »La Marquise de Castellane, née Gould, au bal du Comte et de la Comtesse«, ihre Roben, ihre Juwelen – noch einmal ausgebreitet im schimmernden Glanz und aufbewahrt für eine kleine Ewigkeit in Druckbuchstaben.[7] Wie das Hochzeitscollier von 1895: »une chaîne de 200 diamants«[8], ein Geschenk Frank Jay Goulds an seine angebetete Schwester Anna. Wie die »arabische Milchschimmelstute«[9] auf einem Zeitungsphoto mit der Marquise im schwarzen Reitkleid nun romanhaft trabt und trabt; wie auch der enorme Perlenanhänger Annas auf dem Kameraportrait von Paul Nadar, der in Köngliche Hoheit zu einem »großen, eiförmigen Edelstein«[10] am Halse der kleinen Romangestalt mutiert: der Schatten Anna Goulds begleitet sie durch das Buch.

Doch der Schatten verdunkelt sich zum Makel, wenn das Diamantcollier »doppelt und dreifach« um einen »bräunlichen Hals« geschlungen und auf »bräunliche Schultern« gelegt wird[11], wenn das Blitzen der Edelsteine die exotische Erscheinung einer sehr Dunkelhaarigen betont und auf die indigene Abstammung aufmerksam macht. »Indianisches Blut« und »schwerer Makel« bilden eine Gleichheitsformel, »einen solchen Makel, daß Freundschaften und Liebesbündnisse mit Schimpf und Schande auseinandergehen, wenn eine derartige Abstammung des einen Teiles ans Licht komme«.[12] Das Fatum der Blutmischung wird zum Albtraum.

Welch eine Phantasmagorie! Das Schwesterntrio auf Jay Goulds Sommerterrasse mit Blick auf ein Blumenmeer und darunter der Hudson River. Mutmaßungen über einen Schlüsselroman um des »Leviathans Tochter«, »schwarzbleich« mit »übergroßen Augen«[13] wie die Anna de Castellanes auf der Portraitphotographie von Nadar. Die Stettheimers hätten es von ihren Pariser Tanten erfahren können, was böse Salonzungen verbreiteten: der Marquis hätte seiner Frau aus dem Indianerland Amerika den Rücken epilieren lassen – eine im Wortsinn haarige Geschichte. Überhaupt gediehen im Pariser Fin de siècle unter Federführung der beiden Schriftstellerbrüder Edmond und Jules de Goncourt Überlegungen zu Haarfarbe und Rasse. Im Tiziankolorit einer blonden Jüdin sei immer eine Spur Gold zu sehen[14], wie auf dem berühmten Bild der ruhenden Venus – Florine wird es einmal auf ihre Weise malend neu erschaffen. Kein Betrachter würde auf die Idee Edmond de Goncourts verfallen, der am 28. Februar 1876 ins Tagebuch notiert, daß sich in ihrem rötlichen Haar wie in den Händen der jüdischen Finanzbarone das echte Gold ausmachen ließe – nicht in diesem gewagten Selbstportrait à la Manet von 1915/16! Die Mode der antisemitischen Mythenbildung im Stil de Goncourts war in den Augen der Ästheten und der Kunstliebhaber wie der Literaturkenner vorüber. Marcel Prousts Romanbilder der »Belle Juive« aus dem Geist des Alten Testaments bestücken geradezu eine Schönheiten-Galerie; darin wandelte Florine umher – zog sie Vergleiche, bedachte sie ihre eigene »Jewishness«?

Die Eisenbahnepisode trug sich am 26. Mai 1912 zu. Florine war in Frankreich auf dem Weg nach Lourdes. Im Coupé eine Trauerverschleierte. »Sie wollte unbedingt meinen religiösen Glauben herausfinden. Ich machte mir das Vergnügen, ihr zu erzählen, daß ich keine Christin sei – in der Tat eine Jüdin – und sie konnte es nicht glauben – ich war nicht *le type*«. Die Dame hakt nach, ob die Mutter auch Jüdin gewesen sei und ob es noch andere Juden in Amerika gebe. »Ich sagte ihr, alle ihre Heiligen und ihr Heiland und die Heilige Jungfrau wären Juden – sie glaubte es nicht – und sagte, der einzige, den sie kenne, sei Judas, der Verräter Ischariot! […] Sie griff mir ans Kinn und meinte, sie würde für mich um einen Sinneswechsel in Lourdes beten – ich fragte sie, ob sie es gern sähe, wenn ich für ihren Sinneswechsel in meiner Kirche beten würde! Ich erzählte ihr nicht, daß ich in dieser selben Kirche nie einen Gottesdienst besucht habe.«[15]

Der Wortwechsel hallte nach. In Versailles sprach Florine mit einem Priester, ob alle Franzosen wie diese fromme Dame dächten, und ob die religiöse Unterweisung eher eine politische sei: Judas, der Verräter als einziger Jude in der Bibel! Der eloquente Befragte fand das beklagenswert: »Ich denke, er muß ein Jesuit sein!«[16] Es war der Bischof von Tours. Die Einstellung der Nichtgetauften im christlichen Sinn gegenüber der »organisierten Religion«[17] blieb zeitlebens ambivalent. Ohnehin stießen ethische wie moralische Zwänge auf Ablehnung bei ihr, zumal sie darin meist die männlich autoritäre Hand spürte. Andererseits lag ein gewisser Reiz im Pomp einer römisch-katholischen Messe, der einen gefangennahm und zu einem frommen Bühnenspiel geradezu verführte: *Four Saints in Three Acts*. Hingegen hatte sie wenig Achtung vor einer Kirche, in der Juden, »fashionable Jews«[18] nach ihren Worten, die christliche Taufe empfingen. Jede Form von Hypokrisie, vor allem der religiösen, verachtete sie und betrachtete – wie so viele assimilierte deutsch-amerikanische Juden – den Judaismus als Spender eher einer »sozialen Identität«[19] denn eines Glaubens.

New York im letzten Drittel des 19. Jahrhunderts, ein Menschenkonglomerat. In den hermetisch abgeschlossenen Gesellschaften von »Old Birth« und »New Money«, von früh Eingewanderten und den später Hinzugekommenen – darunter die Abgeschobenen, die schwarzen Schafe vom Kontinent, die jetzt goldene Hufe bekamen –, in diesem sozialen Panorama bildeten die jüdischen Familien eine Welt innerhalb dieser Welten. Die Stettheimers zählten zu den »One Hundred Families of the *Other Society*«, alle sehr wohlhabend und untereinander vernetzt durch Eheschließungen und Bankengründungen. Ehebündnisse erfolgten in den schon halb und halb verwandten Kreisen, wo gemäß einem jüdischen Brauch eine Verwitwete sich mit dem Bruder ihres verstorbenen Gatten vermählte. Der Glücksfall eines Junggesellen-Schwagers bewahrte manche Verlassene vor gesellschaftlicher Isolierung und der Versunkenheit in Trauer.

Die Namen eines engmaschigen Verwandtennetzes lauten: Guggenheim, Goodhart, Speyer, Bernheimer, Neustadter und Beer, Walter und Seligman; andere unter den auserwählten Einhundert heißen: Loeb, Sach, Schiff, Strauss, Warburg, Levisohn, Lehman, Bache, Altschul, Hallgarten, Heidelbach, Ickelheimer, Kahn, Kuhn, Thalmann, Ladenburg, Wertheim, Cahn, Bernhard, Sheftel, Mainzer, Stralem, Buttenwieser, Hellman, Hammerslough, Lilienthal, Morgenthau, Rosenwald, Wolff ... Im Honoratiorenregister von *Valentine's Manual of Old New York* taucht einmal ein James Speyer als Mitbegründer und Kurator des Museum of the City of New York auf; daneben all jene Morgan, Huntington und Mrs. Andrew Carnegie, die von Mrs. Astor empfangen wurden. In den gehobenen Kreisen war ein »parlor anti-Semitism« üblich; er nahm schärfere

Züge an, wenn selbst dem deutschstämmigen Kunstmäzen Otto Kahn, einem langjährigen Vorsitzenden der Metropolitan Opera, erst 1917 der Kauf einer Loge im »Diamond Horseshoe« möglich war.

Pointiert leitete eine Verwandte der Stettheimers ihre Memoiren mit dem frischen Bekenntnis ein: »I come from two of the best Jewish families. One of my grandfathers was born in a stable like Jesus Christ, or, rather, over a stable in Bavaria, and my other grandfather was a peddler.«[20] Peggy Guggenheims Chuzpe war nicht allen Betroffenen in die Wiege gelegt; sie war noch jung, als sie dies niederschrieb, 25 im Jahr 1923. Die Ächtung blieb fühlbar. An jüdischen Romanfiguren fehlt es in den Büchern von Edith Wharton und Henry James, wohingegen Prousts *À la recherche du temps perdu* sich auch als ein pro-dreyfusistisches Manifest liest: halb biblische Erzählung, halb psychologischer Salonroman.

Wieviel Land- und Seemeilen lagen zwischen Prousts noblem Faubourg Saint-Germain und der New Yorker Fifth Avenue? Wie unterschieden sich die gesellschaftlichen Rituale der nichtjüdischen von denen der jüdischen Kreise dieser Zeit? Belle Époque hier und Gilded Age dort. Oder strebten vielmehr die Jüdischgeborenen eine Imitatio jener Salonriten der in ihren Augen ebenfalls Anderen an?

Alles ein Déjà-lu, ein schon Gelesenes, in Whartons Roman *The Age of Innocence:* diese Welt, wo man Visitenkarten in dicker Goldprägung tauschte und ebensolche goldgeranderten Einladungskarten durch Boten versandte: zum Five o'clock, dem Fünf-Uhr-Tee, zur Einführung heiratsfähiger Töchter und zu deren erstem Ball, zu Vermählungsfeierlichkeiten … »Es war eine Welt der kuriosen Widersprüche. Sie hielt entschieden fest an gewissen Normen der bürgerlichen Mittelklasse […] doch war es auch eine Welt des imponierenden Reichtums.«[21] Des neuen Geldes jener oben genannten deutsch-jüdischen Familien. Auch ihre Uhren »tickten leise, die Dienerschaft war weich beschuht.«[22] Mehrstöckige Wohnhäuser verfügten über einen eigenen Lift, Kaminfeuer flackerten hinter Wandschirmen. Alle zwei Jahre begaben sich die Bewohner auf eine Dampferkreuzfahrt nach Europa oder zu den Heilquellen. »Von Saison zu Saison reiste man in Begleitung der Butler, der

Küchenchefs, der Hausaufseher, der Diener und des weiblichen Personals zu den weitläufigen Resorts.«[23] So bewegten sich die Begüterten des Stettheimer-Clans hin zu den »Adirondacks (nicht Catskills), hin zur Jersey-Küste (nicht Newport) und nach Palm Beach (nicht Miami)«[24]. Auch bei der Wahl des Ferienziels waltete eine Klassen-, die eine Rassentrennung war. Die Adirondack Mountains nordöstlich vom Staate New York sind Quellgebiet des Hudson River. Einst streiften hier die Apalachen, womit des weiteren zusammenhängen mag, daß in *Königliche Hoheit* eine Person mit indianischem Haarschopf vom Typus Anna Goulds erscheint, geradezu als Nachfahrin einer Stammes-Prinzessin. Der Romancier hütete sich, das wahre Gesicht seiner Belle Juive aus dem Hause Pringsheim zu enthüllen; er hatte gleichsam einen Töchtertausch mit Katia und Anna betrieben – auf diese Schliche wären ihm die Stettheimer Sisters nicht gekommen. Wo Anna Gould und ihr Alter ego aus dem Roman einst wandelten, malte und aquarellierte Florine das Szenario. Seen und weite Waldgebirge umgaben die »schloßartigen Villen«, die »Cottages« aus Thomas Manns Notizheften.[25] Am Saranac Lake übersommerten die Seligman-Verwandten unserer Malerin; sie weilte gern in einer dieser Bastionen trügerischer Glücksverheißung. In diesem Areal hatten gegen Ende des 19. Jahrhunderts, vom letzten Viertel an, wohlhabende Ostküsten-Familien Land erworben und riesige Sommerresidenzen errichtet: alle die Loebs, Guggenheims, Baches und Kahns. Luxuriöse Architektur in historisierendem Stil. Die jüdischen Anwohner wurden als »Finanziers gewerbsmäßiger Expansion toleriert«[26], wirklich willkommen waren sie nicht in diesen von den Gentiles (Heiden) gegründeten Kolonien eines erholsamen Seins.

Als Florines heitere Pinselschrift das Unliebsame der Historie über bunten Picknick-Souvenirs vergessen machte, auslöschte, waren es gut 100 Jahre her, daß ihre mütterlichen Vorfahren in der Neuen Welt eingetroffen waren. Die Chronik ihrer Familie beginnt gleichsam mit einem Federstrich Napoleons. Vor der drohenden Besetzung Hollands im Jahr 1810 verließen die Pikes aus Angst vor den Franzosen Amsterdam. Dann, eines Tages, stiegen sie im Hafen von New York von Bord

*Florine Stettheimer,* Portrait of My Aunt, Caroline Walter Neustadter, *1928*

eines Seglers, betraten angeschwemmten Grund, unter dem manch Meerestreibgut ruhte und die Holzgeripte verunglückter Schiffe. Die Ururgroßeltern unserer Schwestern ließen sich in der seit 1790 führenden Handelsstadt nieder, die schon mehr Köpfe zählte als die seinerzeit gemeldeten 33 000. Da hatten schon Feuersbrünste wie die anno 1776 das Wall Street Areal heimgesucht, und 1835 die alte Dutch City. Die Tochter der Pikes, Angelina, erkor sich einen ehewilligen Sohn aus einer britischen Kolonialfamilie, einen Simon Content. 1833 wird das prosperierende Ehepaar in Lower Manhattan als wohnhaft registriert. Sie beauftragten einen Maler namens Ives Bradley von Staten Island mit ihrem heute im Besitz der Nachfahren befindlichen Doppelpotrait. Simon Content zeigt ein Manuskript mit hebräischen Lettern, Angelina *The Book of Common Prayers,* das Gebetbuch der Church of England. Ihr Schmuck, ihre goldenen Ohrgehänge, verweisen auf einen gewissen Wohlstand, so wie das stolz demonstrierte Schriftgut auf die Bildung des Paares schließen läßt und ihre gegenseitige Toleranz in Glaubensdingen.

Angelina Content gebar zwei Töchter. Rosa, »eine hochkultivierte Schönheit von hitzigem Temperament«[27], heiratete, sehr zum Mißvergnügen ihrer Eltern, den gesellschaftlich unter ihr stehenden James Seligman, aber schließlich war der Eidam begütert. Er zeugte acht Kinder: De Witt, Samuel, Washington, Eugène, Jefferson, Adeline, Frances und Florette. Die Namen der Söhne deuten auf die politisch-historischen Interessen der Assimilierungswilligen, das Milieu, in dem die Sprößlinge aufwuchsen; große Staatsmänner sollten auf die Jungen abstrahlen, im

Nimbus der Bedeutenden mußten sie unweigerlich gedeihen. Die eigentümliche Atmosphäre im Hause Seligman rührte von der Mikrobenphobie der Mutter her; Rosa Seligman verscheuchte Besucher aus Angst, sie könnten Seuchen übertragen. Die jüngste Tochter, Florette, vermählte sich mit Benjamin Guggenheim, einem Gentleman mit weltmännischen Allüren; er verlor 1912 beim Untergang der Titanic sein Leben, da war seine Tochter Peggy erst 14 Jahre alt.

Blicken wir zurück auf den Familienstammbaum und den Zweig der Contents. Angelinas andere Tochter hieß Henrietta Content. Sie heiratete den 1818 geborenen Israel Walter, einen deutschen Einwanderer, dem im preußischen Heer keine Karriere offenstand. Im Mexikanischen Krieg (1846–48) diente er im American Seventh Regiment Mounted Cavalry; in seiner schmalen dunkelblauen Uniform wird er in den Tableaus seiner Enkelin vor dem Vergessen bewahrt. Später betrieb er einen Stoffgroßhandel in Manhattans Beaver Street, unweit vom Battery Park. Israel Walter führte den Vorsitz in der Synagoge seines Distrikts sowie in der vornehmsten jüdischen Wohlfahrtseinrichtung: Montefiore Benevolent.[28]

Als Vater von neun Töchtern beschwor er das Matriarchat herauf – es sollte das Schicksal der Stettheimer Sisters bestimmen. Diese Neun spielten unterschiedliche Rollen für die causa feminina, insbesondere für Caroline, Florine, Henrietta. Ihre Lebensdaten kreisen im All der Entschwundenen. Sie wahren die Reihenfolge ihres Zur-Welt-Gekommenseins. Der Ältesten aus dem weiblichen Walter-Clan schuf Florine 1928 posthum ein hochformatiges Memorial: *Portrait of My Aunt, Caroline Walter Neustadter*. Ein codiertes Bildnis, wie alles von ihrer Hand. Aunt Lalla in ihrem Salon aus der Proust-Epoche und vermutlich in Paris, wo sie zeitweilig residierte. Eine »grande dame« im schwarzen Spitzengewand mit einer sie umwogenden Schleppe und auf einen hohen Stab gestützt. Eine schwarze Aigrette in der weißen Coiffüre. Rechts und links flankiert von einem vergoldeten Kandelaber mit einem Blumenbouquet und einer Mohrenfigur aus dem Venedig der Canaletto-Zeit. Der »blackamoor« symbolisiert Kosmopolitismus,

Weitgereistheit. Ein geheimer Code; er verweist auf die Quelle, welche den üppigen Lebensstil ermöglichte. Wie das? Caroline Walter hatte nach dem Ableben ihres ersten Ehemannes Louis Neustadter dessen Bruder Henry geheiratet; beide waren im Baumwollhandel in San Francisco erfolgreich tätig geworden – Schwarze hatten die weißen Flocken gepflückt … Wolkig diffuses Weiß im Rücken Aunt Lallas, so als sei sie buchstäblich auf Golddollars eintragende Materie gebettet. Verwebt zu etwas Gebauschtem, Gerafften einer Bühnendekoration für *A Lady of Allure.* Am oberen Bildrand tänzelnd in Fliegengröße ein Diener, ein Butler. Aunt Lalla in ellenbogenlangen Glacés; die Weiße-Handschuh-Lektion gab sie an ihre Nichten weiter. (Es kam zu Szenen unter den Stetties, wenn eine von ihnen bei einem wichtigen Anlaß *keine* trug). Schließlich war Vornehmheit, Feinheit der Manieren die ultima ratio der Töchter Zions. Tante Caroline verfügte über Wohnsitze in Deutschland, New York und Paris. Die autoritäre Dame ließ sich in einem der frühesten Automobile, einem Packard, chauffieren. Ihre jungen Anverwandten genossen auf ihrer Besuchstour quer durch Europa das beschleunigte Vorstoßen in Raum und Zeit.

Eine Bild-Hommage an die Zweitgeborene, Rosetta Walter Stettheimer noch zu Lebzeiten in ganzer Figur festgehalten: *Portrait of My Mother* 1925. In ihrem Gesicht fallen die hochgezogenen Augenbrauen auf, man liest ihnen förmlich die Frage ab: »Do you really think Florine is a good painter?«[29] Für den bewundernden Kritiker Henry McBride offenbarte es soviel zärtliche Zuneigung wie auch Witz seitens der Künstlerin. Die Persona der ehrwürdig weißhaarigen Matriarchin ist formal einer Mandorla eingepaßt. Ihre physische Person, unheiligenmäßig tiefschwarz, verrät hingegen Florines Vorliebe für Entomologie. Man denkt an einen großen Käfer, den spitz zulaufenden Leib akzentuiert ein winziger, ebenso spitz beschuhter Fuß. Hauchzart und transparent die weißen Flügel, ein herabhängender Brüsseler Spitzenschal. Ein offener Konzertflügel, ein rotes Regal mit klassischer Romanliteratur sprechen für Rosettas musische Neigungen. Gewächshausblumen, ein venezianisches Glas, wie es bei einer jüdischen Hochzeit im Tempel

26

als Symbol unzerstörbarer Einheit galt; hier dient es scheinbar als ironischer Fingerzeig auf eine zerbrochene Ehe. Ihr zu Häupten schwebt in einer Bildblase wie einem Zitat aus *À la recherche du temps perdu* entnommen, der erinnerte Glücksmoment aus den 1880er Jahren: fünf kleine spielende Kinder und ihre Nanny.

Spüren wir den sieben weiteren Tanten aus der Walter-Linie nach: Augusta geriet nach ihrer Heirat und dem Wegzug nach Kalifornien den Ihren aus dem Blick. Eine nach ihr zur Welt gekommene Florine starb 18jährig und gab ihren Namen an die Schwestertochter weiter. Mildred vermählte sich glücklos mit dem Pariser Bankier Sylvan Weil; die Verwandten spötteln über »Monsieur Interim«[30] in der Hoffnung, seine Unbeständigkeit würde dem Pakt ein Ende setzen und einem Nachfolger den Platz freimachen. Mildred wird mit »nice« umschrieben. Etwas mehr gibt die Chronik über die sechste im Schwesternkreis preis: sie sei belesen gewesen in der deutschen und französischen Literatur; ganze Passagen aus Molières Komödien konnte sie hersagen. Sie war vermählt mit einem reichen Tabakunternehmer, einem Julius Beer. Die älteste Tochter, Carolina, führte einen Professor der Nationalökonomie als Schwiegersohn in die Familie ein; E. R. A. Seligman von der Columbia University erfand das System des Ratenkaufs.

Längeres Innehalten bei Josephine Walter. 100 Jahre nach ihrer Geburt 1849 würdigt ein Leitartikel in der *New York Times* ihre »warmherzige Menschlichkeit und geistige Großzügigkeit«[31] und ihren Einsatz für Generationen von Frauen. Die *Encyclopedia of American Biography* gedenkt ihrer als einer Pionierin der weiblichen Ärzteschaft. Über ein halbes Jahrhundert lang widmete sie sich der Heilkunst, der Chirurgie, mit Hingabe und beachtlichem Erfolg, was jüngere Anwärterinnen ermutigte. Der Hausarzt hatte Little Jo einst diesen Weg gewiesen. Dr. Josephine Walter blieb unvermählt, sie war die Schönste unter den Geschwistern. Nach der Ausbildung zur Krankenschwester und versehen mit dem Abschlußzeugnis einer Privatschule, besuchte Josephine als erste weibliche Medizinstudentin Vorlesungen am Columbia College; dieses Privileg hatte sie nach ihrer Lehrzeit am College of the New York

Infirmary for Women erwirkt. Nach ihrer Graduierung wirkte sie am Mount Sinai Hospital, wo sie 1886 ihr Diplom erhielt. Sie wurde die erste weibliche Internistin in Amerika. 1889 überquerte sie den Atlantik. London, Wien und Berlin sowie Paris schienen nach ihr zu rufen, ihre Professoren hießen Wells, Ohlshausen, Virchow und Charcot. Nach ihrer Rückkehr anno 1888 spezialisierte sie sich auf dem Gebiet der Gynäkologie und drang auch hier in eine männliche Domäne ein. Neben ihrer eigenen Praxis in New York arbeitete sie am Clara de Hirsch Home, am Neustadter Home for Convalescents, am Montefiore Home und dem New York Infirmary and Hospital for Women, in dessen Direktorium sie nach ihrer aktiven Dienstzeit berufen wurde. 1917 hatte es sie zum Kriegsschauplatz Europa gedrängt; das Kriegsministerium bewilligte Dr. Walter die Organisation einer aus Ärztinnen bestehenden Einheit, doch wurde diese Abordnung nicht nach Übersee entsandt. Zur gleichen Zeit träumte eine Mrs. Roosevelt in der weißen Tracht einer Lazaretthelferin von ihrer Rolle als einer Florence Nightingale in diesem Weltkrieg; Eleanor mit ihren 31 Jahren und fünf Kindern, die Schattenfrau hinter dem Demokraten und Staatssekretär im Marineministerium, FDR.

Welche Rolle mochte wohl die Liebe für Josephine Walter gespielt haben? Wurde sie wegen ihres Status als »virgin«, so der amtliche Sprachgebrauch, zum Leitstern ihrer Nichten? Sie würde die Schwestern, die ja jeden leisesten Gedanken an Altjüngferlichkeit abwehrten, einmal großzügig bedenken. Sie war so vermögend, daß sie – anonym – über 50 Wohlfahrtseinrichtungen unterstützte.

Was bleibt an Erzählbarem für Adele übrig, die achte der Walter-Töchter? Die beachtliche Summe einer posthumen Verkaufsauktion ihrer Porzellan-Service und ihres Silbers: über zweieinhalb Millionen Dollar – im Jahr der Wirtschaftsdepression 1934. Adele, ihrer ältesten Schwester Caroline folgend, hatte nacheinander Cousin David und, nach dessen Tod, Cousin Henry Seligman geheiratet und auf diese Weise das Bündnis der Walters mit der wohlhabenden New Yorker Sippe Seligman gefestigt. Aunt Addie war eine großartige Gastgeberin für die bessere Gesellschaft zwischen Palm Beach und New York, wo sie an der

*Vordere Reihe (von links): Millie W. Weil, Sophie W. Baer, Caroline W. Neu-stadter, Rosetta W. Stettheimer. Hintere Reihe (von links): Dr. Josephine Walter, Nina W. Sternberger, William Israel Waler, Adele W. Seligmann*

57. Straße residierte. Vorbildhaft für die Stetties. Sie verfügte über mehrere Landsitze, einen am Lower Saranac Lake – Florines Malgrund vom Bootshaus aus gesehen.

Nina, die Jüngste der Walter-Töchter machte wenig Aufhebens. Ein Sohn sprengte das weibliche Gefüge, William Isaac Walter, 1862 geboren. 1882 bestand er das Examen an der Columbia University und war ein Graduierter wie Schwester Jo. Ihn lockte der Westen, Kalifornien, wo er ins Baumwollgeschäft der Neustadter Company einstieg, dem Familienunternehmen seiner Schwester Carrie. Nach etlichen Jahren kehrte er an die Metropole am Hudson zurück, ehelichte Florence Bernheimer und blieb in der Firma seines Schwiegervaters dem Baumwollgewerbe treu. Er war ein sehr junger Onkel für seine Stettheimer-Nichten (neun Jahre älter als Florine) und interessant wegen seiner maßgefertigten Automobile mit den verdunkelten Scheiben und einem mannshohen Chassis – alle Jahre das neueste Modell, der Chauffeur blieb derselbe. Darin ließ er sich stehend durch die Straßen von New York City fahren, denn Uncle William litt an einer Augenkrankheit, nachdem er sich einst den Kopf an einem zu niedrigen Wagendach gestoßen hatte.

Man sieht ihn auf einer undatierten Photographie der Walter-Sippe, jetzt auf einer durch Alterswürde erhöhten Stufe ihres Seins. Sieben noch lebende Schwestern in enger Tuchfühlung mit ihrem hochgewachsenen Bruder im Gehrock und haselnußgroßer Krawattenperle. In bescheidener Schmucklosigkeit – man denke an Anna Gould und ihr Roman-Ich aus *Königliche Hoheit,* oder an die Erbinnen in Edith Whartons Romanen – blicken uns die respektablen ältlichen Damen an. Nur die luxusliebende Tante Millie, Mrs. Mildred Walter Weil, die glücklos Verheiratete, trägt ihre Orientperlen eng um den Hals. Sieben Schwestern, ein Siebengestirn. Je nach Veranlagung waren sie zage oder kühne Vorreiterinnen der Ära der New Woman in Rüstungen wie aus nachgedunkeltem, fein ziselierten Silber. Mit Ausnahme der Doctoressa Josephine in Weiß wie eine Bühnen-Jeanne d'Arc. Die anderen in Schwarz. Nach den Applikationen und Posamenten zu urteilen kam alles aus teuren Ateliers. Ihre Gesichter leuchten aus der Vergangenheitstiefe hervor, und jedes enthält ein Versprechen für ihre Stettheimer-Nichten.

Mit deren väterlicher Herkunft beginnt das heikle, verschwiegene Kapitel der Familienchronik. Keine Legende vom unverbrüchlichen Zusammenhalt – wie trügerisch sie auch in der gelebten Wirklichkeit sein mochte. Es war einmal ein Sohn eines gewissen Stettheimer jüdischer Herkunft aus Bayern. Er hieß Max. Ein »solider aber farbloser Mann«, er sei launenhaft gewesen »und wenig gesprächsbereit«[32], bot mithin kaum Erzählstoff für Familienbriefe. Um das Jahr 1846 seine Eheschließung mit einer Babette Seligman und sein gesellschaftlicher Aufstieg. Die einflußreichen wohlhabenden Seligmans verschafften ihrem Eidam und dessen Vater Jacob Positionen im eigenen Geschäft, das hieß jetzt: Seligman & Stettheimer Dry Goods Importers. Vater und Sohn waren etwas schwerfällig. Sie wurden nicht von dem für amerikanische Karrieren typischen Impetus erfaßt. Seligman senior drohte mit drastischer Kürzung seiner Zuwendungen an Tochter Babette, ja, mit ihrem Ausschluß aus der Familie, sollten ihr Ehemann und ihr Schwiegervater sich als renitent erweisen, untüchtig auf ihrem Posten. Dennoch stiftete er Jacob eine größere Summe, um sich anderweitig zu etablieren und schickte Max nach Frankfurt zur dortigen Branche der Seligman-Bank.

Die Beziehungen blieben disharmonisch. Das Debakel belastete noch die Nachkommen: Sohn Joseph, der sich Rosetta Walter erkor, und dann deren Sprößlinge. Eine vage und rätselhafte Persönlichkeit, dieser Joseph Stettheimer. Mitte des 19. Jahrhunderts hatte er sich in Rochester, New York, niedergelassen. Als Bankier? Als Börsenmakler? Als Textil-Importeur? Oder als wohlsituierter Privatier? Fünf Kinder kamen zur Welt: um 1867 Stella; sie folgte anno 1890 ihrem Stern und ihrem Ehemann Sigmund Wanger (vormals Feuchtwanger) nach Kalifornien. (Aus dieser Ehe gingen ein Filmproduzent in Hollywood und eine Nachtclub-Tänzerin hervor.)

Stellas Bruder Walter Stettheimer (1873–1954) zog ebenfalls den geographischen Trennungsstrich von Ost nach West, er züchtete Scotchterrier, firmierte als Präsident der W. W. Stettheimer & Company in San Francisco. Spottworte fielen auf drei seiner Schwestern, so wie »unmarriagable« und »avant-garde taste« – unvermählbar wegen ihres Hanges zur Avantgarde? Aber Caroline, Florine und Henrietta, 1869, 1871 respektive 1875 geboren, hatten durchaus ihre Gründe, nicht abtrünnig zu werden; das Matriarchat war ihnen kein Menetekel am Horizont. Eher dräute da eine dunkle Wolke, die sich mit dem Begriff »Vatertrauma« bezeichnen ließe. Der Gewesene, der Verschollene, dem das Wort Vater nicht gebührte, das die Drei nie mehr in den Mund nahmen. War es das Schweigen der Beschämten? »It was a closed book«[33], sagte nach Ablauf eines halben Jahrhunderts ihr Rechtsanwalt.

Zu einem ungewissen Zeitpunkt, etwa um 1880, tauchte Joseph Stettheimer in den Nebel der Familienmythologie ein. Ein diffuser Seenebel, und dahinter Australien. Joseph hatte Rosetta und seine fünf Kinder im Stich gelassen. Zwar hatte er ihnen ein Vermögen gesichert, aber auch ein Trauma beschert, die Kindheitswunde. Eines von Florines Gedichten suggeriert das Fehlen von weiteren »tame little kisses«[34]. Die Proust-Leserin wird es im Roman wiederfinden: der verweigerte Gutenachtkuß bleibt ein Stachel in der Seele. Die Psyche und die Verdrängung. Die detektivische Spurensuche in den Listen der Schiffslinien nach Port Adelaide. Die Adreßbücher von Sydney, ergebnislos. Abenteuer im Sand der australischen Wüste – all das mutet wie ein Stummfilm-Plot vor dem Panorama zweier Kontinente an. Der Publikumsgeschmack tendierte damals zum Melodram ...

In den geheiligten Familientempeln an der Fifth Avenue erstickten solche Skandale im licht- und luftlosen, überpolsterten Salon. Schwere Veloursportieren sogen die empörten Stimmen auf. Der Abwesende geisterte als Schattenmann zwischen Grüngewächsen und Kunstgegenständen aus Orient und Okzident herum und verbreitete ein Odeur von Schuld und Verrat. Carrie, Florrie und Ettie schlossen den Schwesternpakt und schworen sich ein auf ihre jiddische Mamme, auf »Mother-Mother-Mother-Dear«. Es wurde ihr Mantra, ihre lebenslange Litanei. Im Trauer- oder Matronenschwarz figuriert Mrs. Rosetta Walter Stettheimer nicht als Randfigur in Florines heiteren Szenarien der Picknick- oder Salongeselligkeit. In ihrem Huldigungspoem an *Mother, oh Mother* verbinden sich archaisch-mythische Bilder mit christlich religiösen. Die Magna Mater erscheint dank ihrer Eigenschaften in Vielzahl wie eine vielköpfige orientalische Gottheit. Eine Gestalt gewordene Kosmogonie. Der nie aussetzende Regen ist Symbol ihrer Fruchtbarkeit und ihrer Schöpferkraft. Aus plötzlich aufblitzenden Sonnenstrahlen treten – anstelle anbetender Priesterinnen – Revue-Girls in Flitter und Lametta wie unter einem Regenbogen hervor.

| | |
|---|---|
| Du bist der stetige Regen | Wir sind die Sonnenblitze |
| Alles Ersehnte | Wir machen aus Regen |
| Alles Sein-Müssende | Diamantfransen |
| Alles Begreifliche | Aus schwarzen Wolken |
| Alles Nichterkennbare | Pinkrosa Tüll |
| Alles Unvermeidliche | Und aus Spatzen |
| Alle die Erde-Befeuchtenden | Paradiesvögel.[35] |
| Die großen Schlammschöpferinnen | |

# Kindheit und Jugend, auch im Deutschen Kaiserreich

Schöne Tage der Kindheit in Rochester, New York. Zwei Menschen, Frauen, wachten über dem Paradies, das Rilke als ein trügerisches entlarvte, worin ihm Proust nachfolgte. Auch darin, daß an den Mutterbildern aus frühen Zeiten die Kettfäden einer stofflichen Erinnerung mitweben. Erste Wahrnehmungen der kindlichen Augen, der tastenden Finger, gelten Kleidern, Geweben und ihren Farben, dem Schnitt der Roben, der Abendtoiletten, wie sie an der Trägerin wirkten und wie sie sich den stets großäugig bewundernden Kindern einprägten. Darin gleicht das kindliche Gedächtnis einer Wachsplatte, wo das Erblickte, Bestaunte eingraviert ist wie in einem *Moniteur de la mode*. Schließlich hatten die meisten Etiketten französische Namen, verwiesen auf Paris, wo selbst der britische Couturier Frederick Worth den Modegeist der Hauptstadt bestimmte. Kultische Modeerinnerungen an ihre Mütter betrieben sie alle, die Schriftsteller, die Dichter, Mode- wie Filmkünstler, Christian Dior, Luchino Visconti, der ein Nobile war, ein Conte de Modrone aus Mailand.

Wäre Caroline Stettheimer ohne das Vorbild ihrer Mutter je ein »clothes-horse« geworden? Ein Begriff, den Webster's *New World Dictionary of the American language* mit dem Klammerwort Slang versehen, auf Personen münzt, die zuviel Wert auf ihre Kleidung legen, »or as having little talent except for dressing well«. Was freilich auf Carrie nur bedingt zutrifft. Stellvertretend für die fünf großäugig bewundernden Spößlinge, die sich um Mrs. Joseph Stettheimer scharen, so als stünden sie vor einer Staffelei mit dem Bildnis einer Gesellschaftsdame, schrieb viele Jahre später Florine folgendes Gedicht:

Und Dinge liebte ich –

Mutter in tief ausgeschnittener Robe
Ihr Nacken wie Alabaster
Geschnürte Taille in Veronese-Grün

Ein Hemd gebauscht, gerafft, dunkler getönt,
Mit Spitzenvolants
Schals aus Klöppelspitze, gekäntelte Schleier,
Fichus aus besticktem Tüll
Seidene Schmuckschatulle mit Auroren bemalt
Und darin Schnüre römischer Perlen
Mutter die Schöne Blaue Donau spielend
Wir Kinder tanzend zu ihren Melodien
Stickereikleider in weißem Pikee
Himmlische Schärpe in blassem Moiré
Bänder mit lustigen römischen Streifen
Teppiche mit Blumenbuketts bestreut
Sèvres-Vasen, Konsoltische vergoldete
Mutter Grimms Märchen uns vorlesend
Und wir mit Kinderkrankheiten im Bett
Alles geliebte Wonneschauer, unvergessene.[1]

So oberflächlich die Aufreihung, so mehrschichtig ist sie. Das Wühlen in Stofflichkeit fördert Rosetta Stettheimers Bildung, ihren Kosmopolitismus zutage: Rom, Marseilles und Chantilly kehren wieder als »Shawls of Chantilly«, als »Fichues of Point d'Esprit«; Kinderkleider sind »Embroidered dresses of white Marseilles«; das Veronese-Grün einer Schnürtaille verweist auf den Renaissancemaler, vor dessen *Gastmahl im Hause des Levi* von 1573 Rosetta mit ihren Töchtern stand; in der Accademia zu Venedig hatten sie diese Szenerie üppiger Festlichkeit vor Augen.

Fallstricke verbergen sich im Text. Entschlüsselt man den Code, gelangt man zu den physischen wie psychischen Schäden durch zu enge Korsettschnürung. In Sigmund Freuds Arbeitszimmer hing eine Reproduktion des Gemäldes *Charcots Vorlesung*. Es zeigt eine ohnmächtig gewordene Hysterikerin. Von seiner Tochter Anna nach der Bedeutung des Bildes befragt, gab Freud zur Antwort, das »Leiden der Patientin«[2] beruhe auf zu enger Schnürung. Der Schöne-Blaue-Donau-Walzer verweist mithin auf Wien, wo er komponiert wurde, auf die Stätte, wo Sigmund Freud den aus Kindheitstagen stammenden seelischen Verdrängungen als Ursachen vieler Krankheiten nachspürte.

Aber wer ahnt schon diese psychischen Deformationen, die aus dem Festzurren der Korsettbänder stammen sollen, etwa beim Betrachten zartgetönter Modevignetten; wem fällt da schon Rousseaus Spott über die wie eine Wespe in zwei Teile zerlegte Frau ein? Florine fallen beim Anblicken ihrer Wespentaillen-Mutter in Veronese-Grün wie von selbst diese ersten gezeichneten, getuschten Insekten mit Menschengesichtern ein, oder Personen in Heuschrecken- oder Schmetterlingsgestalt – Naturwesen zartester Stofflichkeit wie diese transparenten Libellen aus Mutters Fichues; Libellen, Eintagsfliegen werden einmal Signum ihrer Selbstportraits sein.

*Florine Stettheimer,* Our Nurse, Margaret Burgess, *1929*

In diesem Bestiarium erscheint das zweite Wächterwesen: in der akribischen Pinselschrift eines Entomologen und käferbraun ist es *Our Nurse, Margaret Burgess.* Die fromme und sehr geliebte irische Kinderfrau Maggie. Über ihrem Haupt schweben fünf geflügelte Raffaelengelchen. Mit ihren Sprößlingen ging sie zur Weihnachts-Pantomime oder in den Zirkus zum Küßchenverteilen an kleine Reiter. Oder begleitete ihre Schützlinge zum Küßchenritual bei den Verwandten in New York City. Sie applaudierten, wenn eine der Kleinen als Sterntaler auftrat, im Seidenpapierkleid mit Fransen und Goldsternen. Wenn Florrie erzählte, wie ein Ring aus dem Kinderzimmerfenster in ein Blumenbeet hineinfiel und aus der Wasserlilie eine Fee heraussprang. Ein verlorener Ring.

Ein verlorenes Treuesymbol. Der Vaterverlust. In keinem Wunderland ist es je ganz geheuer. Kindheit als etwas Drohendes, Unsicheres, niemals Geschontes – das bringt Rainer Maria Rilke auf folgende Formel: »Nicht, daß sie harmlos sei; der behübschende Irrtum, / der sie verschürzt und berüscht, hat nur vergänglich getäuscht«[3].

Kindheitserinnerungen überschreiten geographische Grenzen. In Florines Geburtsjahr 1871 erfährt Lewis Carrolls Wunderland-Alice im Looking-Glass House ihre Initiation. Im Spiegelreich erkennt sie die Gefahr der selbstgeschaffenen Illusion: »It's my own invention.«[4] Florines hübsches Erzählgedicht, wo die vorgegaukelte Welt der Erscheinungen zu allerlei Halluzinationen führt, zu bewegten Bildern im Stakkato der frühen Filme, ist ein Abschied von jener goldenen Ära, da es für Abenteuer keine Schranken gab. Klein Florries Trickserei, sich als »paper doll« verkleidet mit Sterntaler zu identifizieren, ist durchsichtig wie nur eine Kinderlüge.

Grimms Märchenvorlesungen? Ein frommer Trug. Henrietta Stettheimer räumt mit dem Mythos auf. Als Herausgeberin des Gedichtzyklus *Crystal Flowers* ihrer Schwester notiert sie: »M. [Mother] did not read German«[5]. An den Rand mit Bleistift und das Wort »Grimm's« durchgestrichen. Der eigenmächtige Eingriff erfolgte nach Florines Tod 1944. Er mag sich als Akt der Solidarität mit den von den Nationalsozialisten verfolgten und ermordeten Juden verstehen. Aus dem vorliegenden biographischen Material geht nichts über eine Betroffenheit der Stettheimer Sisters hervor – die Geschehnisse im Heimatland von Jacob und Wilhelm Grimm, Land auch der eigenen Vorfahren, waren ihnen wohlbekannt. Nichts erfährt man über ihre Verwandten in Deutschland und Frankreich, wieviele von ihnen von der Vernichtungswelle erfaßt wurden. Dem in den USA verbreiteten Antisemitismus, dem praktizierten wie dem stillschweigend geduldeten, wichen die Schwestern auf ihre Weise aus. Sie frönten ihrem luxuriösen Eskapismus.

Eingehüllt in einen Spiralnebel aus Fragezeichen hatte Mrs. Stettheimer lange vor 1900 Amerika verlassen, mit ihren Kindern und mit Maggie. Wann? Und weshalb? Trieb die Verwandtschaft sie dazu? Der

Ostrazismus der Gesellschaft? Das Skandalgeraune? Oder die Mitleidsblicke? Sollten es pekuniäre Gründe gewesen sein? Dachte sie vielleicht an ihre Kinder, denen in Augen der Gleichaltrigen doch der Makel des Verlassenseins von einem Vater ins Gesicht geschrieben stand? Und wohin wies Rosetta Walter Stettheimers innere Magnetnadel, nun, da sie den Namen Joseph von ihrer Visitenkarte getilgt hatte? Nach Deutschland! Zitternd zwischen Warnemünde und Württemberg blieb der Zeiger hier stehen. Württemberg war seit 1871 ein Bundesstaat des Deutschen Reichs, ein lässiger Monarch saß auf dem Thron, König Karl I.

Welch ein Wechselbad für die fünf jungen New Yorker! Sie würden die Zigeunerlager am Broadway vermissen, das Eichhörnchenfüttern am Union Square, die Brückenstümpfe der Brooklyn Bridge, die hochwachsenden Häuserfronten im »Cast Iron Age«, dem gußeisernen Zeitalter. Und vor den etwas zurückliegenden vornehmen Residenzen die gußeisernen Menagerien: lebensgroß, furchteinflößend all diese Neufundländer, Elche und Löwen auf kurzgeschorenem Rasen. Unbeweglich. Kein Dynamitstab würde sie in ihrer Unbeweglichkeit stören. Produkte, wie es heißt, einer Hutständer-Manufaktur, die das restliche Kriegsmaterial des *Civil War* sinnvoll verarbeitet hatte, gleich nach 1865. Ein Anschauungsunterricht der zoologischen Art, fußend auf dem homo homini lupus est, der Mensch ist den Menschen ein Wolf. Hatten es die Stettheimer Kids nicht schon aus »Mother's fairy tales« so gelernt?

In der deutschen Königsstadt wehte sie für lange Zeit die Hofluft vom Stuttgarter Schloß an. Den späteren Leserinnen von *Königliche Hoheit* würden die erinnerten Eindrücke ihrer Kindervergangenheit nur so zuflattern.

Schultage in einer schönen Stadt
wo ein König lebte, eine Königin
Und Papageno und auch Oberon
Götz und Lohengrin
Da war die Militärkapelle

Zu der »wir Kleinen« paradierten
Mit Maggie, jeden Tag Punkt zwölf
Und die Konditorei, die wir erstürmten
Jeden Tag um vier
Und dieses Leben voller Lustpartien
In Wäldern, wo Wildblumen wuchsen
In Parks, wo Griechengötter stolz posierten
In unserem Salon, Nattier-Blau dekoriert.[6]

Wie das alles schon in der Kindheit geschah: die Einübung in den Ha-
bitus der Salonnièren, ihre von kulinarischen Genüssen – Brabanter
Torten! – begleiteten Konversationen; gescheites Plaudern, wurzelnd in
einem Wissen um die Dinge, dem Bildungskanon des Alten Kontinents.
Und diese Dinge eingestreut in einen »sophisticated small talk« nach
Art der feineren New Yorker Köpfe ... Bildungsgut spickt das Poem. Das
französische Rokoko schimmert im grüntonigen Blau des Malers Jean-
Marc Nattier auf. Dieser Epoche sind auch die Kinderszenen im Stil von
Schäferspielen in Parks mit Sandsteinstatuen entlehnt. In jeder steckt
verborgen die Vaterfigur, die den Stettheimers anscheinend unverloren
bleibt. Schemenhaft nimmt sie Gestalt in der männlich dominierten Welt
des Fluchtortes an. Lohengrins geheimnisumwittertes Woher und Wohin und die verbotene Frage rühren an das Trauma. Verdrängen, wo es
kein Vergessen gibt, sich einstimmen auf Shakespeares Sommernachts-
komödie, wo der Elfenkönig Hokuspokus mit einer Wunderblume zu
treiben befiehlt. Vom nahegelegenen und doch epochenfernen Athen
grüßen die in Stein gebannten Götter. An das Shakespeare'sche »blood
and war« gemahnt der Theater-Götz von Berlichingen; die Stettheimers
werden es in die Blut-und-Eisen-Formel Bismarcks übersetzen und vor
diesem Deutschlandbild schaudern. Das Blechgeschmetter der Militärkapelle übertönt Papagenos Silberflöte, und es bedarf immerwährender
Anrufung der Musen, das Deutschlandbild heil zu bewahren.
Wieviel Weltwissen paßt in einen Kinderkopf? Die Sorge oblag
einer Privatlehrerin: einem adeligen Fräulein von Prieser in strengem

schwarzen Tuch und mit einem Lorgnon bewehrt. Hinter ihrer weiß-
ondulierten Frisur erscheint groß die Büste einer Juno und verweist auf
das Unterrichtspensum, die Sagen des klassischen Altertums ad usum
delphini für diese kleinen Amerikaner. Das Bild im Bild der Dame mit
der schwarzen Wollschleppe und der Uhrkette als Pünktlichkeitssym-
bol zeigt die Malerin selbst: seinerzeit ein 11 oder 12 Jahre altes Mädchen im kniekurzen weißen Hänger und so schwarzbestrumpft wie alle
diese kleinen Mädchen in ihren Portraits von Jacques-Émile Blanche,
Singer Sargent oder Boldini. Letzterer erregte 1892 einen Skandal mit einem Stück rosiger Schenkelhaut im Bildnis einer *Giovinetta Errazuriz*.
Florries himmelnder Blick ist auf das Schloß gerichtet, durchdringt die
Fassade, bleibt haften an einer vom Maler Franz Winterhalter 1865 glän-
zend gemalten Schönheit: Großfürstin Olga Nikolajewna Romanowa,
Zarentochter und Königin von Württemberg in blauweißer Krönungs-
robe. Daß sie Pflegeeinrichtungen für Blinde und Kranke gründete,
erhöhte in den Augen der Landesbevölkerung das Diamantgefunkel
ihres Diadems. Die nach ihr benannten Olga-Schwestern verpflichteten
sich auch für Pflegedienste im Falle eines Krieges. Wenn sich Caroline
Stettheimer auf einer Photographie aus dem Ersten Weltkrieg in Laza-
rett-Tracht zeigt, liegt der Gedanke nahe, daß die in Stuttgart in früher
Jugend empfangenen Anregungen ihre humane Veranlagung, die sie ja
mit Aunt Josephine Walter teilte, zur Entfaltung brachten.

Wie sich die Schwestern doch unterschieden! Florines frühreife
Augen, »a wide-eyed though composed and knowing look«[7], nahmen
den Mann ins Visier, ob in Bühnenverkleidung oder in steingehauener
Göttergestalt. Sinnlichkeitsregung oder Sehnsuchtsvision – und dahinter die Imago des im Unterbewußtsein erwarteten, irgendwann wieder
auftauchenden Vaters. Die Wunde schwärt. Sie muß verborgen bleiben.
Das Kind lauscht halb offenen Mundes, vernimmt Shakespeares Rat:
»look like the innocent flower, / but be the serpent under't« (*Macbeth*,
I, 5/66f.). Ein andermal singen die Sommernachts-Feen von »spotted
snakes with double tongue« (*A Midsummer-Night's Dream*, II, 5/9), sie
ermutigen die künftige Verfasserin zur gezüngelten Süffisanz in ihren

Poemen. Was vermochte dagegen Sophie von Priesers Erziehung auszu-
richten, oder die der fromm katholischen Nurse Maggie.

Maggie nahm die Stettheimer-Kinder mit zu Ausflügen in dörfliche
Kapellen, sie sprengte Weihwasser in die erstaunten Gesichter und wies
auf eine bemalte Statue, viel Rot, viel Gold: »That is the Lord God / With
the golden crown«[8]. Mrs. Stettheimer als assimilierte Jüdin hatte dennoch die christliche Taufe für sich wie für ihre Kinder abgelehnt, und
diese folgten ihr darin. Doch ließ sie gegenüber Maggies Bekehrungs-
versuchen, wenn es denn solche sein sollten, Toleranz walten. Henrietta
berichtet in ihren romanhaften Memoiren, wie just an ihrem siebenten
Geburtstag die Nanny erklärte, die Verantwortung für ihre Schutzbe-
fohlene Gott gegenüber läge nun in ihren eigenen Händen. Von nun
an war Ettie in die Pflicht genommen. Und ihr Weg sollte nicht abwei-
chen von dem vorgezeichneten ihrer Nanny. »Ich weiß noch, was ich bei
dieser ethischen Emanzipation empfand«, schreibt sie in ihrem Roman
*Philosophy*. »Ich glaubte nicht im mindesten an ihren Gott, mit dem sie
mich in direkten Kontakt zu bringen trachtete, denn ich wußte zum
einen, daß ihr Gott nicht der Gott meiner Mutter war, obwohl beide ein
einziger Gott waren. Zum anderen schienen mir beide Gott-Personifi-
kationen bemerkenswerte Erfindungen seitens meiner beiden wichtigsten Erwachsenen zu sein, genau so interessant wie ihre Arznei-Kästen
und Regenschirme.« Doch, so fährt sie fort, »im Gegensatz zu diesen
hatten jene bei keiner Gelegenheit irgendeine Wirkung auf mich ausge-
übt. Aber als Begleiterscheinung meiner Zweifel und der Ablehnung des
Glaubenselementes in meiner neuen Lebensphase, gab es doch ein Gefühl großen Stolzes darauf, daß meine Nurse mich für reif genug hielt,
nach eigenem Gutdünken zu handeln, und für wichtig genug, die indi-
viduelle Aufmerksamkeit ihres Gottes zu genießen; und dieses Gefühl
versenkte das erwachende kritische in einen Brunnen, und ich blieb ein
aufgeschlossenes Kind.«[9]

Ettie setzte die Ihren durch ihre Gewitztheit in Erstaunen. Sie galt
als das Intelligenzwesen in der Familie. Die künftige Intellektuelle trat
früh hervor. Auf welcher Altersstufe begann die Introspektion? »Von

meiner Kleinkinderzeit an beeindruckte mich an meiner unmittelbaren Umgebung alles nur halb so sehr wie die Erwachsenen, die zwischen ihr und mir vermittelten. Ich war, in der Tat, wenig mehr als ein körperliches Wesen, das von Enthusiasmus für die Weisheit der reifen Menschheit überströmte.«[10] So die puella docta, die Philosophin im Puppenalter ... Sehr ihrer Eigenart bewußt, analysierte sie ihr von den Geschwistern so abweichendes Sein, ihr abweichendes Interesse an jenen Dingen, die den übrigen Vier wichtig schienen und der Neugierde wert.»Und als ich zur Schule ging, verwunderten mich die Lehrer und ihre Kenntnisvermittlung, die unbegreifliche Erwachsenen-Sicherheit beim Umgang mit Gegebenheiten. Ich glaube, ich muß es gespürt haben, so als ob über mir und jenseits von mir und eines Tages *für* mich, Schichten von Welterfahrung lagerten, die nur gereiften Menschen bekannt sind; nämlich wie man das Leben in sich aufnimmt, wie man Urteilsvermögen gewinnt, was ihnen im Laufe ihres Älterwerdens wie von selbst zufloß.«[11]

Eine erste scharf schmerzende Konflikterfahrung. Mutterkummer und Kindertränen. Danach das herrliche Gefühl »meiner persönlichen Würde, als ich meine eigene unabhängige Leitlinie einhielt.«[12] Noch die Erwachsene spürt bei der Niederschrift ihrer inneren Erlebnisse von einst dieses Anschwellen ihrer Kindpersönlichkeit, anschwellend in einem Maße, daß alle nachmaligen Übelstände, alles Unbehagen, alle Verwirrtheit, alle Schmerzen und Tränen ausgelöscht wurden. »Seit jenen Tagen meiner Kinderzeit habe ich allmählich und unter Schmerzen herausgefunden, und immer nur durch Erfahrung, daß die Gewißheiten, welche die Erwachsenen in ihren aktiven Reaktionen, in ihren emotionalen Wertungen und auch in ihren Theorien ausdrücken, nicht universell gültig sind, sondern nurmehr Gemeinplätze, und daß es kein Königreich für das Handeln und Fühlen aller Menschen gibt, was man beim Reiferwerden zu betreten glaubt.«[13]

Und am Schluß der täglich siedenden Emotionen das »stete Gefühl, daß diese garnicht zählen sollten, und sie taten es ja nicht. Ein merkwürdiges, aber vage beunruhigendes Gefühl: denn so war es – mit beklommenem Herzen und Tränen des Protestes in den Augen – einfach zu denken: *das zählt nicht;* oder mit süß flutender, weil befriedigter Eitelkeit, das eigene Sein zu erleben und mit leuchtenden Augen ob des Erfolges immer noch zu denken: *auch das zählt nicht.*«[14] »It seems very pretty […] but it's rather *hard* to understand«[15] dachte Alice im Looking-Glass House bei sich. Und Ettie, ihre reale Altersgefährtin im mysteriösen Reich der Kindheit, fügt dem hinzu: »und ich grübele in angenehmer Aufgeregtheit darüber nach, was eines Tages enthüllt werden wird.«[16]

Was immer auch Mrs. Rosetta Walter Stettheimer zum Wechsel des Schauplatzes für ihre heranwachsenden Kinder bewogen haben mochte, nach Mitte der 1880er Jahre schien ihr ein Umzug angebracht. Das auf märkischem Sandboden errichtete kaiserliche Berlin prunkte mit seinem Status als Reichsmetropole. Die Einwohnerschaft überschritt die Millionengrenze; unter den Zuwanderern aus den Ostgebieten waren viele jüdisch. Im Jahre 1880 wurden 54 000 Juden gezählt, eine Zahl, die sich bis zur Jahrhundertwende verdoppelte. Der von Heinrich von Treitschke hervorgerufene Berliner Antisemitismusstreit und die antisemitischen Agitationen bürgerlich-konservativer Gruppen verebbten. Der Historiker hatte 1879 sein Traktat zur »Judenfrage in Deutschland« veröffentlicht, das nicht so sehr wegen seines Inhalts Aufsehen erregte »– der war schon zuvor zu hören und zu lesen gewesen –, die Sensation war die Tatsache, dass der Autor ein anerkannter Historiker war, der mit seinem großen Werk über die Deutsche Geschichte im 19. Jahrhundert das Geschichtsbild der Deutschen entscheidend geprägt hatte.«[17] Seine Schrift *Ein Wort über unser Judenthum* erschien 1880 in dritter Auflage … Immerhin schloß das Dreiklassenwahlrecht – Arbeiter, mittlere und kleinere Angestellte sowie Frauen durften ihre Stimme nicht abgeben – jüdische Bürger nicht aus. Sie waren dennoch nicht in der »Armee und im Beamtenapparat«[18] zugelassen.

Wenn der Publizist Fritz Stern das Reich Kaiser Wilhelms I. »illiberal«[19] nennt, wiewohl den Juden dort »die bürgerliche Gleichberechtigung zuerkannt worden war«, so verlautet doch von anderer Seite, daß es »die deutschen Juden als ihre Pflicht betrachteten, sich in den Dienst der neuen Ordnung zu stellen. Sie waren bestrebt, im Hyperpatriotismus und in der mit der Großmachtidee getriebenen Abgötterei hinter den echten Deutschen nicht zurückzubleiben.«[20]

Offensichtlich fürchtete Rosetta Stettheimer die eigentümlich zwittrige Atmosphäre der Metropole nicht, sie hoffte vielmehr, die Kulturluft würde ihren halbwüchsigen Sprößlingen gut tun. Von dem Woher der Zuwehung, aus welchen Theatern, Galerien und Museen, aus welchen Enklaven der jüdischen Salons, und ob diese von weitverzweigten Verwandten geführt wurden, ist nicht zu erfahren. Oder ob die mentalen Antennen, wie sie die kosmopolitisch Aufwachsenden entwickelten, beim Abtasten der Spreeufer ihr Genüge fanden, denn Florine packte ihr Berlin-Erleben in die sprichwörtliche Nußschale.

In Berlin
Ging ich zur Schule
Ich malte
Ich lief Schlittschuh
Ich schwärmte für glänzende Uniformen
Ich glaubte, sie enthielten Superformen
Doch waren sie nicht ganz konform
Mit meiner Schönheitsnorm
Dem Apollo von Belvedere.[21]

Ein kleines Poem, in nuce ein Nesthäkchenroman wie aus der Feder der Schriftstellerin Else Ury (1877–1943), die unter den Berliner Jüdinnen herausragte. In der Berliner Zeit der Stettheimers stand das Mädchen aus gutbürgerlichem Hause, der Vater war Tabakfabrikant, selbst auf der Altersstufe, für die sie einmal ihre Erzählungen schreiben würde: Kopfkissenlektüre für höhere Töchter. Patriotisch und kaisertreu noch im Ersten Weltkrieg. Am Ende der Reihe der grausige Titel, an dem die deutsche Geschichte mitwirkte: *Nesthäkchen kommt ins KZ*. Else Ury wurde am 12. Januar 1943 nach Auschwitz deportiert, und ist »nicht zurückgekehrt«[22], wie auf dem Grabstein des Friedhofs in Berlin-Weißensee steht, darüber die Lettern: In Memoriam. Das Gedenken führt zurück bis in die Kinderzeit im kaiserlichen Berlin. Ein Gedicht in einem Goldschnittband bewegte seinerzeit die Gemüter: *Kinderscene,* und ob ein Rebekkchen Silberstein »Morgen zum Geburtstagsfeste« kommen dürfe ... Ob das darin zitierte »Juden lad' ich niemals ein«[23] in den Gehörgängen auch der Geschwister aus Übersee nachhallte?

Eine Malschülerin, eine Lyzeumsschülerin, die bewundernde Blicke auf die Militärs in den Farben ihrer Regimenter warf. Leuchtpunkte im Panorama der Preußenmetropole. Silberadler ihre Schwingen ausbreitend auf den Helmen der Gardeoffiziere. Kürassiere zu Pferde auf dem Reitweg Unter den Linden. Bei Winterwetter zogen die schmalen Leutnants auf der Eisbahn im Tiergarten oder den zugefrorenen Grunewaldseen ihre Kreise, in steter Furcht, sich durch eine falsche Heirat zu deklassieren. Die anhimmelnden Backfische aus Else Urys Romanen bewegten sich gleichsam auf der anderen Seite der Eisfläche – unter der Pelztoque unterschied sich eine »American Jewess« kaum von ihnen, verriet sich höchstens durch die ironisch taxierende Sprache ihrer Augen. Die waren schon ausgerichtet auf die Idealmaße klassischer Jünglingsstatuen, auf athletische Körper. In jedem Kouros stecke ein »den Vorgesetzten in straffer Haltung salutierender Soldat«[24]! Die Halbgötterposen der schön Uniformierten erweckten ein ästhetisches und schon amouröses Wohlgefallen. Doch das Traumbild einer von Winckelmann und Goethe vermittelten Antike zerstob wie unter einem Hagelschauer, der auch die Sicht auf den Apoll von Belvedere eintrübte.

Wo ließ Florine ihr Talent ausbilden? Kurse erteilte die Zeichen- und Malschule des Vereins der Berliner Künstlerinnen und Kunstfreundinnen von 1867 (im Jahre 1896 von Paula Modersohn-Becker besucht). Noch war die Kunsthochschule ein männliches Terrain. Hier sah sich ein sehr junger Pariser um, ein Monsieur Jules Laforgue: »Keine sakrosankte Tradition wie bei uns. Die Schüler betreiben Kunst ganz unbefangen und malen, was sie wollen. [...] viele Schädelzeichnungen, geduldige Anatomiestudien, Damenportraits in Bleistift; Stilleben (viele Totenschädel und Bierkrüge), ganze Säle voll kleiner Albernheiten, bleischwer, aber signiert; endlich sogar Karikaturen, humoristische Vignetten für Zeitungen, Titel und Buchstaben mit Blumenguirlanden.«[25] Florines Strich, wo immer sie ihn erlernte, verfeinerte sich, auch in den Schattierungen. Ob sie je einen der gelegentlich stattfindenden Salons besichtigte? »Der Eintritt kostet 5 Groschen. Es ist hier nicht der Ort, und es fiele aus dem Rahmen, von der deutschen Kunst zu sprechen. Läßt man das außerordentliche Genie Menzel beiseite, so kommt diese Kunst nach der französischen Kunst, der englischen Kunst, der belgischen, holländischen, italienischen, spanischen. – Im Schaufenster eines Ladens für Malutensilien liegt eine Broschüre aus, mit der man in 60 Minuten ein Kenner der Malerei wird. Zweite Auflage.«[26]

In der Wüste des Wilhelminismus hie und da eine »Sensationelle Novität«! Den Flaneur aus dem besiegten Frankreich riß es förmlich zurück, wie vom heimatlichen Sprachstrom erfaßt: *Figaro illustré,* die *Revue illustrée* oder *Paris illustré,* hohe Stapel von Zolas Skandalroman *Nana.* »Imitationen der kleinen frivolen Bücher, die vor drei, vier Jahren in Paris grassiert haben [...] *Histoires folles, Histoires défendues.*«[27] Man stelle sich hier die jungen Dinger aus Übersee vor, und ob sie durch den obskuren Seiteneingang in den Tempel der hohen Literatur hineinfanden, zu Marcel Proust. Jules Laforgue war 1881 im ungeliebten Deutschland eingetroffen, ein symbolistischer Dichter und erst 21 Jahre alt; er war der exzentrischen und in alles Französische vernarrten Kaiserin Augusta als Vorleser empfohlen worden. Wenn sich ihr »informeller Zirkel [...], der sich regelmäßig in der sog. ›Bonbonnière‹, einem schmalen Salon im Erdgeschoß des Palais Unter den Linden, versammelte«[28], mochte ihr Laforgue diesen von Sainte-Beuve geprägten Begriff Bonbonnière im Plauderton beigebracht haben; er wird seine Gültigkeit noch für den New Yorker Salon der Stettheimer Sisters bewahren.

Als Ergebnis seiner Eindrücke auf märkischem Boden erschien 1922, 35 Jahre nach seinem frühen Tod an der Schwindsucht, ein Bijou der Memoirenliteratur: *Berlin, la Cour et la Ville.* Wäre es je den frankophilen Stettheimers in die Hände gefallen, hätten sie einen Cicerone für ihr erinnertes Berlin gefunden. Jules Laforgue wirkte in der deutschen Metropole noch an einer weiteren Mission. Er tüftelte an einem Essay über die physiologische und ästhetische Erklärung der impressionistischen Formel. Daher hatte ihn sein Mentor Charles Ephrussi, ein steinreicher Dürer-Forscher, ein Sammler und Kunstkenner und überdies Publizist und Herausgeber der *Gazette des Beaux-Arts,* daher also hatte er seinen Secretarius Laforgue mit der Kunstberichterstattung beauftragt. Auch in Berlin gab es Enklaven und Ausstellungen in einem engen Laden, wo »ein noch junger, sehr intelligenter Mann, der über alles, was jenseits der Grenzen in der Kunst passiert, Bescheid weiß«[29], französische Impressionisten zeigte. »Wenn Berlin ein bißchen kunstverständig wird, wird es Herrn Gurlitt zu verdanken sein.«[30]

Ob Florine im Laufe ihres Berliner Lernprozesses in Wolfgang Gurlitts Kunsthandlung auftauchte, oder ob sie den Weg ins Tiergartenviertel zu den Bernsteins fand, muss offen bleiben. Doch im Salon der Letzeren gilt es zu verweilen; hohe Räume, hohe Säle, Tiergartenluft brachte die Unbekannten zum Atmen: Sisley, Pissaro, Monet und Manet, Berthe Morisot neben Degas. Felicie Bernstein, geborene Rosenthal (1850–1908), so schlangenklug wie taubensanft in den Augen des Freundes Max Liebermann, sie scheint auf einem Jugendbildnis wie einem Orientgemälde entstiegen. Nun trug sie die weiße Djellabah modisch zur Krinoline gerafft und genoß den Schock ihrer Gäste, dabei ganz Salonnière von großem Stil. Am bösesten hätte sich Adolf Menzel gebärdet, am geneigtesten Max Klinger sich gezeigt, die beiden Gelehrten Ernst Curtius und Theodor Mommsen sahen am Himmel ihrer Antike »pariserische Bühnensterne« flimmern …

Felicie und Carl Bernstein (1842–1894, Professor für Römisches Recht, er stammte wie sein Pariser Cousin Charles Ephrussi aus Odessa) hatten 1882 auf einer Parisreise Galerien und Ateliers besucht und die noch firnisfrischen Tableaus erworben. Die Bernsteins waren die ersten, die dem Impressionismus in Deutschland eine Bresche schlugen; sie verliehen, so der dänische Kulturkritiker Georg Brandes, Berlin Hauptstadtgepräge. Die Impulse aus dem Musikzimmer im Louis-Seize-Stil mit der goldgerahmten Avantgarde an den Wänden – geradezu modellhaft für das New Yorker Puppenhaus – übertrugen sich auf eine jüngere Generation von künftigen Museumsleitern. Bei den Mittwoch-abend-Gesellschaften waren Alfred Lichtwark und Hugo von Tschudi, nachmaliger Direktor der Berliner Nationalgalerie und Münchens Neuer Pinakothek, anwesend. Max Liebermann wurde als Gründer der Berliner Secession ein Habitué, ein Fürsprecher und Sammler der neu-artigen Freilichtmalerei.

Das Salongespräch war multilingual und paßte sich den Kunstwerken, den Ländern ihrer Herkunft an. Amerikanische Künstler mit ihrem Hauptgebiet, der Portraitmalerei des Gilded Age, bestückten in den Jahren von ungefähr 1880 bis 1910 Ausstellungen auf dem europäischen Kontinent – 1883 im Königlichen Glaspalast in München, im Verein Berliner Künstler 1891. In virtuoser altmeisterlicher Manier gemalt und vor einem Hintergrund so düster wie die Trachten der Pilgrims Fathers erscheinen deren neuenglische Nachfahren, hochgewachsene, starkknochige Protestanten, ernst und erfolgsbewußt. Ihre kleinen Sprößlinge blütenhaft weiß. Damenroben widerfuhr Beseelung in der Kunst der Romanciers, von Edith Wharton und Henry James bis hin zu Proust; viele der modebewussten New Yorkerinnen orderten ihre Garderobe von Saison zu Saison in der Rue de la Paix und auch bei Worth. Diese Malkunst und die der Couture werden im Schaffen und im Lebensstil Florine Stettheimers und ihrer Schwestern vielfache Widerspiegelungen erleben.

Private Geschichten beleben das Salongeflüster in den jüdischen Kreisen diesseits und jenseits des Atlantik. In den Tiergartenvillen erörterte man den publizistischen Niederschlag der Präsentation amerikanischer Menschenbilder. »Unter den hervorragenden Portraitleistungen der Amerikaner stehen oben an die Werke von John Alexander Sargent, Wilton Lockwood und Melchers. In diesen Arbeiten zeigen die Amerikaner, daß sie nicht nur den Chic der Franzosen in den künstlerischen Ausstellungen der modernen Toiletten gelernt haben, sondern daß sie den Hauptwert in ihren Portraits auf eine intime Schilderung des inneren Lebens der Seele legen.«[31]

Beseelung der Leinwand gelang den Impressionisten in ihrer andersgearteten Pinselschrift. Felicie Bernstein in Zwiesprache mit einem weiblichen Bildnis von Mary Cassatt, von Marie Cazin, Eva González oder Berthe Morisot in ihrem Musikzimmer, spürte das von der Psyche ausgehende »odeur de femme«, das ihr selbst in so hohem Maße eignete. »Umflossen von einer Essenz des Seelischen«, nach dem Proustwort, gehörte sie dennoch nicht zum Typus der Schönen Jüdin. Später bedauerte Liebermann, sie je häßlich genannt zu haben. Der Magnet, der auch nach dem Tode Carl Bernsteins die Freunde anzog, lag in ihrer Herzensgüte und Großzügigkeit, und letztere auch noch dann, als die ihren Rahmen verkleinern mußte. Sie veräußerte Kunstwerke, gründete im Volksheim eine Lesehalle zum Gedenken des Verstorbenen. Als Witwe gönnte sie sich »einen Eßlöffel Bildung« und hörte im Victoria-Lyzeum Vorlesungen von Wölfflin, Wilamowitz, Kekulé. Die soziale Frage forderte starke Teilnahme, den Einsatz für das Wohl der arbeitenden Klasse. Gegen Ende ihres Lebens verschenkte sie an die Getreuen ihr Louis-Seize-Mobiliar und auch Gemälde. Max Liebermann erhielt eine Monet-Landschaft; in seiner Laudatio rühmte er den sprudelnden Humor der Geberin, und daß sie diesen Zug ihrer Race besäße, sich auf Differenzierungen und subtile Nuancen des Gemüts zu verstehen. Heute bezeugt Éduard Manets *Weißer Flieder in einer Vase* in der Berliner Nationalgalerie ihren Kunstgeschmack, der seinerzeit im Wilhelminischen Kaiserreich so irritierte.

Schon 1883 hatte die Galerie Gurlitt die Sammlung Bernstein dem Berliner Publikum vorgestellt, es war die allererste öffentliche Bilderschau des französischen Impressionismus im deutschen Reich. Natürlich wurde sie von Jules Laforgue besichtigt, der in seinem vielzitierten Aufsatz (1905 auch in deutscher Sprache) schrieb, »daß der Impressionismus auf die Theorien des Deutschen Gustav Theodor Fechner, des Hauptbegründers der Psychophysik zurückzuführen sei.«[32] Über Carl Bernstein schrieb er an Ephrussi: »Il doit être avec moi le seul homme à Berlin qui adore la décadence en tout.«[33]

Dieser Dekadent, der sich 1881 als »Benedictiner-Dandy von der Rue de Monceau«[34] zeichnete, ein Strichmännchen fast mit Zylinder und Spazierstock – so auch in Berlin flanierend –, sah das Straßenbild beherrscht von preußischem Militär. Kritiker geißelten den sogenannten »Borussismus oder Borussianismus«, worunter nach dem Bischof von Mainz, Wilhelm Emanuel Freiherr von Ketteler, »eine fixe Idee über den Beruf Preußens, eine unklare Vorstellung einer Preußen gestellten Weltaufgabe, verbunden mit der Überzeugung, daß dieser Beruf und diese Aufgabe eine absolut notwendige sei«, zu verstehen ist[35].

Florine Stettheimer enthüllte in ihrem Jugendpoem die angehimmelten Uniformträger auf der Schwundstufe des heroisch männlichen Seins. Viel später faßt ein Gedicht ihre disparaten Deutschlandeindrücke, wurzelnd in einer prodeutschen Erziehung, in einem Stakkato zusammen, Erinnerungen wallten auf in einem New Yorker Konzertsaal – Jahre später:

| | |
|---|---|
| Oh Horror | Auf deutsche Weise |
| Ich hasse Beethoven | Devot bekräftigend |
| Und ich wurde erzogen | Oh Horror |
| ihn zu verehren | Und jetzt |
| ihn anzubeten | Pianissimo |
| Oh Horror | Und so kräftig zart |
| Ich hasse Beethoven | So–So–So–So |
| Ich höre die Fünfte Symphonie | Jaso–Jaso |
| Dirigiert von Stokowski | Gut–Gut |
| heroisch ausgeführt | Und Köpfe nicken |
| heiter bombastisch | Auf deutsche Weise |
| Betont unfehlbar | Fromm ekstatisch |
| besagt sie ausdrücklich | Oh Horror |
| Ja–Ja–Ja | Ich hasse Beethoven.[36] |
| Jawohl–Jawohl | |
| Pflicht–Pflicht | |
| Herrliche Pflicht | |
| Deutsche Pflicht | |
| Ja–Ja–Ja–Ja | |
| und Köpfe nicken | |

# Studierte Junggesellinnen

Gewiß, Mrs. Rosetta Walter Stettheimer begünstigte das Vorhaben ihrer beiden jüngeren Töchter. Florine und Henrietta wollten, und sie sollten es ja auch, die akademische Luft einatmen, ihre künstlerischen und intellektuellen Veranlagungen durch Schulung zur Entfaltung bringen. Man war wohlhabend genug, man konnte sich eine Profession leisten, auch wenn sie keinen Cent eintrug. Rosetta Stettheimer dachte an das Debakel ihrer Ehe und hatte das Beispiel ihrer erfolgreichen Schwester Josephine vor Augen, überdies besaß sie ein Gespür für atmosphärische Veränderungen: das Heraufdämmern einer neuen Ära der conditio femina. Sie selber war noch dem traditionellen Rollenmodell treu geblieben und behielt, was sie an Bildung und Kultur besaß, auch an Wirkung ihrer Persönlichkeit, dem engen Kreis der Ihren vor.

In beiden Hemisphären löste die New Woman, die Femme nouvelle, Unruhe aus. 1882 gewährte The Married Woman's Property Act und 1886 The Guardianship of Infants Act den Engländerinnen neue Rechte.[1] Beispielhaft für das übrige Europa wirkten nach 1884 die in Frankreich erlassenen Scheidungsgesetze zugunsten der betroffenen Frauen, die ihrerseits ein Verfahren beantragen durften. Es schien so, als reckte ein wie von Symbolistenhand gezeichnetes Ungeheuer sein Haupt aus den Atlantikwellen: Ein wirr zerzauster weiblicher Kopf, ein Albtraum des Mannes. Er stachelte den Kampfgeist der um ihre Vorrangstellung bangenden »Zivilisatoren der Welt«[2] an, wie Florine sie bespöttelte.

Das Phänomen der Jahrhundertwende-Frau wurde zeitig von der Presse verfolgt, schon von 1889 an und bis 1898. »Wir finden sie in den Salons, diese *femme nouvelle*«, schrieb der französische Kulturkritiker Marius Ary-Leblond, »moderne Amazonen, wild unabhängig«.[3] Die Frau im Jahrhundert der technischen Erfindungen sei eine Nomadin und durchaus nicht schön bei ihrer männlichen Geisteshaltung, ihre Gesichtszüge eher jünglingshaft, was aber Charakterstärke und seelisches Gleichgewicht bezeuge, eine innere Gelassenheit; die Eleganz ihrer schlaffen Leiber und ihr schlichtes, doch couragiertes Gebaren gäben zu verstehen, wie frei sie seien von den nutzlosen Illusionen, die man in der Falschheit des hohen Luxus fände.

Mondäne Maler übersetzten bildhaft das Symbol elektrisierender Sirenenweiblichkeit in ihren Portraits einer neuartigen Rasse mit überlangen Gliedmaßen. Jedes Modell eine Herausforderung für das Fin-de-siècle-Idol der Femme fatale. John Singer Sargent (oft mit Whistler und Henry James in einem Atemzug genannt) galt als »die lebendigste amerikanische Präsenz auf der anglo-europäischen Kulturbühne Ende des 19. Jahrhunderts«[4]. Er verstand sich auf die Funken auslösende Wirkung seiner Damenbildnisse. Die oft eigentümliche, aber umso lebendiger wirkende Verdrehtheit der Arme mochten anatomische Zweifel hervorrufen; Henry James schrieb sie dem beliebten, sportsmäßig betriebenen Billardspiel zu. In Sargents Manier wird Florine ihr undatiertes *Portrait of My Sister Carrie in a White Dress* malen, wobei nicht auszumachen ist, ob diese zum Verzicht auf Koketterie bereit sein würde.

Sargents Doppelbildnis der Schwestern Ena und Betty Wertheimer von 1901 (heute in der Tate Gallery London) bringt den Konflikt insbesondere jüdischer Töchter zur Anschauung, wo die zage Verhaltenheit der einen mit der lachenden Selbstgewißheit der anderen konkurriert – beide in Abendkleidern und unterschiedlich entblößt.

Die Stettheimer Sisters bewältigten den Konflikt als Balanceakt zwischen erotischer Anziehung und Abwehr der sich daraus ergebenden Konsequenzen. Noch über das Heiratsalter der damaligen Zeit hinaus wähnten sie sich recht lange im »marriageable age«. Ihr Entschluß zur Ehelosigkeit wurde genährt durch das in den 1890er Jahren anschwellende Echo auf die ersten feministischen Bestrebungen, die sämtlich in Druck gingen. Die Amerikanerin Mary Livermore riet Eltern, ihre Töchter zur Selbständigkeit zu erziehen und zum selbstverdienten Lebensunterhalt, »denn die Aussichten auf gute Heiraten schwinden: Männer, die nicht durch Trunksucht, Laster oder Überarbeitung den Tod finden, müssen keinesfalls gute und verständnisvolle Ehegatten abgeben, ja, sie könnten ohne Ehrgeiz sein, Ausreißer oder Liederjahne«[5]. Florine machte sich darauf ihren eigenen Reim:

Süße kleine Miss Maus
Wollte ihr eigenes Haus
So nahm sie Herrn Maulwurf zum Mann
Und dann wurde ein Loch daraus.[6]

Aus der Spötterin wurde jedoch keine aktive Parteigängerin der Feministinnen wie etwa Henrietta. Vielmehr transzendierte sie ihr Gespal-
tensein in Dingen des Eros in ihre ultrafeminine Malerei, worin männliche Wesen zu Androgynen mutieren. Ihr Künstlertum betonte sie
durch das schwarze Barrett italienischer Renaissance-Meister. Florine
verstand sich als »artist« ohne das Beiwort »female«.

In ihrer deutschen Zeichenmappe trug sie brave akademische Blätter, Bleistiftarbeiten, Aquarelle oder schon Ölmalereien mit aufs Schiff,
das im Jahr 1890 die Stettheimers nach Amerika zurückbrachte. Nicht
nach Rochester, sondern nach New York City. Die beiden Abtrünnigen,
Stella und Bruder Walter, vermählten sich; Rosetta und ihre drei verblie-
benen Töchter nahmen Quartier in einem der Brownstone-Häuser ihrer
Verwandten. Es sei dahingestellt, ob schon, wie dann Jahre später, Tante
Caroline, Mrs. Neustadter-Neustadter, ihre Residenz an der 76. Straße
West zur Verfügung stellte. Zu jener Zeit begann die »deutsch-jüdische
Migration zur Upper West Side von Manhattan (besonders zwischen
der 70. und 80. Straße, dem Central Park West und der Columbus Ave-
nue), was diesem Stadtteil den Namen *the Jewish Fifth Avenue* eintrug«[7].

Die Glanzmeile New Yorks, die Fifth Avenue, wartete auf mit archi-
tektonischem Prunk: Spätviktorianische Neogotik aus der »Zeit nach
dem Bürgerkrieg […] und ein eklektischer Einsatz von Ornamenten,
Details, Bauteilen verschiedener Stile und Farben« und in den »späten
1870er Jahren vor allem der Beaux-Arts-Stil der American Renaissance«[8].
Die Innenräume dieser Bauten bargen ganze Sammlungen europäischen
Kunstguts aller Epochen. Gemäldegalerien wie die des prominenten Architekten Stanford White dürften es mit ganzen Museumsabteilungen
auf dem Alten Kontinent aufnehmen. Auch die künstlerische Vielfalt der
amerikanischen Malerei gründete auf Einflüssen der deutschen, franzö-

sischen, englischen, holländischen und nordischen Schulen. Wie schon in dem Berlin des Jules Laforgue wurde Florines ästhetischer Geschmack einem Wechselbad ausgesetzt. Hierzu zählt auch das Echo, das 1888 die Münchner Ausstellung amerikanischer Portraitmalerei erfuhr, was ihr kaum entgangen sein dürfte, auch nicht in seinen Widersprüchen. Dem Urteil über die »Musterkarte all der verschiedenen Stilrichtungen«, »welche sich im Laufe der letzten 20 Jahre in Europa aufgethan, nur daß eben das spezifisch amerikanische selber fehlt«, steht ein anderes entgegen: diese Kunst sei »in einem positiven Sinn typisch für die noch junge Nation«, sie sei ein »Resümee der europäischen, wie diese Race selbst eine Mischung der Culturvölker der alten Welt ist«[9].

Im Oktober 1892 schreibt sich eine kunstentschlossene Jungesellin von 21 Jahren in der Art Students League ein. Diese relativ junge Institution gründete auf der Unzufriedenheit einiger Studenten der National Academy of Design am Ende der 1870er Jahre, die anfänglich angemietete Räume an der Fifth Avenue und 16. Straße bezogen hatten und dann überwechselten zur 57. Straße West 215. Man nahm alles in die eigene Hand, die Buchführung wie das Reinigen der Räume. Weibliche Malanwärterinnen waren willkommen, der herrschende Geist war liberal. Die Methoden wurden als »radikal«[10] erachtet: hinsichtlich der Studentenschaft wie der Lehr- und Lernpraxis und der Verwaltung. Ein Drittel der Gründungsmitglieder waren Frauen, weiblich prozentual gut besetzt auch die Schulleitung. Gemäß den Bestimmungen wurde die Hälfte der zwölf Mitglieder des Kontrollgremiums gewählt und die übrigen sechs von diesen nach eigenem Gutdünken ausgesucht. In ihrem letzten Jahr, 1895, wurde Miss Stettheimer zur »corresponding secretary« ernannt.

Die Studentinnen waren in den Aktklassen zugelassen. Das war revolutionär; noch Jahre danach erinnerte sich Florine angesichts eines reichlich unbekleideten Gabriele D'Annunzio (1909 trat er als Ippolito in seinem eigenen Stück *Fedra* auf) an »my life class days – not that he was quite without clothing, but his build is such that students love to draw«[11]. Männliche und weibliche Aktklassen waren strikt voneinander getrennt, nur wenig Studierenden gelang der Schwellenübertritt.

In dieser Freizügigkeit, einem Novum in den Vereinigten Staaten, war die Pennsylvania Academy of the Fine Arts schon in den 1860er Jahren wegweisend gewesen. Die *Modellklasse der Damen* von 1879 zeigt die um einen weiblichen Rückenakt bemühten Ladies in dunklem Tailleur und Hut. Als ihnen der Leiter der Akademie, der für seine realistische Darstellungsweise berühmte Thomas Eakins, ein männliches Modell enthüllte, wurde er seines Postens enthoben. Künftighin blieb den Adeptinnen die Genremalerei, das Stilleben und die Landschaft. Dafür wurde die Portraitmalerei in dem Maße zur Domäne amerikanischer Künstlerinnen – so auch die Figurenmalerei –, wie im Zuge der New-Woman-Bewegung die weibliche Sensibilität und auch eine spezifische Subjektivität ihre Aufwertung erfuhren. In dieser Gattung einer »komplexen, in Familiendynamik und persönlichem Charakter wurzelnden Form«[12] der Bildwiedergabe von Körpersprache und Gesichtsausdruck, brillierte insbesondere Cecilia Beaux; sie wurde zur »Jane Austen der Kunst«[13] gekürt. 1855 geboren und eine Generation älter als Florine Stettheimer, bot sie dieser Jüngeren gleichsam vorbildhaft eine Interpretation der Mutter-Tochter-Beziehung in ihrem Gemälde *Mother and Daughter* von 1898. Nähe und Ferne zweier Frauen in Alter und Jugend, aber vereint durch die Insignien der höheren Gesellschaftsklasse, Eleganz und Noblesse der Haltung, wirkt das hochformatige Gemälde wie ein Stehspiegel, in dem sich Mrs. Stettheimer und eine ihrer Töchter zu ihrer Überraschung wiederfinden könnten. Auf den Adler im Hintergrund als nationalem Symbol würde Florine in ihrem Spätwerk zurückgreifen. Hier im Tableau der Gesellschaftsdamen wirkt er wie eine Rechtfertigung des Attributs »beste Malerin der Geschichte«[14], das man Cecilia Beaux verlieh. Sie blieb unverheiratet, wie die ebenfalls aus Philadelphia stammende und elf Jahre ältere Mary Cassatt (1844–1926). Aber diese zu den impressionistischen Malerinnen in Paris zählende, mit Degas befreundete Künstlerin hatte sich von der feinpinseligen Malerei des Gilded Age gelöst. Ihre an Degas sich anlehnenden Pastelle junger Mütter mit ihren Kindern, ihr *Portrait of Mrs. Havemeyer and Her Daughter Electra* (1895) sowie das *Portrait of Adeline Havemeyer* (1895) als »jeune fille en rose« besiegelten die Freundschaft mit der hervorragendsten unter den New Yorker Mäzeninnen. Louisine Havemeyer, geborene Elder (1855–1929), füllte ihre Residenz an der Nordostecke der Fifth Avenue zur 66. Straße Ost mit Museumsschätzen, die sich, zusammen mit den Rembrandts ihres Gatten Oscar Havemeyer, recht gut mit dem byzantinischen, teils von Louis Comfort Tiffany gestalteten Dekor der Raumfluchten vertrug. Der Reichtum gründete auf Zuckerraffinerien. Er verführte Louisine nicht zur Extravaganz und Hervorhebung ihrer Person durch Juwelen im Stil ihrer Nachbarinnen an der Fifth Avenue, von Astor bis Rockefeller und Vanderbilt. Sie hatte eben Manets königsblauen *Canale Grande* von 1875 erworben, eine flimmernde Wasser-und-Venedigimpression, als jemand sie fragte, ob sie nicht lieber eine Perlenkette anstelle eines Bildes hätte. »No, I prefer to have something made by a man than to have something made by an oyster.«[15] Wenn ihr dann Oscar Havemeyer, zeitweilig der reichste US-Bürger, dennoch ein fünfreihiges 100 000-Dollar-Collier mit einer Diamantschließe schenkte, so sprach sich das in den New Yorker Salons wie auch ihr Bonmot über Manets blaues Venedig, eher herum, als das Anwachsen einer ungeheuerlichen Kunstsammlung. Es bedürfe besonderer Hirnzellen, »special brain cells«, um Monsieur Degas zu verstehen, was eine 20jährige Miss Elder 1875 in Paris zum Kauf einer kleinen, hell-dunklen *Ballettprobe* (1874) getrieben hatte, mit 500 Francs geliehenem Taschengeld, seinerzeit 100 Dollar. Unzählige Tänzerinnen harrten in den Kulissen, und auch die verführerischen weiblichen Akte von Courbet. Louises romantische Natur spiegelte sich hauptsächlich in Figurenstücken: in Goyas dramatischer Inszenierung zweier *Majas auf dem Balkon* (1805–12) wie auch in El Grecos *Cardinal Don Fernando* (um 1600), der sich mit Corots *Bacchantin in einer Landschaft* arrangieren mußte. Die unermüdlich Reisende schulte ihr Auge im Louvre, seinerzeit schien ihr das Erleben von Kunst wichtiger als das Sammeln, bis diese Leidenschaft sie überwältigte. Am Ende steht der Name Havemeyer in den Annalen des Metropolitan Museum of Art als Stifter der größten Sammlung französischer Impressionisten. Auf der Rückseite der heute durch die Welt tourenden und ihre Frische nie einbüßenden Wiedergaben gelebten menschlichen Daseins, gern unter freiem Himmel, erscheint gleichsam auf einer Phantomphotographie das Gesicht einer Frau mit schweren, energischen Gesichtszügen, einer 40jährigen, die eher skeptisch auf die gemalte Seinsleichtigkeit all der Renoir, Sisley und Pissaro und die problemlosen Horizonte hinter den Boulevards oder den Seebädern blickt.

Eine photographische Aufnahme bewahrt den einstigen, später abgerissenen Standort der Gemälde ohne Vergänglichkeit, die efeubewachsene Eckresidenz an der Avenue ohne Bäume von anno 1890; eine Dame in Weiß mit einem großen Hut lenkt ihren Einspänner längs der Fassade, das schwarze Pferd hätte Degas für eine Bewegungsstudie mit Jockeys nicht gereicht …

Die ganze Fifth Avenue eine Schatzmeile. Was sickerte an Substanz der gehorteten Kunstwerke durch die Mauern der viktorianischen Neugotik, der Loire-Schloß-Architektur und der nachempfundenen Renaissance? Welche Strahlungen der Avantgarde oder der altmeisterlichen Malerei erreichten eine dort täglich flanierende Jungesellin? Noch war Florine Stettheimer wie nur eine Proustfigur eine Gefangene im ästhetischen Dekor wie im Kunstdenken der so lange währenden Jahrhundertwende-Ära. Aber ihr kritischer, schon den Geist einer Avantgarde erspürender Sinn wollte die Hülle des Kokons, von dem sie umfangen war, sprengen.

Vier Jahre währte die Inkubationsphase an der Art Students League; drei Präzeptoren erteilten ihre Lehren. Kenyon Cox verkündete, alle Werke der Moderne sollten nur ein Abglanz nobler Kunst der Vergangenheit sein und empfahl die virtuose Technik von Velázquez, Tizian, Tintoretto wie auch von Frans Hals bis hin zu Millet – diese Meister seien bis auf den letzten Pinselstrich zu studieren. Er spannte den Bogen von Botticelli zu Manet, auf beide sollte Florine Stettheimer sich einmal berufen. James Carroll Beckwith vertrat die Schule des Gilded Age französischer Provenienz; er hatte in Paris bei dem alle Pompösen übertrumpfenden Carolus-Duran gelernt, jenem süßlichen Glattmaler, dem allerdings Cézanne Talent zugestand. Er stand unter dem Einfluß seines Freundes Singer Sargent, der eine gewisse anrüchige Berühmtheit erlangt hatte mit dem – für amerikanische Augen – allzu gewagten Portrait einer *Madame X (Madame Pierre Gautreau)* von 1884: eine Alabasterskulptur aus einem schwarzen Futteral heraussteigend, um der Welt die Macht des Eros zu demonstrieren.

Als dritter Lehrer kam H. Siddons Mowbray hinzu und brachte eine Pariser Neuheit mit in Florines Repertoire: den Japonismus. Es waren Holzschnitte der Meister des Ukiyo-e, Bilder des fließenden Lebens, eine gleichsam volkstümliche, demokratische Variante zum höfischen Stil der vornehmen Welt der Shogune mit ihren »chinesischen Idealen«[16] von Ruhe und Vollkommenheit in der Tradition des Zen-Buddhismus. Ukiyo-e hingegen setzt auf Springlebendigkeit, auf Wirklichkeitsnähe, wobei die figurenreiche Erzählweise im Optischen verwandte Züge mit der persischen Miniaturmalerei des 14./15. Jahrhunderts aufweist. Beide Stilweisen werden sich in Stettheimers Spätwerk ablesen lassen, wo auch, als ein weiterer Faktor, Henri Bergsons Theorie von der subjektiv erfahrenen Zeit als einem unaufhörlichen Dahinfließen ohne Grenzabschnitte hineinspielt.

Ein Erzählgedicht spiegelt die Technik und Vorgehensweise des Stummfilms wider. Eine Kamera folgt der Flanierenden durch das Labyrinth ihrer New Yorker Jugendsouvenirs, Schritte werden im Stakkato von Momentaufnahmen festgehalten. Dabei entstehen die episodenhaft aneinandergereihten Standbilder, in deren Fokus – phantomhaft – eine attraktive Person und ihre Persona die Aufmerksamkeit fesseln. Das Kolorit dunkles Sepia.

Kunststudententage in New York
Straßen und Häuser mit Freitreppen alle gleich
Passanten in dezenter Kleidung
Lebhafte Farben hielt man für laut
Schmuck für Protz und Schund
Ich liebte Empiregewänder
Gab einen Nachmittagstee bei mir
Besuchte Bälle und Parties

Im Sherry's und im Delmonico's
Saß bis zum Schluß in der Oper und in der Philharmonie
Ich hatte einen Freund, der sah byronisch aus
Mit dem ich über Bücher diskutierte
Emerson und Ruskin
Mills und Henry James
Wenn wir milde gestimmt waren
Wenn wir ironisch gestimmt waren
Waren es Whistler und Wilde.[17]

Ausbruchsbegehren durchzieht das Gedicht, ein Wille zur Moderne; ein Aufbruch aus jener Welt der Gründerjahre, von deren Konventionen man dennoch nicht lassen kann. Man gibt sich snobistisch, verachtet die architektonische Imitation historischer Bauten Europas; man gibt vor, durch den ewig gleichen Anblick auf dem Weg zur Art Students League gelangweilt zu sein. Aber die hinter den Fassaden gültigen Spielregeln werden eingehalten: man hat seinen Jour fixe daheim, und zum Amüsieren frequentiert man die eleganten Ball- und Dinnersäle, wo gelegentlich auch die Oberen 400 präsent sind. Im Restaurant Delmonico's am Madison Square, »the scene of great gaiety and pleasure«[18], fanden Bankette statt, man erschien in Abendtoilette. Die Damen trugen ihre Gewänder, die sie auch für ihre Portraitsitzungen anlegten und nicht vor Farben zurückscheuten, vor Burgunderrot oder Fluten von schimmerndem Meergrün, worin sich ja auch die Romanheldin aus *Königliche Hoheit* gefiel, mit allen Anspielungen auf die märchenbekannte *Kleine Seejungfrau*. Taucht sie nicht auf in der Aquariumswelt aus dem Proustroman unter den hin- und hergleitenden juwelenbestückten Fischen? Der Erzähler im verglasten Speisesaal des Grand Hôtel an der normannischen Küste glaubte zu träumen – vom Lethefluß, von der dahinfließenden Zeit und dem flüchtigen Schönheitseffekt aller Kreatur, wobei er seine aristokratischen Salonnièren in der glatten oder schuppigen Fischhaut ihrer Gewandung als Wasserbewohnerinnen wahrnahm. Noch vor dieser erbaulichen Lektüre ihres Lieblingsautors ging Florine in Sherry's Hotel & Restaurant an der Fifth Avenue tanzen. Hier wurde sie als Jüdin nicht ausgegrenzt wie etwa in der Oper, wo ihr die freie Beweglichkeit, das ungenierte Kommen und Gehen der nichtjüdischen Logenprominenz ins Auge stach. Auf einem Parkettplatz hieß es ausharren bis zum Schluß der Vorstellung.

Wer waren ihre Begleiter? Zählten sie zu jenen Frackherren, die sich im Sherry's auf künstlichem Turf und zum Kreis gruppiert ein »Dinner zu Pferde«[19] leisteten? Das Männliche in lebendiger, freilich andersartiger Gestalt als der jener Gentlemen des Gilded Age gewann Eingang in Florines Lebensgefüge, in ihr weiblich gesponnenes Netz: ein Freund mit einem Anflug von Bohème, der auch Florines Neigung zum Unkonventionellen entsprach.

Sie war der Mode ihrer Zeit voraus. Noch bevor sich die Reformkleidung einbürgerte, hatte sie sich von ihrem Korsett befreit: »I shed mine long ago«[20], wie sie später bekannte. Lockeres Empire und »tea-gowns« entsprachen ihrem Geschmack, ihrem Körperbau. Ihr Windstoßgefährte glich Lord Byron, ein Mann von Intellekt mit einer gehörigen Portion Charme. Mit ihm spielte sie sich auf ihre künftige Rolle als Salonnière ein. Im Bild ergäbe es ein »conversation piece«, ein Konversationsstück für zwei Personen und unsichtbarer Gegenwart der herbeibeschworenen Geister. Teetassengeklapper und Bücherstapel. Zuoberst Henry James. Schwerer als alle Romankonflikte durch den Zusammenprall der Welten diesseits und jenseits des Atlantiks, Zusammenstoß auch des männlichen mit dem weiblichen Individuum, wog seine Selbstaussage: »I want to do what they call live […] We work in the dark – we do what we can – we give what we have. Our doubt is our passion and our passion is our task.«[21] Leben wollen, arbeiten im Dunkeln, geben, was man zu geben vermag. Der Zweifel ist die Leidenschaft aller Schöpferischen, und Leidenschaft heißt Arbeit …

Gleichsam schluckweise nimmt das diskutierende Duo die Ansichten der Großen in sich auf – ein Ozean, darin zu ertrinken. Der Freund mit dem Feuerauge Lord Byrons gibt die Stichworte. Und so, wie jener »der Dichter eines unruhigen Zeitalters« war, der »das Gefühl der Ungerechtigkeit und Sinnlosigkeit der Weltordnung« mit Millionen von Menschen geteilt habe und dessen Dichtungen »der Vulkan« war, »dessen Ausbruch ein Erdbeben verhinderte«, so führt der ungenannte Freund die großen Beweger des zu Ende gehenden 19. Jahrhunderts ins Teegespräch ein.[22] Ralph Waldo Emersons Neuengland-Transzendentalismus war in der ersten Jahrhunderthälfte Ausdruck einer naturphilosophischen, in der Religion gründenden Weltanschauung. Sie gab die Gegenrichtung zum intoleranten Dogmatismus der Puritaner, leitete das Liberalismusverständnis ein, der Zugewandtheit zu neuamerikanischen Idealen, welche »wirtschaftliche Freiheit stets mit sozialer Verantwortung, politisches Handeln mit dem Gebot öffentlicher Tugend und Wohlstand immer mit der Verpflichtung zu humanitärem Engagement zu verbinden pflegt«[23]. Ein Credo gehobener jüdischer Kreise.

Emersons Lebensdaten, 1803 bis 1882, stempeln ihn zum Patriarchen seines Jahrhunderts, der seine Impulse auch an die bildende Kunst weitergab: *Nature* (1836) wurde das Logbuch der Hudson River School genannten Landschaftsmalerei. Diese spezifische, aber an europäische Traditionen anknüpfende Kunst entsprach einem »allenthalben erwachenden Nationalismus [...] in den Vereinigten Staaten«, sie erhob »in Ermangelung einer eigenen Geschichte die urtümliche Landschaft zum patriotischen Symbol«[24]. Ähnlich wirkte der Viktorianer John Ruskin (1819–1900) auf die ästhetische Erziehung nicht nur der Briten ein, denkt man an Proust, der sich um die Übersetzung der *Bibel von Amiens* bemühte und in Ruskins Lebensbericht *Praeterita* (1885–89) ein Stimulans vorfand, während Ruskins *Stones of Venice* ihn auf seiner Venedigreise begleiteten. Das Echo seiner Pilgerschritte, seines Stolperns über einen Pflasterstein hallte im Roman *À la recherche du temps perdu* nach und traf Florines literarischen Hörnerv. Ruskin hingegen schien ihr »as dead as a doornail«, wiewohl sie sein bei Botticelli ausgemachtes »hard edge« für ihre eigene Malerei als, wie ihre Biographin schreibt, »long lasting influence« übernahm.[25]

Sein Hauptwerk *Modern Painters* (1843–60) huldigte der Mal- und Aquarellkunst des späten William Turner, der seine lichten Farbparti-

kel auf Florines Palette blies, auf *ihr* romantisch-phantastisches Spätwerk. Das Auge der Kunststudentin heftete sich auf die Architektur.
Über dem Teegeplauder verglich sie die neoklassischen Washingtoner
Bauwerke von Robert Mills (1781–1855) – sie sollten stilbildend für ganz
Amerika werden – mit dem auf Ruskin zurückführenden Gothic Revival an der Fifth Avenue. Vielleicht dachte sie nicht daran, daß seinem
Einfluß auf die englische Arts-and-Crafts-Welle der modische Schnitt
ihres jugendstiligen Nachmittagskleides zu danken war. Wenn Proust
eine Romandame in diesem Stil ausstaffiert, japonisierend nach dem
Geschmack der Zeit, taucht gleichsam vor einem Wandschirm Whistlers *Prinzessin aus dem Land des Porzellans* auf; das Gemälde von
1863/64 steht leitmotivisch für die Fernost-Manie und ist Ausdruck des
»aesthetic revival« in den Vereinigten Staaten. James Abbott McNeill
Whistler (1834–1903) zog mit seinen sogenannten Arrangements oft
monochromer Farben – das Portrait seiner Mutter in Schwarz und
Grau, von calvinistischer Strenge und dem Anspruch, das berühmteste
Bild der amerikanischen Kunst zu sein – Ruskins Zorn auf sich. Es kam
zum ersten Prozeß in der Geschichte der Kunst, in dem es um den Wert
oder den Unwert eines Malwerks ging. Whistler gewann.

So beängstigend seine gespenstischen *Nocturnes* wie aus Nebel und
Ruß auch waren, berüchtigt war der als Dandy verkleidete Künstler
für sein Traktat *The Gentle Art of Making Enemies;* darin pries er »the
rare Few, who, early in Life, have rid Themselves of the Friendship of
the Many«[26]. Er bringt Teetassen zum Klirren, nicht allein bei Florines
Five o'clock-tea. Whistlers Freundfeind Oscar Fingal O'Flahertie Wills
Wilde (1854–1900) mischt sich in die Diskussion zum Thema, wie man
sein Leben zum Kunstwerk gestalten könne, welche Rolle das L'art pour
l'art spiele, was freilich jegliche Ironie ausschließt. Diese Ironie mag auf
die viktorianischen Philister zielen, die 1892 Wildes biblische Tragödie
*Salomé* als Bühnenschauspiel verboten: zuviel der Décadence und des
Symbolismus, die 1894 von Aubrey Beardsleys schwülstig-makabren
Illustrationen noch übertrumpft wurden. Auf seinen Vortragsreisen
durch die USA hatte Wilde die schmallippigen, hochgeknöpften bil-

dungsbeflissenen des Gilded Age mit seinem kaustischen Witz und seinem gesellschaftskritischen Sarkasmus allenfalls verblüfft.

Seine Schönheitsbotschaft stand im Ruch der Dekadenz; seine Laster wurden ihm zum Verhängnis und es blieben ihm nur wenige Freunde. Einer von ihnen gab er den Namen Sphinx, »Sphinx der Moderne«. Sie edierte posthum seine Briefe und fügte ihre Reminiszenzen hinzu. Sie parodierte ihn in ihrem Sketch *Overheard Fragment of a Dialogue* im *Punch*. Im Jahre 1892 waren sie sich begegnet und konversierten vom ersten Wimpernschlag an auf Augenhöhe. Bei seiner Entlassung aus dem Gefängnis an jenem Maimorgen 1897 erschien sie in einem riesigen Hut. »Sphinx, how marvelous of you to know exactly the right hat to wear at seven o'clock in the morning to meet a friend who has been away! You can't have got up, you must have sat up.«[27]

Ada Esther Leverson, geborene Beddington (1862–1933), mütterlicherseits sephardischen Bluts, galt als die geistreiche Egeria im London der 1890er Jahre. Ihre Toleranz, ihre Liberalität und ihr Stil als Gastgeberin werden, zeitverschoben, ihren Niederschlag im Salon der Stettheimers finden. Wenig glücklich vermählt mit einem Diamantenhändler, wiewohl er ihre Freunde unter seinem Dach begrüßte, wählte sie ungezwungen Liebhaber aus. Sie betonte ihre attraktive Persönlichkeit durch ihre kokette Aufmachung. Blondhaarig und hell äugig in luxuriösen Toiletten glich sie einer von Singer Sargent portraitierten Aktrice in einer Komödie von Oscar Wilde. In ihrem mit zartfarbigen Fächerbildern geschmückten Salon empfing sie die Malerfreunde: Sargent, Walter Sickert, Aubrey Beardsley, dessen *Todeskuß der Salomé* den schaurigschwülstigen Kontrapunkt setzte: »J'ai baisé ta bouche, Iokanaan.«[28] Sie war frei von Prüderie und Vorurteilen; zu ihrem Kreis zählte der Shakespeare-Verehrer und Publizist Frank Harris, dessen erotische Memoiren *My Life and Loves* später einen Skandal hervorrufen sollten, der brillante Karikaturist Sir Max Beerbohm und George Bernard Shaws gefeierte Schauspielerin Mrs. Patrick Campbell: 1912 die erste Eliza Doolittle in seinem Schauspiel *Pygmalion* – da war noch kein Gedanke an das Musical *My Fair Lady*. In der vieldiskutierten Frauenfrage wahrte Ada Leverson schlangenhafte Klugheit. Ihr Witz zielte nicht auf eine feministische Zerstörung des Mannes, sondern eher auf dessen Bewahrung vor dem gesellschaftlichen Tod; ihre Waffe hieß *Amüsement* ... Florine Stettheimers Wortpfeile hingegen wirkten vergiftend, sie hielt sich nicht an die vorbildhafte, neun Jahre ältere Londoner Berühmtheit. Die Schriftstellerin Ada Leverson spiegelte in ihren Romanen die Salongesellschaft jener »Naughty Nineties«[29], die gleichwohl ihr Lebenselixier waren. Diese Romane sind einem künstlich angelegten Teich, Blumen wie von Symbolistenhand gemalt mit den Gesichtszügen schillernder Zeitgenossen schwimmen darauf, die Wasseroberfläche wird von Luftströmungen aus allen Himmelsrichtungen bewegt.

Henrietta Stettheimer wird dieses Konzept übernehmen, wird unter dem Pseudonym Henrie Waste (lies: *Henrie*tta *Wal*ter *Ste*ttheimer) in ihrem Roman *Love Days* (1923) das wirklich Erlebte mitsamt den handelnden Personen literarisch, aber recht dünn ummänteln, wobei jedoch die unverfälschte Frische des gelebten Augenblicks erhalten bleibt. Spürbar der Wirklichkeit hingegeben, wird sie 1917 in ihrem autobiographischen Fragment *Philosophy* von ihren Freiburger Studienjahren erzählen. Wird ohne Präliminarien in den ersten Satz hineinspringen: »Es schien seltsam und wundervoll, an einem warmen Frühlingsnachmittag im uralten Klostergarten der Albert-Ludwig-Universität mit Herrn Brodersen zu sitzen. Herr Brodersen sprach zu mir von der individuellen Note in der Philosophie unseres Lehrers, Professor Rickert, von dem Unterschied zwischen seiner und anderer Doktrinen des Idealismus, und besonders von jenem Aspekt, der dem modischen ›Psychologismus‹ den Boden entzog. Um das zu lernen, war ich nach Freiburg gekommen.«[30] Vogelgezwitscher und ein plätschernder Springbrunnen, Stimmengesumm aus den offenen Fenstern der Hörsäle, das Hin und Her der Studenten vom sonnigen Hof zu den dunklen Portalen lenkten von der konzentrierten Miene des Sprechers ab.

Die 20jährige hatte sich im Jahr 1895, eingedenk ihrer Verwandten Aunt Josephine und Uncle William Walter, am Barnard College der Columbia University immatrikuliert. Das College existierte seit 1889 und

*Ettie Stettheimer mit Doktorhut*

nahm weibliche Studierende auf, die von den Vorsitzenden der Universität heftig abgelehnt worden waren. (Die private Institution gründete auf dem King's College von 1754, 1784 wurde sie zum Columbia College umbenannt und 1896 zur Universität mit einer berühmten Bibliothek.) Zwischen seltenen Erstausgaben und Handschriften fand Miss Stettheimer ihre Jagdgründe. 1898 schloß sie ihren Studiengang Psychologie mit dem Master ab, das ungeschriebene Zeugnis ihrer männlichen Bewunderer attestierte ihr »Leichtherzigkeit und Flirtbereitschaft«[31]. Auf ihrer Photographie im Examenshabit mit flachem Barrett hält sie den dunkelgelockten Kopf, den starken Augenbrauen als ihrem später auch von Florine betonten Charakteristikum, so schräg, wie es der ernste Blick ihrer Augen erlaubt.

Die Entdeckung der Philosophie war über sie gekommen wie eine Epiphanie. Sie stand in ihrem dritten Collegejahr, wie sie schreibt; Cäsar, Cicero, Horaz und Homer hatten das Schulmädchen gründlich vorbereitet. Dem Jugendtraum, Schriftstellerin zu werden nach den frühen Versuchen im College-Magazin, hing sie – vorläufig – nicht länger nach. »Am besten kann ich meine Gefühle in diesen ersten Jahren (gemäß meiner jugendlichen literarischen Erfahrung) so beschreiben, daß ich mich einfach mit jemandem verglich, der in fernem Land in dunkler Nebelnacht um sich schaut und sich allein im Mittelpunkt der Welt und des allgemeinen Interesses befindet, der plötzlich sieht, wie sich der Nebel lichtet, die Wolken zerfließen und die gestirnten Himmel sich in herrlichen Bögen wölben; räumlich begrenzt nur durch die eigenen schwachen Augen, in seiner Materie begrenzt durch das schwache Hirn. – So wie die Entdeckung von Kopernikus hinsichtlich der Himmelskörper den Menschen vom Mittelpunkt des Universums an die Peripherie rückte, so versetzten meine Entdeckungen des Reichtums menschlicher Überlieferung und der unendlichen Spannweite künftiger Möglichkeiten mich selber vom Zentrum meines Interesses an den Rand.«[32]

Die neuen Erkenntnisse glichen sich den kosmischen Dimensionen an: »die Sonne meines Himmels ging auf; alle übrigen Gestirne und Systeme der Gelehrsamkeit – Geschichte, Literatur und Naturwissenschaften – fielen in Finsternis, und mein Universum wurde plötzlich erleuchtet, erwärmt und befruchtet. Ich erinnere mich, wie ich die früheren Helden, Matthew Arnold, Carlyle, Ruskin und so fort, im Geiste mit ständigen Kommentaren versah: ›how do you know this‹ und ›define your terms‹.«[33] Nicht allein »die toten Genies, sondern auch die meisten der lebenden Bekannten ohne Genie« wurden kontinuierlich dogmatischen Feststellungen ausgeliefert: »unphilosophisch und daher unergiebig«[34]. Wie auch die ihre Visionen »ins Blaue«[35] schreibenden Dichter mit ihren vom Gefühl her begrenzten Impressionen, sie alle fielen dem Verdikt der puella docta anheim. Das gelehrte Mädchen übte nun die »Anbetung vor dem Schrein des Weisheitsliebhabers«[36], huldigte allein der Vernunft und einer Vorstellung von Wahrheit, ganz unbefleckt von Begierde, von Stimmung oder dem Gedanken der Nutzbarkeit. Also Schluß mit der Kunstgeschichte, die nur dem Ästhetizismus das Material lieferte, Schluß mit Geschichte und Wirtschaftswissenschaften, weil sie der Ethik nutzte, Schluß auch mit Dichtung und Romanliteratur wegen der in ihr köchelnden Psychologie.

Henriettas Abschied von den Sieben Freien Künsten führte zu deren Ausgangspunkt, der Philosophie, zurück. Freiburg wurde zum temporären Rastplatz; in der beschaulichen Universitätsstadt mit dem Kopfsteinpflaster klapperten die Hufe des Reitpferdes aus dem Studententattersall laut. Zu Pferde erkundete man, bisweilen in Begleitung (von der später die Rede sein soll), die Schwarzwaldlandschaft, das Höllental.

Im kühlen Wiesengrunde rezitierte man Heinrich Heines Gedichte. Ettie war schon lange genug mit der deutschen Literatur vertraut, so daß sie den Wanderwegen eigene Namen gab, an »Goethes Ecke« sich seine Jagderfahrungen vorstellte, an der »Teufelsbrücke« eine »Heilige Ottilie« lehnen sah und in »St. Ottilienburg« Goethe in Person erspähte; da gab Ettie einer »übermütig perversen« Laune nach.[37]

Sie war die studierende Dame in Heinrich Rickerts (1863–1936) philosophischem Seminar, sie blickte auf die verabschiedeten artes liberales »wie ein Snob auf verarmte Verwandte«[38] und sah ihre 16 Kommilitonen beim Silentium wie in einem Ozean der Philosophie, »immersed in some profound or bottomless pool in the ocean of philosophy that surrounded us, silent and absorbed«[39]. Beim Betreten des Heiligtums wurde sie als weiblicher Fremdkörper von »unbekannter Beschaffenheit«[40] angesehen, bis ein »menschlicher Handschlag«[41] des Meisters die Problemfrage löste. Jetzt rissen die Jünglinge vom Typus tüchtiger junger Mann die Türen vor ihr auf und verbeugten sich tief und unamerikanisch. Unter den wenigen Mitstudentinnen hätte ihr im Sommersemester 1905 ein Fräulein Elly Knapp über den Weg laufen können, Elly Heuss-Knapp (1881–1952), wie sie als Frau des ersten deutschen Bundespräsidenten nach 1947 hieß und zu Etties Zeit Nationalökonomie belegt hatte; »der ganze glückselige letzte Sommer«[42] für sie. Ähnliche Empfindungen teilte die sechs Jahre ältere Amerikanerin, jetzt ohne Locken, sondern mit Zopf, ohne ihre Pariser Kleider, die sie wie auch ihre amerikanischen Schuhe vermißte. Irgendein »evening dress« für die Abendeinladung bei dem Professorenehepaar wurde von der Schneiderin in der Ameisengasse angefertigt; die Läden unterschied die mit »Meine Dame« begrüßte und den schwäbischen Dialekt beherrschende New Yorkerin nach Klassenzugehörigkeit. Sie notierte: »proletariat«, »bourgeoisie« und »aristocracy« mit jeweils wechselnder Form der Anrede. Diskriminierung erlebte sie in dem einen Fall eines neu auftauchenden jüdischen Kommilitonen, dessen Verbeugung beim Eintreten in das Seminar die »inhumane, vom militärischen Geist«[43] diktierte Begrüßung seiner Mitstudenten zu parodieren schien. Henriettas kunstgeschultes Scharfauge wollte den künftigen Freund in einem Rembrandt-Gemälde erkennen, und doch besaß er die weichen und zugleich ausgeprägten Züge, welche die italienischen Meister ihren Jünglingsportraits verliehen. Auch andere Philosophiekandidaten verloren ihre Dimensionen und verflachten zu Illustrationen aus den *Fliegenden Blättern* oder der *Jugend* oder Kunstpublikationen. Herr Brodersen mutierte zu einer Dürerzeichnung, ein anderer zu einer Gestalt von Moritz von Schwind, zwei nette Jungs, »nice boys« (wer immer sie waren) und der Meister selbst verwandelten sich zu stahlgestochenen »figürlichen Phantasien« eines Max Klinger. Heinrich Rickerts genialischer Charakterkopf führte jedenfalls nicht zur schwärmerischen Verblendung seiner Schülerin. Er begutachtete ihre Doktorarbeit, die sich mit dem amerikanischen Philosophen und Psychologen William James befaßte, dem jüngeren Bruder von Romancier Henry James. Dessen 1890 erschienene *Principles of Psychology* setzten den ersten Schwerpunkt, dem eine Richtungswende in Form einer publizierten Vorlesungsreihe folgte, *The Varieties of Religious Experience* (1902). Henriettas Dissertation, diese »Exkursion in die Eingeweide der Erde auf der Suche nach einem verborgenen Schatz«[44] drohte das Scheitern.

Im Historischen Seminar roch es nach Mittelalter. Ein Professor verwehrte der Kandidatin den Zugang zu den lateinischen Quellen. Ihre Anwesenheit sei den katholischen Theologiestudenten unzumutbar. »I must ask you, mein Fräulein, to remove yourself.«[45] Gekicher der Kommilitonen. Eine Amerikanerin des Zeitalters der New Woman überwindet das Handicap, innerlich lachend. Sie sah William James vor sich, mit seinem gestutzten Kinnbart, wie Singer Sargent ihn 1894 in einer Bleistiftzeichnung festgehalten hatte – im Profil, so als hätte sich der Künstler vor den bohrenden Augen gefürchtet, von denen das rechte den Brennpunkt im Blatt markiert. Henrietta weist dem Philosophen den versteinernden, ja tödlichen Medusenblick zu: als ein erzieherisches Mittel für das Individuum, das Gefahr läuft, sich im Labyrinth der einst und jetzt gültigen Werte zu verirren. Wer falsch wählt, den treffe der Blick der Medusa.

William James (1843–1916) und seine Deuterin verbanden parallele Geschicke. Auch er war seit Kindertagen von Kontinent zu Kontinent gewechselt: der Zehnjährige hatte 13 Schulen zwischen Boston und Cambridge, London und Gent, Paris und Boulogne-sur-Mer kennengelernt; dann wurde ihm das Reisen zur ultima ratio der Erkundung seines Ich. Dem Lehrmeister wie seiner Schülerin war im Laufe ihres Lebens das Bewußtsein einer doppelten Identität zugewachsen: einer amerikanischen und einer europäischen. Das blieb für Henrietta nur ein äußeres Faktum; ihr geistiges Zuhause war überall da, wo Kant, Hegel und Nietzsche mitsamt ihren Trabanten und Interpreten gelesen und zitiert wurden, auch in den Vereinigten Staaten. Ihre durch Studium vertieften Kenntnisse verhinderten, daß sie eine Abenteurerin wurde. »I am no adventuress. [...] On the other hand, I think I may be a vagabond.«[46] Auf all ihren Streifzügen durch Länder und Klimazonen sei sie stets eine bewundernde Fremde geblieben, »an admiring stranger«; und der Gedanke, an einem Fleck zu verharren, die immer gleiche Luft zu atmen, würde zu lähmender Verkrampfung führen. »I so much enjoy being a vagrant vagabond – it feels so completely like freedom. [...] And I so much enjoy trying to be a philosopher.«[47]

Im Frühjahr 1908 nahte das Examen. Freundschaftlich Gesonnene korrigierten das zu amerikanische Deutsch ihrer Dissertation und übten mit ihr wie schon bei den vorausgegangenen Referaten den mündlichen Vortrag. Dann war da noch die Kleiderfrage. »Dress regulation: black, entirely in black« müsse ein Prüfling erscheinen. Ettie telegraphierte nach Rom, Florine expedierte einen Nachtfaltertraum aus schwarzem Chiffon mit goldenen Tupfen. Der Dekan gratulierte zum Doctor Philosophiae, magna cum laude. Dazu schrieb ihr William James nach der Lektüre ihrer Schrift, »keine der bestehenden Universitäten, die nicht das summa cum laude erteilen würde«[48].

Freiburg versank hinter Schwarzwaldbergen und wurde Erinnerung – auch an ihren privaten kleinen philosophischen Salon, dessen braune Wände Henrietta mit Art déco-Trophäen behing und wohin sie ihre Professoren zum Kaffee einlud. War es hier, wo sie ihre Erlebnisse, die Erfahrung ihrer zweiten Ich-Werdung niederschrieb? Nach dem Versuch, Emotionen abzuschütteln und in der Analyse Klärung zu finden? Recht gedankenvoll bestieg sie das Damencoupé zweiter Klasse, das sie in eine garnicht so andere Welt entführte.

# Verlockung Europa und Heimkehr nach Amerika

Den Weltbürgerinnen wurde der Staat New York, wurde New York City, das Terrain um den Central Park West, zu eng. Die Magnetländer der vier Damen Stettheimer hießen, von Deutschland abgesehen, Italien und Frankreich. Die Zahl ihrer Ozeanüberquerungen zwischen 1898 und 1914 ist so wenig auszumachen wie die Reihenfolge der wechselnden Standorte. Das im Niedergang begriffene 19. Jahrhundert im Alten Europa mit seinen intakten Monarchien, seinen immer wieder überraschenden Hochblüten in den Metropolen, dazu das spürbare Heraufdämmern der Moderne in ihrer neu zu erlernenden Ästhetik – alle diese Strahlungen bündelten sich zum Reiz des Ambivalenten.

Sie waren Ruhelose, doch jeder Aufbruch zur alljährlichen Reise bedeutete für Florine eine Zerreißprobe. Sie mußte ihr Atelier nahe der New York Public Library mit Blick auf den Bryant Park aufgeben und die schöpferische Routine unterbrechen, das Schwungrad anhalten. Andererseits klang die Mahnung ihrer Lehrmeister von der Art Students League nach, die gerühmten Werke der großen Künstler in den Museen, den Kirchen oder Palästen zu betrachten, zu studieren und bis in den feinsten Pinselstrich im Geiste nachzumalen. Noch im Abbild den Zauber der Wirklichkeit dahinter spüren; im Spannungsfeld von Weltwirklichkeit und Kunstwirklichkeit neue Impulse empfangen: für das Verstehen von Kunstwerken und auch für die eigenen Versuche.

Ozeanüberquerungen hieß auch dies: »Wie üblich Pech – am Tisch sitzen wir mit den ungebildetsten Leuten an Bord. Ich kenne die anderen nicht, aber ich kann sie mir nicht so schlimm vorstellen.«[1] Dann jener Herr im Schreibsalon des Hotels, der seinen Hut nicht abnahm und die etwas dünnhäutige, nach viktorianischen Regeln erzogene Lady zwang, sofort den Raum zu verlassen. Das war Florine in Deutschland passiert, dem Land der fehlenden Badezimmer und der vielen militärischen Manöver – einmal war Henrietta in Freiburgs Umgebung mit ihrem Pferd geradezu in eine soldatische Kampfübung hineingeritten … Unterwegs Abstand zu wahren, fiel Florine leicht.

The world is full of strangers
They are very strange
I am never going to meet them
Which I find easy to arrange.[2]

Meist blieb man unter sich, Mrs. Rosetta Walter Stettheimer und ihre drei Töchter, von denen eine oft unzufrieden war, weil ihr die Zeit wie Sand durch die Finger rieselte. »All we seem to do is have breakfast«[3], schrieb Florine, dann ein langes Herumsitzen wegen der Kälte draußen, wegen des Regens, ausgehen vielleicht, wenn es nicht regnet, nach dem Lunch, wenn es wieder regnet, in den vier Wänden bleiben – ein ödes Ritual.

Zwischen den Schwestern entstanden Spannungen. Etties frei vagabundierende Persona war an keinen festen Ort gebunden, keine – einem Malatelier entsprechende – Gelehrsamkeitsklause, sieht man von ihrer Schwarzwaldbehausung ab, wo der Blick übers weiße Balkongitter, den Fliederbusch darunter, über die Kastanienbäume hinweg zu dunklen Berghügeln ging, die den Horizont begrenzten. Soviel Naturnähe! Soviel Waldeinsamkeit und Goethe-Eck und Ottilienhöhe. Und doch entwickelte sie sich zu einer aktiven Feministin. Im Dezember 1908 besuchte sie in der New Yorker Carnegie Hall eine Veranstaltung zum Thema »The Woman's Suffrage Movement in England«.

Im November 1909 nahm sie an einer Massenveranstaltung unter dem Motto »Votes for Women« teil, die unter der Patronage der National Women's Suffrage Association stand.

In diesem Punkt, in der Frauenfrage oder dem Weiblichkeitsdilemma, waren sich die Schwestern einig. In Florine Stettheimers Nachlaß befindet sich ein Exemplar des *American Women's News Bulletin,* worin ein *Who's Who Among Women of the Nation* erwähnt wird; daraus ließe sich schließen, daß eine der Schwestern dort ihren Namen zu finden hoffte.[4] Angefacht von der Brisanz der weiblich interpretierten Geschlechterproblematik reisten die Schwestern den Theaterspielplänen nach; die wichtigen Bühnen wurden ihnen zum Ziel, zur Projektionsfläche ihrer eigenen, unterdrückten Triebe. In London lief noch immer Oscar Wildes Komödie *A Woman of No Importance* von 1893, in Berlin die *Salome* in der Vertonung von Richard Strauss. In Paris trat die russische Tänzerin Ida Rubinstein in dieser gewagten Rolle auf.

Florine hatte Beardsleys schwarzgeschlängeltes Haupt der Salome vor sich und projizierte es auf den Portraitkopf ihrer Schwester Henrietta. Sie vermischte die Gegenwart mit dem Bibelmythos und diesen mit der griechischen Mythologie, der Geschichte der Gorgonen. Medusa hieß die berüchtigtste der Schwestern, das »schlangenumringelte Schreckbild«[5] der *Metamorphosen* Ovids. Um 1590 malte Caravaggio in Rom auf kreisrundem Holz, bronzegetönt, das von Nattern umringelte, abgeschlagene Haupt der Medusa und pinselte »bläuliche Tropfen«[6], die herabrieselten, in natürlicher Blutfarbe. Florine hatte das in seiner Naturalistik grauenerregende Gemälde des Michelangelo Merisi da Caravaggio in Florenz in den Uffizien entdeckt. Im Jahr 1909 portraitierte sie ihre Schwester mit dem Zornesblick des wächsernen Gorgo-Phantoms vor einem tiefroten Fond. Im finsteren Antlitz der *Medusa* erkannte Henrietta eigene Züge.

Florines Selbstdarstellung in blühender toskanischer Landschaft parodiert Sandro Botticellis Frühlingsgöttin aus der Jahreszeitenallegorie. Vielleicht bedurfte *Primavera* (um 1478) einer zeitgemäß symbolistischen, eher an Gustave Moreau orientierten Auslegung der von einem Schleier umwehten Schönheit. Es war der »zarte Schleier der Unbewusstheit«, der nach Harry Graf Kessler der Malerei des Quattrocento »den süssesten Reiz gab«[7], bei den Lippis und Bellinis, bei Botticelli … Florines narzisstische Hommage an ihre Namenspatronin fällt anno 1913 im Tagebuch in sich zusammen: »My Flora is kitsch.«[8] Eine deklassierte Renaissance-Schönheit, ein Revue Girl in tänzerischer Pose. Das Bild *Spring* war 1907 entstanden. Auf raffinierte Weise verschmolz die Malerin darin die beiden Hauptfiguren auf Botticellis Allegorie, Flora und Primavera, zu einer einzigen Gestalt, wobei sie die Körperhaltung der Frühlingsgöttin auf die in Gaze gewandete und vom Windhauch Zephirs gestreifte Flora übertrug. Sie wird die Blumen aus dem gestick-

*Florine Stettheimer,* Spring, *1932*

ten Frühlingskleid herauslösen und groß auf ihre Leinwände bringen, so wie sie Marcel Prousts florale Obsession in ihre eigene Sprache übersetzen wird. Obsession auch von der Vergänglichkeit alles Lebendigen, alles Kreatürlichen, das allein im Kunstwerk die Zeiten überdauert. Prousts Romanzyklus von der Suche nach der verlorenen Zeit, als Wortgewebe betrachtet, stellt sich als Tausend-Blumen-Teppich heraus. Darin ahnbar, wie ein verwehter Duft, »die Eigenart einer machtvollen, üppigen Individualität des Pflanzenreiches«[9]. Der Dichter schrieb sie den Städten zu – Florenz! »Wenn ich an Florenz dachte, so war es für mich eine Stadt, die einem Blütenblatt glich, von köstlichen Aromaten erfüllt, weil sie die Stadt der Lilien war und ihre Kathedrale Santa Maria dei Fiori hieß.«[10]

Anders als der Traumreisende spürte Harry Graf Kessler »die Melancholie des braunen Florenz [...] Die florentinische Schönheit scheint immer nach einer fernen Heimat auszuschauen; das hat sie unsrem Jahrhundert so verwandt gemacht.«[11] Der Tagebucheintrag ist auf den 28. Juli 1898 datiert. Die bildliche Umsetzung der von Sentiment durchtränkten Ästhetik fand Florine Stettheimer bei den englischen Präraffaeliten, die so überaus dekorativ Botticelli und Fra Angelico umstilisierten, deren Engel und Madonnentypen (nach Richard Hamann) das »Anekdotische« schmachtend und »mit einem Stich ins sentimental Erotische [...] überladen«[12]. Hingegen begnügt sich Florines botticelli-

72

haftes *Self-Portrait in front of Chinese Screen* mit einem Phönix- und Päoniendekor auf dunklem Hintergrund, vor dem sie in lichter Tunika und Turban steht, Pinsel und Palette in der Hand als Attribute eines Renaissancekünstlers, die seither zum Standard der bildenden Kunst zählen. Irgendwann zwischen 1912 und 1914 gemalt, zeigt das Bildnis den Einfluß Botticellis vor allem in der Betonung des Dreiviertelprofils. »Dem Beispiel des Italieners folgend«[13], und dies über Jahre, würde Florines eigene Galerie erinnerter Gesichter dem Stil des florentinischen Meisters der Frührenaissance folgen und dessen lyrischer Malkunst einen Anstrich von avantgardistischer Moderne geben.

In der Familienchronik der Stettheimers gehört der Italienabschnitt Florine allein, wie es die Selbstbewußtheit ihres Portraits beweist. »Mother-and-Sisters« figurieren allein im Wort »family«. In Florenz durften sich Carolines Vornehmheitsallüren ungeschmälert entwickeln, ihre Zellen sogen sich voll mit dem Klatsch über die exilierten Aristokraten aus aller Herren Länder, vor allem aus Rußland und England. Der Ton in der englischen wie italienischen Gesellschaft der 1880er Jahre war, »by London standards«[14], ungewöhnlich frei. »The ménage à trois was accepted, quite naturally, as the only civilised solution to the problems of marriage.«[15] Ein Gedanke wie von Oscar Wilde übernommen. Und in Lady Orfords Salon bot sich das Schauspiel einer Florentiner Dame »playing whist with her husband, her ex-husband, and her lover«[16]. Die Stettheimers würden Beispiele der unkonventionellen Art im Florentiner Salon von Mabel Dodge (1879–1962) begegnen, ihrer späteren New Yorker Konkurrentin. Vorläufig gedieh bei Caroline eine Art von »royal spleen«. In Florenz bewegte sie sich in den Spuren der von ihr hochverehrten und in mancherlei Hinsicht – nicht nur modischer – nachgeahmten nachmaligen Queen Mary (1867–1953, gekrönt 1910). Diese streifte in den Jahren 1883 bis 1884 zeichnend und aquarellierend durch Prousts imaginierte Blumengefilde und die aus Shakespeares *Sommernachtstraum,* »there are such quantities of wild flowers in the *poderes*«[17]. Princess May of Teck, wie sie damals hieß, mit blonden Pudellocken in der Stirn unter einem flachen Strohhut und einer dünnen Perlenkette. Sie schrieb gleichsam das Blumenalphabet für Florine, von den »Anemonen & Narzissen« bis zu den »Veilchen« und den Zypressen in der toskanischen Landschaft, und für Caroline Gesellschaftskolumnen. Sie hatte von jung an ein Auge auch für das Lächerliche. Die Damen beim russischen Kostümball ridikülisierten den Aufwand durch ein Zuviel an schönen Juwelen.

Henrietta, an- oder abwesend – und dann eher als Geist –, spielte die Rolle der beobachtenden Kommentatorin. Sie sah ihrer malenden Schwester über die Schulter, auch der lesenden, wenn sie alles, was über Kunst »in Englisch, Französisch, Deutsch« publiziert worden ist, kritisch prüfte. Florine wagte es, Bernard Berenson, die hohe Autorität für die Malerei der italienischen Renaissance zu widerlegen und zu behaupten, Bilder von Lorenzo Lotti seien Fälschungen. Generationen von Connaisseuren hatten sich seinem Urteil gefügt.

Ein schmaler, zierlicher Herr von 90 Jahren, weißbärtig und mit einem hellen Panamahut, steht er anno 1955 bewundernd vor der riesig als Rückenakt photographierten Skulptur der Paolina Borghese. Er selber war eine Legendenfigur geworden, mit einem in vier Jahren bevorstehenden Ende und einem Lebensbeginn 1865 in einem Schtetl in Litauen. Kindheit in Boston, Studium an der Harvard University. Paris, Oxford, Berlin, Rom, Dresden und Wien verführten zum Sehen und Erkennen von Malerei und zur durchaus profitablen Liebe zu den italienischen Renaissance-Meistern, zu den noch unbekannten Primitiven. Er gab seiner Italiensehnsucht nach, die er mit Goethes Mignonlied als »*Dahin*-ness«[18] begründete. Und zog mit seiner Frau Mary anno 1900 in die Florenz überblickende Villa i Tatti, die in einem wie von Giorgione gemalten Landschaftsgarten lag. *Das* Mekka von Museumskuratoren und Sammlern, vor allem der amerikanischen. In seiner Kennerschaft wagte er sich vor bis zur Moderne und riet Gertrude Steins Bruder Leo zum Kauf eines ersten Cézanne. Für Berenson gab der gleichsam fühlende Blick des Auges, den er mit einem Pfeil verglich, den Ausschlag bei einer Zuschreibung. »One moment is enough, if the concentration is absolute.«[19] Hinsehen und wieder hinsehen, so lange, bis man in einem Bild lebe und sich für einen flüchtigen Moment mit ihm identisch fühle, diesen Rat gab er seinen Besuchern. »Wenn es uns nicht gelingt, das zu lieben, was über Jahrhunderte geliebt wurde, ist es nutzlos, uns zu belügen in dem Glauben, wir täten es. Ein guter, ungefährer Test ist das Gefühl, ob es uns mit dem Leben versöhnt.«[20]

Natürlich sprach man in der Florentiner Gesellschaft über den Mann, der Bilder pflücke wie andere Blumen, wobei er sich durchaus bewußt war, daß nach dem griechischen Wort die schönen Dinge schwierig seien.[21] Man hechelte in den Salons über die weiblichen Kunstpilgerinnen, und wie gern der Hofierte in junge Gesichter schaute – die Frage nach den Stettheimer Schwestern bleibt, wie so viele, eine offene. Florine in einem weißen Kostüm, denn sie wollte sich abheben von den Touristen in Flanellgrau, die Gartenstufen zur Villa i Tatti emporsteigend, eingerahmt und flankiert von geometrisch geschnittenen Bosketten und Zypressen in Abstufungen von Grün: wäre es ihr eine Whistler'sche *Impression* oder eine Aquarellskizze wert gewesen? Oder ein *Arrangement in Brown and Gold* mit einer in der Tiefe des Raumes verschwimmenden Gestalt, *Woman in White* in der Bibliothek Bernard Berensons, da, wo *The Italian Painters of the Renaissance* zwischen 1894 bis 1907 niedergeschrieben wurden?

Wohin überhaupt begab sich Florine mit ihren Schwestern und ihrer Mutter in der Stadt mit den eckigen Geschlechtertürmen der alten Adelsfamilien, mit den viktorianischen Teestuben, dem Englischen Club aus Princess May of Tecks Exiltagen? In die imaginäre Galerie ihrer Souvenirbilder schiebt sich gleich einer Vision ein Konversationsstück. Eines der Art, wie sie es wenige Jahre später in New York malen wird: eine Salonunterhaltung mit Gästen der heterogensten Art. In Florenz empfing Mabel Dodge in ihrer Villa Curonia die Arrivierten und die Verfemten, die Unliebsamen und Ausgegrenzten gleichsam als Würze ihres Salons: »Künstler, Homosexuelle, Juden, Bohemiens, skandalöse Liebespaare und politische Exilanten.«[22] Die Treibhausatmosphäre der Stadt war den Salondamen angloamerikanischer Zunge bekömmlich. Manche der großen Gastgeberinnen in den Vereinigten Staaten hatten sich in Florenz in ihren Salonposen eingeübt, die »göttliche weibliche Eigenschaft«[23] kultiviert, den neuesten Erkenntnissen in der Wissenschaft oder der Philosophie einen lüstern amüsanten Beigeschmack zu verleihen, sobald die Sprache darauf kam; für das Anzügliche bot sich Stoff genug. Die »erotische Note« des Gesprächs von Mabel Dodge fiel keineswegs in Vergessenheit, so weit ging die gesellschaftliche Verschwiegenheitspflicht der Freunde nicht, die es in ihren Memoiren weitererzählten. »Mabel, who has the courage to sit still and the wisdom to keep silent«[24], wenn Klügere ihren gelben Salon füllten. »Sumptuously dressed and reclining on a chaiselongue, she gazed raptly at all that surrounded her.«[25] Kostspielig gekleidet und in der Ruhepose einer Madame de Récamier bietet sie sich geradezu an als Modell für Florines Selbst- und Schwesternportraits.

Dem Genius loci der Stadt Florenz zuliebe kleidete sich Mrs. Dodge üppig in Brokat, als entstiege sie einem der prachtvollen Bildnisse in den Uffizien, wo Hetären wie Fürstinnen aussehen. Sie füllte mit ihrer Selbstinszenierung als »Renaissance damsel« – Florine wird ihr darin folgen – die innere Leere und ihre emotionalen Entbehrungen. Sie war steinreich. Mrs. Mabel Dodge stammte aus Buffalo, und der Gedanke, es sei »*ugly* in America«[26], trieb sie über den Ozean geradezu hinein in ein klassisches italienisches Landschaftsbild. Die Rundkuppel des Duomo, der Geruch alter Steine und der Olivenbäume und des Lorbeers flößten ihr die Worte ein: »I will make you mine.«[27] Über der geplanten Eroberung von Florenz stand der kühne Gedanke: »Wir Amerikaner, für die die Welt noch in den Kinderschuhen steckt, haben Anspruch auf die Vergangenheit eures Kontinents – es ist die unsere.«[28]

Der Wille zur Macht drängte sie dazu, einen Salon im Stil des Alten Europa zu führen, in einer Quattrocento-Villa den Engpaß des Fin de siècle zu überwinden: als Frau des Neuen Zeitalters, doch in den Gewändern päpstlicher Favoritinnen, die sie 1912 in ihr häßliches Amerika mitnahm. Wie auch die bis ins Seicento gültige Prägung der Salongeselligkeit – nach Jacob Burckhardt – durch die Literatur und die Politik.[29]

Florine blieb die Gefangene der sprechenden Steine, des Marmors, in den ein Canova, ein Michelangelo ihre Namen eingraviert hatten. In ihren italienischen Jahren von 1906 bis 1910 und wie unter der Führung

Bernard Berensons, verglich sie Canovas stehende *Venus* in der Galleria Pitti mit der ruhenden in der Galleria Borghese, der sie sich einmal malend angleichen würde in einem überaus gewagten Selbstbildnis ohne klassizistische Verhüllung. In Florenz wie in Rom stand sie vor diesen Schaustücken gewaltig barocker Männerakte, zeigte sich irritiert durch die Proportionen des monumentalen *David*: »I could not even imagine him placed high enough to get him right.«[30] Nicht hoch genug plaziert, und wäre er nur »schwerer und länger«[31] von der Leibesmitte bis zu den Knien. Worte, die das Dichterohr T. S. Eliots erreichten, der es in *The Love Song of J. Alfred Prufrock* bündig zusammenfaßte: »In the room the women come and go / Talking of Michelangelo.«[32]

In Florines eigene Gedichte floß manches von dem lakonischen Ton ein, dem Singsang der Music-Hall, den Eliot vor sich hinsummte. Er revolutionierte 1922 mit seinem avantgardistischen Poem *The Waste Land* die Lyrik der angloamerikanischen Welt, indem er den Smalltalk als Ausdrucksmittel nobilitierte und beinahe gleichwertig zwischen die »Bildnetze der multiplen Metaphern«[33] einfügte. Hier spiegelte sich im Sprachlichen die Futurismus-Bewegung wider, die der Italiener Marinetti schon im Jahr 1909 ins Leben gerufen hatte. Und was übernahm Florine von Filippo Tommaso Marinettis Manifest, das 1912 und auch 1913 in London so etwas wie futuristische Literaturakrobatik propagierte? Was also sprang bei der Suche nach dem So-nie-Gehörten, dem Lyrisch-Avantgardistischen heraus? Poeme, arhythmisch, von Jazzsynkopen untermalt, wobei die Syntax wegfällt. Zum Beispiel ein Römisches Capriccio im Stakkato des neuen Stils:

Rom mit Straßen und Palästen
Villen und Römischen Bädern
Diplomaten und Gelehrten
Archäologen und Galanen
Literaten und Patres
Kamelien und Olivenbäumen
Blumenschlachten

Musik auf dem Pincio
Magnolien und Glühwürmchen
Träumend in der Villa d'Este
Ich trüge Perlen in meinem Haar
Von einem Maler, der behauptete
Ich gliche ungefähr Pinturicchios holden Jungfern.[34]

In diesem Gedicht vollzieht sich die Wunscherfüllung im Irrealen und wird in die Vergangenheit verlegt. Die Schreiberin wähnt Perlen in ihrem Haar, wie Botticelli sie seinen Schönen, Blonden, in die Tressen flocht. Lyrische Nachklänge aus Spätantike und Renaissance fügen sich zu der Bildpoesie im Rom-Gedicht, geben das erotische Flair, den Duft des Pflanzlichen unter einem italienischen Sommerhimmel. Musik! Florine hört sie und gibt sie weiter an einen flötespielenden Faun, den sie in den Gärten der Villa Borghese, ihrem Lieblingsaufenthalt, erspäht. Einmal trat ein »französischer Abbé« hinzu, der vorgab, im »Gebet versunken«[35] zu sein …

Später entstanden im Münchner Atelier nach dem italienischen Skizzenbuch größere Landschaften in Öl, mit kleinen Tempeln inmitten des tiefen Grüns der Boskette und Zypressen; oder mit keusch in einem Fluß Badenden in Abwandlung des Nymphenmotivs. München war gewiß der Idealort für Florines Landschaftsmalerei, auch wenn sich ihre amerikanischen Landsleute, die in den 1870er Jahren in Polling eine Künstlerkolonie bildeten, schon wieder in die USA begeben hatten. Dort habe es »mehr Talent als in der ganzen Akademie zusammen«[36] gegeben.

In Florine Stettheimers postitalienische Phase – die Künstlerin noch bei den leonardohaften Bronzetönen und schon angeweht von der fauvistischen Farbigkeit eines Matisse –, in dieser Phase, da sie januskÖpfig nach Süden blickte wie auch gen Westen, fiel die Nachricht vom Diebstahl der *Mona Lisa* aus dem Louvre am 21. August 1911. Zwei Jahre später tauchte *La Gioconda* in den Uffizien auf. Florines verblüffter Kommentar: »Ein miserables Gemälde«[37], man sollte es an einen Amerikaner verkaufen. Sie hatte wohl die seit 1666 im Prado befindliche

78

Kopie der *Gioconda* vor Augen, die ihren strahlenden Schönheitsglanz erst nach der im Jahr 2012 beendeten Restaurierung offenbarte. In der Tat brachten die Zeitungen den mächtigen John Pierpont Morgan ins Gespräch, den hatte die Französische Regierung mit der Rosette der Ehrenlegion ausgezeichnet, denn er hatte »a million dollars and no questions«[38] für die Rückgabe der *Mona Lisa* offeriert. Florine wünschte der 1503 von Leonardo da Vinci in Florenz portraitierten Lisa del Giocondo, die er um 1517 an François I. veräußerte, das helle Licht der Toskana anstelle der Louvre-Düsternis, wiewohl es ihr auch da nicht gefallen hätte. Ihr Urteil deckte sich mit dem König Ludwig XV., der das Bildnis aus der Galerie seines Urgroßvaters, des Roi Soleil, dem königlichen Hausverwalter zu Versailles überließ. Dem Monarchen stand der Sinn nach der malerischen Eleganz des Rocaille-Stils, worin Florine mit ihm übereinstimmte. Das weltweite Aufhebens um den Skandal lenkte ihre Gedanken an den Pariser Brennpunkt hin, an die Leerstelle im Salon Carré des Louvre, wo nun Raffaels *Baldassare Castiglione* die Besucher veranlaßte, im Baedeker zu blättern.

Am 11. April 1912 schifften sich die vier Damen Stettheimer im Hafen von New York ein, am 14. April sank die *Titanic;* die Kassandrarufe hallten in Europa wider. Europa, das hieß Paris, hieß Biarritz, dann Spanien, um seine Klöster und Kathedralen und die schwarzgekleideten Frauen in Skizzen festzuhalten. Reichte das Spanisch nach 20 Stunden Unterricht aus? Für Ettie gewiß, »Caroline spricht Italienisch und ich mache ausdrucksvolle Gesten«[39]. Vom Hotel Ritz in Madrid zum Prado und dort überwältigt werden von der Malkunst und den Metamorphosen ihrer schwarzweißen Wiedergaben. Wie sich die *Meninas* des Diego Velázquez erst schattenhaft vom Papier lösen und dann vor den Augen der Betrachterin in »silbriger Atmosphäre«[40] darbieten; wie die Wirklichkeit des Jahres 1656 sich mit der gegenwärtigen deckt und die höfischen Reifrockmädchen die vor ihnen stehenden Besucher zu Schatten ihrer selbst zurückstufen.

Tagebuchnotate verraten Stimmungen und Kritik. Tizians *Venus* und seine *Danaë* werden als »berauschend schön«[41] empfunden in ihrer sinnlichen, hautwarmen Italinità, wohingegen es der spanischen Kunst an Joie de vivre fehle – »kein warmes, mit Gemmen geschmücktes Fleisch, ihr irdisches Purgatorium ist tragisch erfühlt und realistisch ins Bild gesetzt«[42]. Die ekstatischen Visionen El Grecos brachten beim Ausflug nach Toledo in ihr keine Saite zum Vibrieren, noch weniger die »elende« Malerei der Heutigen.

»Ich bin verärgert, angeekelt – morgen verlassen wir Spanien – Carrie hustet, Mutter ist gereizt – keiner von der Familie kam mit großem Enthusiasmus hierher – konsequenterweise werden keine Risikoreisen mehr unternommen.«[43] Paris wartete, bot Versöhnung. Die bei den spanischen Meistern vermißte juwelengeschmückte Haut schimmerte elfenbeinblaß im Atelier-Museum von Gustave Moreau. Einhorndamen prunken mit Geschmeide, Undines Blumen am Schleier werden zu Edelsteinen. Man wird die bleichen Erscheinungen aus Prousts »pays merveilleux« – drüben – mit einem himbeerfarbenen Make-up beglücken müssen, um sie ins Hier und Jetzt zu transferieren: »und man findet ein Vergnügen daran, sie als geistige Formen zu schauen.«[44] Florine Stettheimer hätte den Moreau hymnisch besingenden Marcel Proust in den von ihr schon erwanderten geistigen Innenräumen, die auch seine waren, finden können, so auch im philosophischen Gedankenbau von Henri Bergson. Unter der Ägide der philosophischen Doctoressa Stettheimer, mit der sie in Paris ein Studio teilte, strebten sie ins Collège de France zu den Vorträgen, die Bergson dann anno 1913 auch in Amerika hielt. Florine würde seine Theorie von der subjektiv erfahrenen, unbegrenzten Zeitdauer, »la durée«, einmal malerisch umsetzen, so wie es Proust in seiner Romandichtung tat. Das Dahinfließen der Zeit ohne eine begrenzende Zäsur, ein unaufhörliches Dahinströmen der verschiedensten Phänomene.

Doch noch beschäftigte sie die Pariser Kunstszene. Wunderbar, diese *Eva* von Rodin. Berthe Morisot zu zahm. Renoir zu verschwommen. Dann die »interessanten« Cézannes und solche, die den Markt überschwemmten. In den Galerien Publikumsentzücken ob der Austernstilleben von Chardin oder angesichts einer Boucher-Nymphe. Sehnsuchtserfüllung bei Manet, eine blonde Person im Hut in Denkerpose, das Auge aufs eigene Ich gerichtet. So wie nach Proust jeder Leser ein Leser seiner Selbst sei, galt das auch für den Bildbetrachter. Florine auf dem Egotrip, von Eindruck zu Eindruck flatternd, von der im Dunklen hängenden Rembrandt-Hendrikje bis zu Monets modischen Lichtgestalten.

Dem ging ein ästhetisches Erweckungserlebnis voran, die Erlösung der Künstlerin aus überlieferten koloristischen Zwängen und dem Bekenntnis zur Farbe. Noch manifestiert sich in diesem Parisjahr 1912 ihre Schmetterlingssubstanz in »Callot gowns« aus Goldlamé und Samt, diaphanen Chiffonärmeln, flügelartig von jedem atmosphärischen Hauch bewegt, da stößt das fragile Geschöpf auf ein Phänomen, so konkret wie abstrakt: das Gesamtkunstwerk der Balletts Russes. Die Russische Revolution des Bühnentanzes und seiner östlich-orientalischen Ausstattung und Kostüme, das Feuerwerk der reinen, unvermischten und als barbarisch empfundenen Farben. Im Châtelet wie in der Opéra, beim *Feuervogel* von Strawinsky oder dem *Nachmittag eines Fauns,* glaubte Proust, elektrische Stromstöße gingen durch ihn hindurch. In seinen Roman führte er die Namen der Bewunderten ein: Bakst und Benois, Diaghilew und Nijinsky. Florine erlebte den Tänzer aller Tänzer, den animalischen Vaclav Nijinsky, am 8. Juni 1912, »halb Tier, wenn nicht zwei Drittel, kein griechischer Faun, denn er hatte nicht das sorglose Lächeln eines Diogenes-Nachfolgers, er wußte nichts von Kultur – er war archaisch und so waren die Nymphen«[45], schrieb sie und verwechselte Diogenes mit Dionysos.

Florine hatte noch Moreaus *Blaue Salomé* vor Augen, als sie die russisch-jüdische Tänzerin Ida Rubinstein in dieser Rolle sah und im Tanz der Sieben Schleier die letzte Hülle von dieser »absurden Büste« herabfiel – gleich der »Rinde von einem Eukalyptusbaum« (Jean Cocteau). Das Ganze in ein mystisches Blau getaucht, das neben dem Gelb zur erkorenen Farbe der Malerin und ihrer Palette wurde. Die tanzende *Schéhérazade* entzückte das intellektuelle Paris und die Phalanx des avantgardistischen aristokratischen Faubourg. Als die Fabelhafte mit dem schmalen, knabenhaften Körper und dem scharfen Profil eines heraldischen Vogels, dazu in einer blauen, ägyptischen Perücke, in den *Nuits de Cléopâtre* auftrat, ergriff ein Schauer das Publikum in den Orchestersitzen wie im obersten Rang. Sie trug ihre eigenen Juwelen. Schöneres, so bekannte Proust, hätte er noch nie gesehen. Böse Zungen in den Salons behaupteten, diese steinreiche Jüdin sei nur um des Vergnügens willen nach Paris gekommen, ihren Körper nackt zu zeigen. Das Androgyne, Asexuelle dieses bekleidet wie unbekleidet gemalten Körpers erhöhte den Nimbus der Russin. Portraitisten wie Romaine Brooks, La Gandara, Jacques-Émile Blanche oder Léon Bakst portraitierten die Darstellungskünstlerin im Licht des zu Ende gehenden Jahrhunderts oder dem des anbrechenden. Ida Rubinstein (1885 oder 88–1960) verkörperte so gewiß den schwülen Orientalismus, dem Oscar Wilde in *Salomé* einen Höhepunkt setzte, das Perverse des »schönen Vampyr«, so Harry Graf Kessler, das sich dann Stummfilmdiven wie Theda Bara als Kleopatra aneigneten. Aber sie war auch das von den Stettheimers so lebhaft begrüßte Modell des Zeitalters der New Woman.

Selbstbestimmt bestritt Ida Rubinstein nach der Trennung von Diaghilew eigene Tourneen, unterhielt dank ihres Vermögens ein eigenes Ballett, wo sie weiterhin ihren antikisierenden, orientalisierenden Stil pflegte; Phantasmagorien, die auch ihren gesellschaftlichen Erfolg sicherten. Man hofierte sie, selbst wenn ihr Talent nicht an das einer Karsawina oder Pawlowa heranreichte. Dafür bot sie die Illusion eines Ästhetizismus, als dieser schon im Niedergang begriffen war, vermischt mit einer Aura aus Mystik und Kabbala. Sie spielte das *Martyrium des Heiligen Sebastian* als Gleichnis vom Leiden des jüdischen Volkes; das Libretto hatte Gabriele D'Annunzio verfaßt. Gide, Claudel und Paul Valéry verfassten Minidramen für sie, Ravel widmete ihr seinen *Bolero*, Honegger und Strawinsky schrieben ihr Kompositionen auf den Leib. Rubinsteins Repertoire verweigerte sich der Modeströmung der Moderne, die Protagonistin blieb Odaliske, Phädra, Semiramis auch unter den neuen Klängen; sie wandelte sich – Schülerin Sarah Bernhardts – zur Tragödin, suchte als *Kameliendame* und *Johanna auf dem Scheiterhaufen* zu überzeugen. Ihre spirituellen Offenbarungen machten sie in den

Augen ihrer Kritiker zur Ekstatikerin, zur Erweckerin auch dunkler Ahnungen. Man schreckte zurück vor ihrer kadaverhaften Maske, dem sonderbar anmutenden Eingetrocknetsein einer alten Frau, wie es Harry Graf Kessler 1933 auffiel. Als im Sommer 1940 deutsche Truppen Paris besetzten und das Haus an der Place des États Unis plünderten, als Rubinsteins Besitz konfisziert wurde, floh sie nach London und unterstützte dort das Hilfswerk der Forces Françaises Libres.

Florine Stettheimer erlebte die »biblische« Rubinstein nachher im Proustroman gleichsam als Feuerfunken, der im Ensemble der Ballets Russes unterging. Die luxuriöse Ausstaffierung der Tänzerin, wenn sie einmal nicht auftrat, sondern als Zuschauerin in einer Loge gesehen wurde, Graf Kessler bezeugt es, übertrug der Romancier auf eine Princesse Yourbeletieff, »une immense aigrette tremblante«[46], den Pariserinnen unbekannt. Kessler notiert zartwehende hellgrüne Federn und Diamanten oder einen blaßrosa gewellten Paradiesvogelschweif auf dem Kopf.

Überdies fühlte sich die Proustleserin Florine in einen Salon versetzt, dessen realen Standort sie in ihrem Parisjahr 1912/13 gewiß peripher berührt hatte: Boulevard Haussmann 134 und Rue de Miromesnil 104. Proust verehrte die geistreiche Hausherrin über die Maßen; sie war das Inbild der Belle Juive und ihr von Jules-Élie Delaunay gemaltes frühes Portrait dünkte ihn schöner als die Mona Lisa, wie er den übrigen Anwesenden zuraunte. Mit gleicher Intensität und Akribie hätte Delaunay ein Herbstbild schaffen können, einen teerschwarzen Teich mit etwas goldgelbem Laub darauf und einer einzigen noch blühenden Seerose. Geneviève Straus (1849–1926) entstammte der Halévy-Dynastie, die Frankreichs Kultur Gelehrte, Komponisten und Historiker bescherte, Dramatiker und politische Schriftsteller, den Librettisten Ludovic Halévy, der für Jacques Offenbach arbeitete, den Erfolgskomponisten Jacques Fromental Halévy, mit dessen 40 Jahre zuvor entstandener Oper *La Juive* 1875 die Opéra Garnier unter ungeheurem Aufwand eingeweiht wurde. Kaiser Napoleon III. beförderte ihn zum ständigen Sekretär der Académie des Beaux-Arts. Sein Schüler Georges Bizet vermählte sich mit der Tochter des Hauses, Geneviève, die in den Augen einer Pariser Aristokratin als »Pariserische Jüdin eine zweifache Pariserin«[47] darstellte. Nach elfjähriger Witwenzeit (Bizet starb 1875) gab die heftig umworbene Melancholikerin dem Drängen des Bankiers (und vermutlich illegitimen Rothschild-Sproß) Émile Straus nach und ehelichte ihn, »pour qu'il me laisse tranquille«[48], damit er sie in Ruhe ließe. Solcher Art war ihr Witz, ihre von Émile hochgerühmte Geistreichelei. Im Salon Straus verkehrten die Blaublütigen, die kaiserliche Kusine in Person der Princesse Mathilde, der Marquis Boniface de Castellane, der verschwenderische Gatte Anna Goulds, die amerikanische Singer-Nähmaschinen-Erbin Winnaretta, die als Princesse de Polignac selber einen musikalischen Salon führte. Unter den Schriftstellern Guy de Maupassant, in dessen Romanen *Fort comme la Mort* und *Notre Coeur* Geneviève ihrem eigenen Ich begegnete. Vor den Werken französischer Freilichtmalerei, die der Herr des Hauses neben Rokokomöbeln sammelte, standen – begutachtend – Degas und Jacques-Émile Blanche. Beim Ausbruch der Dreyfus-Affäre legte Geneviève ostentativ Schwarz an, während ihr Salon politischen Charakter annahm. Zu dieser Zeit weilte Henrietta Stettheimers philosophischer Präzeptor William James in Paris, der von dort den Begriff »intellectual« in die Vereinigten Staaten importierte – »the Dreyfusards had been attacked as intellectuals by their enemies«[49].

Auf dieser Kontinente verbindenden geistigen Brücke stand William James nicht allein, neben ihm eine noch junge, so weiblich wie herb wirkende Schriftstellerin, die ihren Mentor, was den internationalen Bekanntheitsgrad angeht, weit überflügeln sollte. Gertrude Stein (1874–1946) aus Allegheny in Pennsylvania, deutsch-jüdischer Abstammung und in den geographischen Sprachräumen von Österreich und Frankreich, wo sie aufwuchs, gleichermaßen zuhause wie im amerikanischen. Ihre und Henriettas intellektuelle Fühlfäden mochten sich hüben wie drüben berührt haben, kreisten doch beide Studierende um die Philosophen, die in den Aufbruchsjahren des neuen Jahrhunderts neue Denkbahnen erbauten, William James wie Henri Bergson, pendelnd zwischen New York und Paris, der Columbia University und dem

Collège de France, und, mehr noch, den kulturwissenschaftlichen Publikationen beider Länder.

William James hatte seiner »idealen Studentin«[50] Stein den Rat erteilt, »niemals etwas zu verwerfen«, denn das bedeute den Anfang des Endes eines Intellektuellen. Er nahm Einfluß auf ihren Bildungsweg, der auf die Naturwissenschaften abzielte. Gertrude studierte Medizin an der Johns Hopkins Universität in Baltimore, um sich auf die Erkrankungen des weiblichen Nervensystems zu spezialisieren; sie scheiterte im Fach Geburtshilfe und bestand auch andere Examina nicht. Aus dem ziemlich erschütterten Selbstbewußtsein entsprang die Idee, sich der Introspektion ihrer eigenen Psyche – schreibend – zu widmen. »One plunges here and there with energy and misdirection during the storm and stress of the making of a personality.«[51] Nach dieser Sturm-und-Drang-Phase erreiche man im 29. Jahr die enge Pforte der Reife; Form und Zweck des eigenen Daseins schälen sich aus dem Tumult, der Konfusion, und die große, unscharfe Möglichkeit weicht der kleinen, harten Realität.

Im Jahre 1903 siedelt sich das Geschwisterpaar Leo und Gertrude Stein in Paris an und hält die Tür in der Rue de Fleurus 27, nahe dem Jardin du Luxembourg, offen für die Künstleravantgarde, für den zigeunerhaften jungen Spanier Pablo Picasso, der sich so lebhaft und fingergeschickt für afrikanische Masken und Skulpturen im Musée de l'Homme interessierte. Nach seinen Entwürfen stickte Gertrudes »spouse« Sesselbezüge für zwei zierliche Louis-quinze-Sitzmöbel, die einen Hauch von »Jewish rococo« in diesen außergewöhnlichen, im Renaissancestil à la Henri IV. eingerichteten Salon trugen, wo alles dunkel und schwer wirkte. Aber Leuchtendes, Farbiges an den Wänden: Matisse, Manguin. Auf sie richtete die Malerin Marie Laurencin ihr Lorgnon, wenn sie mit ihrem Liebhaber kam, dem Dichter Guillaume Apollinaire. Aber Mary Cassatt wollte sofort wieder nach Hause gefahren werden: »I have never in my life seen so many dreadful paintings in one place.«[52] Ungerührt der massige weibliche Buddha in schwarzem Samt und großer runder Korallenbrosche, aus der Mabel Dodge die sonore Stimme Gertrudes zu hören vermeinte. »I always wanted to be historical, from almost a baby on, I felt that way about it.«[53] Sie erreichte den historischen Ruhm, wurde zum Monument der Kunstgeschichte; in ihrer portraitierten, fülligen Körperlichkeit unter weiter Gewandung einer Schutzmantelmadonna gleichend. In diesen Gewandfalten bargen sich jene Künstler, die ihr Bruder Leo als weltumsegelnder »Columbus«, nach seinen Worten, 1904 im Salon d'Automne entdeckte: Bonnard, Degas, Gauguin, Manet, van Gogh, Vuillard … »My brother needed to be talking and he was painting, but he needed to talk about painting.«[54]

Das Geschwisterduo mit seinem Salon des refusés in der Rue de Fleurus erweiterte sich zum Quartett, als aus Amerika Michael Stein und seine Frau Sarah eintrafen und ihrerseits in der nahegelegenen Rue Madame 58 einen Salon führten. Mitten in Montparnasse gedieh ein transatlantisches Netzwerk, dessen Fäden sich bis nach Florenz spannen, zu Bernard Berenson. Hatte er doch Leo Stein zu den Bildern eines Paul Cézanne hingeführt. Jener Berenson, der sich nicht scheute, in Miss Gertrude »the proto-Semite, a statue from the Ur of the Chaldees«[55] zu sehen. Wie aus den Tiefen der biblischen Geschichte steigt Gertrudes Gefährtin oder Lebensfrau empor, Alice Babette Toklas (1877–1967). Dunkel und grazil, mit den »zärtlichen Augen der Leah«[56] und alles an ihr zu Boden gesenkt, die Nase, die Augenlider und Mundwinkel der gerougten Lippen, die Ohrläppchen unter dem Gewicht orientalischer schmückender Gehänge in den schwarzen, in die Stirn fallenden Haaren. Batikgewänder ihre Umhüllung oder Brokat im Schnitt der Renaissance. Alice war deutsch-polnischer Abstammung, sie hatte 1906 das Erdbeben im heimischen San Francisco erlebt, wo ihr Vater ein Warenhaus besaß; an der Seite einer mit den Steins bekannten Freundin betrat sie im Jahr darauf das Pariser Terrain. Gertrude Stein erlebte einen sich so nie mehr wiederholenden »coup de foudre«.

In den Bannkreis der beiden Salonnièren Stein zog es amerikanische Künstler, Intellektuelle und Schriftsteller – später bei den Stettheimers in New York zu finden –, die ihrerseits reisende Amerikaner einschleusten. Im Gewoge um Gertrudes Refektoriumstisch mit den hochlehnigen Renaissancestühlen, diesem ganzen »brouhaha« der Besucher, von denen manche vom Bildschmuck an den Wänden lieber wegblickten, sollte man da nicht die Stettheimer Sisters vermuten, die hier ihre späteren Habitués kennenlernten? Alle die Duchamp, Picabia, Nadelman und Henry McBride? Da vor allem Florine ihre Nähe zu Matisse betont, könnte eine Spekulation Wirklichkeit gewesen sein: daß sie im Salon von Mrs. Sarah Stein Werke von Henri Matisse in ihrer sprühenden Farbigkeit erlebte, so abweichend von ihrer eigenen, gedämpften toskanischen Palette. Sarah Stein favorisierte den ganz in Goldblond und Gelb getauchten »professeur germanique«, diesen tierwilden Maler Matisse; er löste den fleischigen und fruchtigen Renoir ab. Das neue bunte Farbspiel an den weißen Wänden in Sarah Steins hohem Salon im Maß von 13 × 18 Metern, wurde durch das italienische Renaissancemobiliar betont. Darin bewegte sie sich, wie vor ihr schon Mabel Dodge, in modisch ferner Tracht, in bodenlangen Brokatmänteln. Sie hatte in Paris ihre Befreiung gefunden und sich emanzipiert von der Mutterrolle, welche die bessere Gesellschaft von San Francisco ihr aufoktroyierte. Sie glich ihren Habitus den Pariser Salonnièren an, erweiterte ihren von den Kaliforniern so mißbilligten Gesichtskreis um Erkenntnisse, die sie aus Vorlesungen über Vergleichende Literaturwissenschaft bezog, aus theoretischen Kunstkursen.

Wie Gertrude in ihren ersten Jahren in der Rue de Fleurus, unterwarf sich auch Sarah der Stimme des Mannes und seinem Urteil. Leo Stein, der feinsinnige Kenner der florentinischen Kunst des Quattrocento – er hatte zuvor Biologie an der Johns Hopkins University studiert –, verblüffte durch spontane Reaktionen, ungeschminkte Äußerungen. Er sah 1905 im Salon d'Automne diese herrlich frisch gemalte Frau mit Hut von Matisse, *La Femme au Chapeau*, von weitem ein wucherndes Blumenstilleben: »The nastiest smear of paint that I had ever seen.«[57] Er gestand jedoch ein, unbewußt darauf gewartet zu haben. Ebenso seine Schwester Gertrude. Ihre von Jo Davidson geschaffene Bronzeplastik bewahrt ein Schweigen, das sich einmal aus dem Inneren nach außen kehren und im geschriebenen Wort niederschlagen wird. Ihre abstrakten »word-portraits« aus verbindungslos aneinandergereihten Wörtern zielten auf eine psychologische eher denn physiologische Erfassung eines Subjekts und seiner innewohnenden Wahrheit. »Think of the Bible and Homer think of Shakespeare and think of me«[58], liest man den Gesichtszügen ab, als seien sie von Picassos Hand in die helle, breite Stirn mit eingezeichnet, als er das Bildnis seiner Freundin schuf und sie zur auratischen Götzenfigur eines eben angebrochenen Jahrhunderts machte.

Mit zunehmendem Einssein mit Alice B. Toklas schwand Bruder Leos Einfluß, er verließ die Rue de Fleurus im Februar 1913. Gertrude Steins Phase als Salonnière sui generis hub an. Vornehmlich jüngere Intellektuelle, in jedem Falle Männer, durften zum Gespräch in ihren Orbit eintreten. Waren die Damen Sarah, Gertrude und Alice unter sich, erörterten sie Schminkkünste. Alice schmiegte sich katzenhaft an ihre Domina, die ihr den Platz in der Küche anwies und an der Schreibmaschine. Blatt für Blatt entstand *The Making of Americans,* und Alice eignete sich »die Technik Gertrude Stein an, wie man Bach spielen lernt«[59].

Im Mai 1912 reisten die beiden äußerlich auf bizarre Weise ungleichen Liebesgefährtinnen nach Spanien, Alice unter Tränen der Erschütterung, wenn Gertrude sich ihr offenbarte, jedoch ablehnte, sich für den Rest ihres Lebens in der ehrwürdigen Festungsstadt Avila einzumauern, wie es Alice in einer »explosion d'enthousiasme«[60] vorschlug. Ein Funke zündete. Gertrude Stein würde ein Libretto über die Heilige und Mystikerin Theresa von Avila (1515–1582) verfassen: *Four Saints in Three Acts.* Ob eine weitere Spanienreisende in diesem Sommer 1912 von dem Funken getroffen wurde, der in den späten 20er Jahren das barocke Mysterienspektakel auf die Opernbühne brachte, gehört zu den vielen offenen Fragen. In jedem Falle kreierte Florine Stettheimer die Bühnendekoration und die Kostüme.

In Paris hatte diese unter dem Eindruck des Russischen Balletts als Gesamtkunstwerk eigene schöpferisch-choreographische Ideen entwickelt. *Orphée of the Quat'z-Arts* spiegelte das Vergnügen der Künstlerbohème im Quartier Latin wider, den in den 1890er Jahren organisierten Bal des Quat'z-Arts, der zuerst im Moulin Rouge schrill ablief. Florine bereicherte das Szenarium recht anachronistisch. Unter greller elektrischer Beleuchtung – eben erstrahlten die Champs-Élysées und die Place de la Concorde unter der »éclairage électrique« – tummelten sich die Göttlichen und Halbgöttlichen aus Ovids Metamorphosen, aus der Mythologie und den Heiligenlegenden: Orpheus und Eurydike, Andromache und Perseus, Adonis und der Heilige Franz von Assisi, Ariadne auf dem Panther … Ein dionysisches Bacchanal, ein avantgardistisch inszenierter Abschiedsgruß an das Alte Europa, ein dadaistischer Ulk mit dem hehren Bildungsgut.

Der Ablösungsprozeß vom alten Kontinent verlief zäh. Scheinbar unberührt von den Fluktuationen des Modernismus, der die Geschwister Stein in ihren Salons längst ergriffen hatte, wahrte Florine den Lebensstil gewisser Fin de siècle-Damen aus dem Proust-Roman wie aus der mondänen Proust-Entourage. Wie man aus ihrem Paris-Gedicht erfährt, teilte sie deren Vorlieben für Marquise-de-Sévigné-Schokolade, für die Petits Fours des Confiseurs Rebattet; sie empfing ihre Besucher, den blonden Vicomte, in Haute Couture der Sœurs Callot, folgte steifen Einladungen zum Diner und flanierte im Bois de Boulogne, auf der romanberühmten Allée des Acacias wie auf der Avenue die schwarzen Droschken, die schwarzen Automobile mit hohem Chassis, die Spaziergängerinnen im fußfreien Rock und mit schwarzem Pelzwerk behangen.

Florines Wertschätzung der französischen Kunst – »Approving of French tools / Also of French art«[61] – bezieht das Handwerklich-Technische der Malerei ebenso mit ein wie die Hervorbringungen der Meister. Eines Tages würde sie die streng akademische Schulung über Bord werfen, aber sie würde Matisse die Treue wahren und seinen paradiesischen Hedonismus im Sinne Baudelaires gleichsam ins Amerikanische übersetzen. Sie würde die optischen Souvenirs der Montmartre-Bohème, die sie eher als Beobachtende denn als Mitwirkende erlebte, ihrer europäischen Reisekollektion hinzufügen. Sie war so sehr zur Sammlerin kultureller Ideen geworden – von Baudelaires Kunstbetrachtungen in seinem *Peintre de la vie moderne* (1859/60) mit der Verquickung vom Schönen, der Mode und dem Glück bis zu Wassily Kandinskys Abhandlung *Über das Geistige in der Kunst* (1912) –, so sehr auch zur Trophäenjägerin venezianischer Goldrahmen, daß sie ihre eigene Malerei zu vernachlässigen schien.

Das ganze Kaleidoskop der Europa-Erfahrung mutierte in seiner Buntheit zu einer Art Konfettiregen, der über alle vier Stettheimer Ladys herniederging. Der Münchner Fasching von 1913 ein Amüsement, der Mardi Gras in Paris, und dort der Tango-Tee im Olympia; in ihrem Orpheus-Ballett ließ die Künstler-Choreographin am Schluß Eurydike mit einem Apachen tanzen. Umstürzlerisch! Sigmund Freud mochte seine Leserin (und Florine war eine Vielleserin) zu Orpheus hingeführt haben, zu seinem »Abstieg in den Hades« – er, Nietzsche und die Surrealisten wollten das Aufspüren Eurydikes als »ein Hinabsteigen ins eigene Unterbewußtsein« verstanden wissen.[62]

Kränkelnd und erschöpft zogen sich die Stettheimers ins eigene Schweizer Chalet zurück. Man hatte über eine kurze Trennungsphase einen fast täglichen Briefwechsel miteinander aufrecht erhalten, um nur nie das Band reißen zu lassen. Sah man ein Menetekel am Himmel über Frankreich, als im August 1913 die »Annahme des Militärgesetzes über die dreijährige Dienstpflicht« erfolgte und Erinnerungen an das Wilhelminische Preußenreich wachrief, als dann im Dezember »Krawalle in Paris zwischen jungen Royalisten und sozialistischen Jugendverbänden«[63] ausbrachen?

Ein Manifest gegen die Zeitläufte: so mutet eine Photocollage an, wo vor einer Berner Postkartenlandschaft die drei Schwestern in weißer Sommereleganz posieren und ihrer modischen Perfektion zwar das Jahr 1914 abzulesen ist, nicht jedoch die Bedrohung durch das Weltgeschehen. Florine, Carrie und Ettie stellen als lebendes Bild das blendende Portraitgemälde von John Singer Sargent nach, *The Acheson Sisters,* das dieser im Jahr 1902 von den drei vornehmen jungen Engländerinnen schuf, ganz im Stil von Sir Joshua Reynolds und dessen Bildnis der *Marchioness of Tavistock* (1761/62). Vor allem Carrie mit ihrem Faible für alles hochgestochen Britische lädt zum vorteilhaften Vergleich ein. Sargents lebensgroßes Gemälde der drei schwanenhalsigen Schönheiten war 1910 in der Berliner Ausstellung über die Portraitkunst aus den Ver-

*Florine, Carrie und Ettie Stettheimer, um 1914*

einigten Staaten zu bewundern gewesen. Zu bewundern deshalb, weil es vom »Typus der modernen Gesellschaftsdame unserer Tage mit ihren zum Zerreißen angespannten Nerven, ihrer Rastlosigkeit, die den körperlichen Zusammenbruch mit Bestimmtheit voraussehen lassen«[64], abwich und das Trio unter dem früchtetragenden Orangenbaum auf die Vorliebe für Landschaftshintergründe in der englischen Malerei des 18. Jahrhunderts anspielte.

Die Verwurzelung der Stettheimers im Alten Kontinent ist eine Tatsache, europäische Traditionen wurden gehegt und kultiviert im hortus conclusus ihres künftigen Salons. Wie sehr Florine Kunst und Literatur verquickte, zeigt die Autorenliste im Tagebuch von 1913: Julius Meier-Graefe, das deutsche Kunstorakel, Schnitzler und Strindberg sowie Tolstoi als Schilderer der Ehebruchsproblematik im Fin de siècle und der Rolle der *fatalen* Frau, welcher Thematik sich auch Henry James und Edith Wharton widmeten; dem romantischen Anstürmer gegen den Viktorianismus, Thomas Hardy, folgte der Sozialutopist H. G. Wells, ebenso Schriften über den Sozialismus im 20. Jahrhundert, über Frauenarbeit. Jack London vertrat das Abenteuerelement, den Kampf von Mensch und Tier während des Goldrauschs am Yukon, schilderte aber in seinem autobiographischen Roman *Martin Eden* von 1909 eben-so die Probleme eines zeitgenössischen Schriftstellers. Eine brisantere Lektüre in jenem Jahr 1913 bot Winston Churchills famose Erzählkunst: sein Aufstieg zum Nationalhelden nach dem Burenkrieg 1899/1900, sein Mars und Venus keusch umkreisender Roman *Savrola,* seine zweibän-dige Biographie über seinen Vater, den früh verstorbenen, syphiliskran-ken Lord Randolph Churchill.

Zu den Turbulenzen trugen die amerikanischen Erbinnen das Ihre bei, vitale, von Portraitisten wie Giovanni Boldoni oder Helleu verfei-nerte »beautiful ladies, ladies of affairs«. Einer widerfuhr eine Steige-rung ins Heorische, als sie dem Bildhauer Frédérique-Auguste Barthol-dy Modell für den Kopf der amerikanischen Freiheitsstatue saß, Frank-reichs Geschenk an die Vereinigten Staaten. Die schöne Mrs. Isaac Mer-ritt Singer, verheiratet mit dem deutsch-jüdischen Nähmaschinenerfin-der, taufte ihre Tochter auf den Indianernamen Winnaretta. Die fühlte sich zur Malerei berufen, sammelte Bilder von Monet, wurde Mäzenin von Künstlern, Musikern moderner Schule und führte als vermählte Princesse Edmond de Polignac einen von Proust gerühmten Salon. Die-se Kultstätte mochte den Stettheimers durch einen Artikel im *Figaro* bekannt sein: »Musik von heute, Echos von einst« (1903). Damals zeich-nete Proust noch als »Horatio«. Das Schwesterntrio, so vollgesogen mit anrüchiger wie anregender Kultursubstanz, glaubte, nichts mehr von dem Proust'schen Ehedem aufnehmen zu können, aber auch nichts da-von abzugeben, etwa an die Winde und die Wellen der sie erwartenden Ozeane. Ihre Antennen fingen Waffengeklirr auf.

In diesem Jahr 1913 fungierte Winston Churchill als First Lord of the Admiralty; Zeitungsbilder zeigen ihn in einer der prächtigen Uni-formen mit Helmbusch, an denen Florine Stettheimer, auch als Male-rin, Gefallen fand. Im Herbst 1914, der Krieg war schon ausgebrochen, brachten wohlmeinende Poetenfreunde einen Toast auf ihn aus, denn er hatte soeben in den Dardanellen eine Niederlage erlitten: »Malbruck s'en va-t-en guerre«, das bekannte Lied, mit dem Earl Churchill Marl-borough 1702 in den Spanischen Erbfolgekrieg aufbrach. Nach dem Sieg im österreichischen Blindheim anno 1705 wurde er mit dem Bau von Blenheim Palace königlich belohnt.

Das Wort »Krieg« vernahmen die Stettheimer-Schwestern in mehreren Sprachen. Flüchtlinge strömten in die Schweiz, ihre Not wirkte verstörend; von Florine heißt es, »eine Mauer wurde errichtet zwischen ihrer Person und ihrer Vergangenheit, eine Mauer der Erinnerung«[65]. Der Große Krieg markierte keinen Persönlichkeitsbruch, wohl aber ein allmähliches Hinfinden zu einer neuen, vergangenheitsabgewandten künstlerischen Ausdrucksweise. Ein Teil ihrer Gemälde in der italienischen oder französischen Manier blieb in Paris, im Hotel Wagram, zurück. In einem übereilten Brief an ihren Rechtsanwalt in den Staaten hatte die Erkrankte im September 1914 verfügt, ihre Bilder sollten zusammen mit ihr bestattet werden. Später widerrief sie ihren Entschluß als »zu phantastisch«[66].

Im Herbst des Weltkriegsjahres setzte die zu einer unauflösbaren Einheit verschmolzene Frauenfamilie erneut Segel. Mrs. Rosetta Walter Stettheimer und ihre reifen, europageschulten Töchter – Caroline mittlerweile 45, Florine 43 und Henrietta 39 – kehrten zu ihren, wenngleich nicht tiefen, Wurzeln zurück; diesmal endgültig. Vor dem Hafen von New York empfing sie die Freiheitsstatue. Die Riesenstadt am Hudson kam ihnen verändert vor, umso mehr, da die Anreisenden selbst nicht mehr jung waren, was ihren leicht ermüdeten Sinnen – nach einem Zuviel an europäischer Kultur – doch frische Impulse versprach.

Dann zurück in New York
Und Himmelstürme begannen zu wachsen
Und Häuser mit Frontstufen verschwanden
Und das Leben wurde ganz anders
Und es war als ob jemand Keime gepflanzt
Und Menschen sprossen wie gemeines Unkraut
Und schienen ahnungslos in Dingen Konvention
Und daraus entsprang eine amüsante Sache
Die ich denke Amerikas Seitensprung war
Was zu malen wiederum meine Sache.[67]

So ironisch im Ton und so distanziert vorgebracht, verbirgt sich hinter der Impression, die das junge New York der Beobachterin aufzwingt, ein zwiegespaltenes Gefühl. Hinter der gewahrten Maske aus Kühle und Spott, aus Verwunderung, die noch nicht – wie in einem späteren Poem – in Bewunderung umgeschlagen ist, ist der herabgezogene Mundwinkel zu ahnen. Trauer über den Verlust gewisser Konventionen innerhalb der wildwuchernden, wild sich gebärdenden, aber die Gegenwart bestimmenden Schicht, mündet bei aller Resignation in schöpferischen Elan.

Wenn die Heimkehrerinnen beflügelt waren vom Wunsch der Anpassung an die sich ja erst abzeichnenden neuen Verhältnisse, so übten sie gleichzeitig Verrat. So als wollten sie niemals das Szenario ihrer frühen Kindheit und der dort waltenden Gepflogenheiten verlassen – und auch nicht den gepolsterten Komfort, den die Wohnstätten aus der Epoche des Gilded Age noch immer bereithielten –, bezogen Mutter und Töchter Aunt Carolines Residenz an der 67. Straße West. Man blieb unter sich an der »Jewish Fifth Avenue«[68]. Mrs. Neustadter-Neustadters Speisezimmer mit seinen perlgrauen Wänden, vergoldeten Paneelen, dem venezianischen Rot der Seidendraperien und Brokatpolster, dünkte den Freunden der Stetties »like a room in a royal palace«[69]. Rokoko-Wandschirme mit den zierlich gemalten Figürchen der fünf Stettheimer Geschwister nahm man erst auf den zweiten Blick wahr. Florines *Ziegfeld-Follies-Flora* führte jegliche Idee des New Yorker Modernismus, der tatsächlich seit kurzem in der Kunstszene existierte, ad absurdum. Das Seinsgefühl wohliger Geborgenheit im hergebrachten Gefüge und Dekor zeitigte eine Liebhaberei fürs Altmodische.

Dies ist ein vulgäres Zeitalter
Seufzte das Veilchen
Warum müssen Menschen uns hineinziehen
In ihre törichten Lebensläufe
Sie behandeln uns
Als Attribute

Als Symbole
Und machen uns
Welken –
Stinken.[70]

*Revolt of the Violet* nennt sich das kleine Poem, dem ein längeres elegische Gedanken hinzufügt von den schlimmen Einwirkungen der Zeit, die einen Abscheu auslösen vor dem Dahinwelken, den Beleidigungen für den optischen und den olfaktorischen Sinn.

… They will wither
They will smell
I will have disgust for them
… and I shall feel sympathy with Marcel
for preferring
imitation flowers.[71]

Das Verständnis für Marcel gilt dem Künstler und homo ludens Marcel Duchamp und seinen absurden Vorlieben, seinen Verwerfungen alles Natürlichen – in der Plastik, in der Malerei, in den wortkünstlerischen Hervorbringungen von Dichtern wie Theoretikern. Gertrude Steins vielzitiertes Diktum »Rose is a rose is a rose is a rose«, dieses Symbolwort der neuen Avantgarde, wird Duchamp zur Verblüffung der Stetties gleichsam dadaistisch deklinieren. Und er würde einer echten Rose eine metallgefertigte Abart der Pflanze vorziehen.

Florine Stettheimer begnügte sich mit kleinen Formaten, ihre floralen Stilleben blieben so bescheiden wie die altmeisterlichen Kompositionen, mit denen die Besucherfreunde auch ihre herrlichen Buketts verglichen, die sie für Dinnereinladungen zusammenstellte. In Vasen, vom Blättergrün befreit, bunter leuchtend, vornehmlich in Rottönen. Sie nannte diese Sträuße »eyegays«[72], wörtlich aus den deutschen »Augenfreuden« übernommen. Sie sollen noch für die Nachwelt Abglanz des erlebten Augenblicks sein, wo die antike Formel der Einheit von

Mensch und Natur in Stettheimers *Family Portrait Number 1* (1915/17) eine Abwandlung ins leicht Mondäne erfährt. Man denkt an die von den Fauvisten gemalten Riviera-Damen mit Sonnenschirmen und Sonnenhüten: Florine im Selbstportrait mit ihren Schwestern und der Mutter, sie spricht die Botschaft des Blühenden in der Diktion eines Renoir, einer Madeleine Lemaire, der Proust-Illustratorin, oder der ostasiatischen Tuschemaler. In dieses Universum des Vegetabilen würde sie die ihr vertrauten Personen mit hineinziehen: passiv und stengelhaft biegsam im gläsernen Gewächshaus von Salon, dem es nicht an Glasflüglern und Insekten fehlt; im *Family Portrait* erscheinen sie als Whistlers Emblemtier, dem Schmetterling, auf Etties gelbem Sonnenschirm.

Das Bild entstand auf einem der gemieteten Sommersitze, André Brook in Tarrytown, wo der Gartenzauber mit Efeuspalieren, Zinien- und Petunienbeeten nebst Springbrunnen, die Gärten der Villa Borghese vergessen machte. So europäisch die Stettheimers auch durch ihre langjährigen Aufenthalte in Deutschland, Frankreich und Italien geprägt waren, von dort das Salon-Modell zu übernehmen, um es in den Staaten nach ihrer Fasson zu etablieren, hatten sie dennoch nicht vor. Vielmehr sprachen sie von geselligen Einladungen für Freunde; und erst diese, denn viele hatten europäische Wurzeln, gaben den Zusammenkünften den Saloncharakter.

Wohlhabende Salonnièren, deren Geschmack auf dem Alten Kontinent Formung und Feinschliff erhielt, sind überaus selten in der amerikanischen Gesellschaftsgeschichte. Auch die für den europäischen Salon unabdingbare Pflege der Konversation war ein unamerikanischer Gedanke. Über die mannigfaltigen Aspekte des Salons würden die Stettheimer Sisters, sobald sie in New York Fuß gefaßt hatten, mehr erfahren – aus der Sicht eines Kulturkritikers wie Henry McBride und der eines Künstler-Intellektuellen, Marcel Duchamp. Sie wurden Freunde, die auch einen Spiegel in der Hand hielten, in dem sich Carrie, Florine und Ettie – so und anders – sehen konnten.

# Ein Salon in Manhattan, pariserisch eingefärbt

Der französische Passagier in diesem Weltkriegssommer 1915 gelangte im Schiffsrumpf der Rochambeau nach Amerika, er besaß ein Einreisevisum, aber »keinen Touristenpaß«[1] und war allen Unbequemlichkeiten ausgesetzt. Für diese niederste Klasse standen kaum Rettungsboote zur Verfügung, und die deutschen Unterseeboote kreuzten im Atlantik. Der Kriegsflüchtige hatte schon 1905 seinen einjährigen Militärdienst abgeleistet; er war der Sohn eines Notars in der Normandie, einer unter sechs Geschwistern; er ging 1904 nach Paris – ein billardspielender Kunsthochschüler und unter dem Einfluß von Cézanne. Henri-Robert Marcel Duchamp (1887–1968) hatte sich schon als 15jähriger in die Landschaftsbilder Monets – diesen fast kopierend – eingefühlt; auch Toulouse-Lautrec und der Symbolist Odilon Redon gaben ihm Fingerzeige. Er und seine Brüder Gaston, der als Jacques Villon seine Gemälde signierte, sowie der Bildhauer Raymond Duchamp-Villon waren im heimatlichen Bainville in einer kunstfreundlichen Atmosphäre aufgewachsen. Marcel brachte zu Beginn der 1910er Jahre das ihn äußerlich wie auch innerlich Beschäftigende auf die Leinwand, in so zurückhaltendem Kolorit, das er fahlem Herbstlaub abzugewinnen schien, als wollte er sein Eigentliches, sein Ego, sein inneres Sein nicht im fauvistischem Farbrausch à la Matisse preisgeben. Diskretion war sein Wesenszug.

Schon bereitete er sich auf sein Furore machendes magnum opus vor. *Jeune homme et jeune fille dans le printemps* in ihren katzenhaft gelängten Gliedmaßen verweisen auf die eigentümliche Körperbesessenheit des Künstlers Duchamp: die leicht kubistisch verzerrte Anatomie musizierender Mädchen oder flanierender Hutdamen, den sich vervielfältigenden *Jeune homme triste dans un train,* der aussieht, als sei er aus zerstückelten Holzinstrumenten zusammengesetzt. Diesen Werken aus dem Jahr 1911 folgte 1912 der die Kunstwelt zum Aufschreien bringende *Akt, eine Treppe herabsteigend;* der wie eine Laubsägearbeit anmutende *Nu descendant un escalier* enthielt eine futuristische Komponente, den Bewegungsablauf einer Figur, die ebenso männlich wie weiblich

*Florine Stettheimer,* Portrait of Duchamp, *1923*

sein mochte, in mittelalterlicher Rüstung steckend oder in einer aus-
schwingenden Abendrobe. Verwirrung darob im Pariser Salon des In-
dépendants. »Der kubistische Maler und Theoretiker Albert Gleizes, der
dem Hänge-Komitee angehörte, bat Duchamps Brüder, Jacques Villon
und Raymond Duchamp-Villon, ihn dazu zu bringen, es ›freiwillig‹ zu-
rückzuziehen.«[2] Diese Affäre, so Duchamp, »hat mir zu einer völligen
Befreiung von der Vergangenheit, meiner persönlichen Vergangenheit
verholfen […] dann kommt es nicht in Frage, einer Gruppe beizutreten,
man kann nur mit sich selbst rechnen, man muß allein sein«[3].

Mit diesem Credo reiste Duchamp in die Vereinigten Staaten. Es war auch das Credo Florine Stettheimers, die gleichfalls von einer Enttäuschungswunde genas und dabei so sehr aufblühte, daß ihr Freund Marcel sie zur »peinteress to the King«[4] kürte. Wann sie sich mit ihren unsichtbaren Antennen umfingen, und in welcher Sphäre es geschah, würde Duchamp allenfalls in einer kaustischen Wortwitzelei verraten, einer verbalen »Stolperfalle«. Damit würde er die Stetties unterhalten, vor allem Florine und Henrietta, die auch einen gewissen Faible für das Anzügliche, das verquer Erotische hatten. Dabei zielte ein Haupttreffer wie *Die Braut von ihren Junggesellen nackt entblößt, sogar* (1912) nur im Titel auf die Lüsternheit des Betrachters, den die aquarellierte Bleistiftzeichnung abstrakter Maschinenteile ratlos ließ. Seit der Armory Show von 1913 rollte der Name Duchamp wie eine goldene Münze durch die New Yorker Kunstszene; in Dollarwährung umgesetzt wurden 250 daraus – soviel zahlte das Sammlerehepaar Arensberg für *Nude Descending a Staircase*. »Ich glaube, das war 1915. Das war zu dieser Zeit ein guter Preis für mich. Damals war es eine ganze Menge Geld.«[5]

Die kaum nackte, hölzern anmutende Marionettengestalt, die Stufe um Stufe eine Treppe herabschritt, angetrieben von einer eingebauten Mechanik, entsprach dem dynamischen und zukunftausgerichteten Seinsgefühl der New Yorker. Der »endlich jung gewordenen« Metropole ordnete Florine, die den Broadway und seine Musicals schätzte, in einem Gedicht in Charleston-Rhythmus »noise / and color / and light / and jazz«[6] zu. Duchamps Bild macht gleichsam das Absatzklacken von Revue-Girls hörbar. Der multiplizierte Bewegungsablauf läßt eine disziplinierte Girl-Truppe die Stufen herabsteigen.

Die Begegnung zwischen den Stettheimers und Marcel Duchamp erfolgte nach ähnlichen Gesetzen des Zwangsläufigen und der Mechanik, der Menschen dort gehorchen, wo der Boden, den sie in den Salons oder Galerien betreten, zur Magnetplatte wird, wo sie aufeinander zusteuern. Der Mann von 28 Jahren gefiel den drei Schwestern, die ihre eigene Eleganz gern durch die eines Mannes ergänzt sahen, auch wenn diese, wie im Fall Marcel Duchamps, nicht von seinen konservativen, leicht abgetragenen Anzügen herrührte, sondern von seiner Geistigkeit. Ihn umwehte ein »feiner Bildungsduft«, den man Ostasiens gelehrten Maler-Poeten nachsagte. Dunkelhaarig und schmalschultrig mit einem von Man Ray oder Edward Steichen photographierten Messerrückenprofil, das seine Verstandesschärfe unterstrich, wirkte er noch im Zustand der Abgerissenheit distinguiert. Und er hatte Manieren, auf die besonders Henrietta Wert legte. »Ettie-qu'êtes«[7] fiel ihm zu ihr ein, wobei in englischer Ausprache in »etiquette« das Wort »cat« mit hineinspielt und das katzenhaft Geschmeidige, auch die erotische Komponente der sonst so Gestrengen meint. Für den Franzosen besaß »le chat / la chatte« etwas Unterschwelliges. Man liest es aus Baudelaires Gedichten heraus.

Baudelaire oder der noch mehr geliebte Mallarmé, wen rückte Duchamp in den Mittelpunkt seiner Französischstunden, die er einmal wöchentlich den Schwestern erteilte? Dabei handelte es sich wohl kaum um Sprachlektionen für die frankophilen Kosmopolitinnen im engeren Sinn, eher wohl um französische Konversation. Dann stand »It's Duchamp day«[8] im Tagebuch seiner Gesprächsbereiten. Seine »Ready maids«, vielmehr Ready-mades, welchen Begriff er für vorgefertigte Gegenstände prägte, denen er, mit Homonymen spielend, kaustische Titel gab und sie zum Kunstwerk machte. *Air de Paris* transportierte er in einem bauchigen, schlangenhalsigen Glasfläschchen, also Pariser Luft, oder Pariser Melodie, wenn nicht die Ära Paris, will man es als »ère« auslegen … Welche Essenz würde Duchamp im Salon der Stettheimers daraus destillieren?

An dieser Stätte der elitären New Yorker Avantgarde-Bohème wurde unter der Wahrung eines fast aristokratischen Protokolls der ebenso elitäre Salon des 17. Jahrhunderts aufs neue in Szene gesetzt. Der Anachronismus verbürgte den Reiz. Ein »over-the-top«, also überkandidelter »Dada flair«[9] gepaart mit dem Kult einer vergangenen Geselligkeit. Eine Keimzelle der Sprach- und Geschmackskultur war das Blaue Gemach, die legendäre »Chambre Bleue« der Marquise de Rambouillet (1588–1665), übrigens eine naturalisierte Italienerin, Catherine de Vivonne. Sie ging als »l'incomparable Arthénice« in die französische

Literaturgeschichte ein. Der mit blauem Velours tapezierte Empfangs-
salon – die Farbe deutet die Nähe zum Louvre an und zur königlichen
Couleur – verstand sich als eine private Académie Française, wollte
Appell sein für die zügellosen Aristokraten am Hof. Die Gesellschaft
mochte demoralisiert sein, degeneriert war sie nicht. Auch bei Madame
de Rambouillet ging es bisweilen locker zu. Anstandsregeln vertrugen
sich mit derben Späßen, »bienséance« und »jeux de société« schlossen sich nicht aus. Bären im Gemach, lebendige Bären – in ihrem Fell
ein »parfum sauvage«. Tatzenhiebe gingen nieder auf die Parolen des
Wohlverhaltens und deren Verkünder. Urplötzliches Hereinbrechen
des Verdrängten, des Tierhaft-Wilden: 300 Jahre später blieb es beim
visuellen Schock in New Yorks Lichtspielpalästen, wo King Kong den
Zuschauern Contenance abverlangte.

Der Überfall im Hause Rambouillet erscheint auf keinem Kupfer-
stich, stattdessen tritt Pierre Corneille mit einer Lesung aus seiner Tragödie *Polyeucte* auf; um ihn herum die langlockigen Figuranten, die Damen dekolletiert. Betrachtet man die Besucher dieses Salons näher, so
ist man erstaunt über die Vielzahl von Kardinälen und Herzögen, Heer-
führern und Satirikern, Briefeverfasserinnen wie Madame de Sevigné
und Schriftstellerinnen wie Madame de La Fayette, die den klassischen
Liebesverzichtsroman schrieb, *La Princesse de Clèves*. Seite an Seite mit
Mademoiselle de Scudéry, die dann ihren eigenen Salon führte und wo
ihr Tabouret, auf dem sie saß, so hoch war wie die aufgestapelten zehn
Bände ihrer voluminösen Erzählkunst: *Le Grand Cyrus* und *Clélie*. Spie-
gelbildlich, nur mit anderen Namen, wird sich diese Konstellation bei
den Stettheimers wiederholen. Und dies wurde sogar als Konversations-
tableau von Florine festgehalten: die gastgebende Salonnière von ihrem
hohen Ruhebett auf die Versammelten blickend, so zeremoniös gekleidet wie Florine Stettheimer in einem Selbstportrait unbekleidet und in
der Pose von Goyas *Maja, desnuda* daherkommt.

Die kühne Selbstentblößung des kleinformatigen Ölbildes *Nude,
Self-Portrait* (1915/16) dominiert das zwei Jahre später entstandene Sa-
lonstück *Soirée* (1917/19). Es reflektiert Seherfahrungen aus Europas

*Florine Stettheimer,* Self-Portrait, *um 1915*

Gemäldegalerien. Tizians *Venus von Pardo* trug ihr rotgoldenes Haar
so lang wie ihre Wiedergängerin das ihre modisch kurzgeschnitten.
Florine als Venus beschwört auch die preziösen, orientalisch parfümierten und juwelengeschmückten Nymphen eines Gustave Moreau in
ihrem helleren Goldblondhaar, wohingegen das der *Olympia* von Manet dunkler getönt scheint; die bewußte Anspielung auf das 1865 einen
Skandal entfachende Bildnis liefert der hochgehaltene Blumenstrauß,
in den Florine auch die rote Blüte über dem linken Ohr der Olympia
hineinzauberte.

Wie bewußt waren sich die Besucher im Stettheimer-Salon dieser
Vernetzungen? Oder war das Aktbild als reine Provokation gedacht?
»Die Nacktheit der Frau ist weiser als die Lehre des Philosophen«[10],
sinnierte Max Ernst. Stettheimers moderne Version einer Odaliske, einer Galathea, knüpft an Traditionen an, die innerhalb der Salonkultur
den erotischen Diskurs von Jahrhundert zu Jahrhundert weitertragen.
Wenn Marcel Duchamp lapidar behauptet, Eros sei das Leben, verweist
er damit auf die Kultur des 17. Jahrhunderts. Dessen Salonkultur ent-
strömt selbst im New York des 20. Jahrhundert als Duft, als Fluidum

irgendeiner dieser gläsernen Pariser-Luft-Phiolen, die er im Reisekoffer mit über den Ozean brachte. Schließlich wirkte ihr »petit Marcel«, so die spöttischen Schwestern, als nationalstolzer Meister der Unterhaltung an neuen Objekten mit. Zwei Dollar brachten ihm die Stunden ein, wie er seiner späteren, ersten Ehefrau Lydie Fischer Sarazin-Levassor erzählte.

Welche Ablagerungen im französischen Kulturgestein waren geeignet für den Transfer an die Upper West Side, wenn nicht solche, die dort nicht auf Befremden stießen und sich in Gegebenheiten einfügten? Im Blauen Zimmer der Marquise de Rambouillet, in den Gemächern und den Alkoven der Preziösen, ereiferte man sich über literarische Tagesfragen, man nahm teil an Kontroversen über das Sonett oder an dem grammatischen Disput über das Wörtchen »car« – denn –, das der 1637 gegründeten Académie Française mißfiel. Alles griff zur Feder. Antwortbriefe auf die Billets, die man per Boten sandte, mußten mit dem gleichen, vereinbarten Buchstaben beginnen wie auch die 25 Gedichte auf den Tod eines Papageien. Bei der Konversation wurde das psychologische Netz breit ausgespannt; darin verfingen sich die Verfechter einer subtilen amourösen Kasuistik: Erweckt die Gegenwart des Liebesobjekts größere Freude oder fügen uns die Beweise seiner Gleichgültigkeit mehr Schmerzen zu? Man schrieb galante Verse zu vielen Händen, der Gedichtband *La Guirlande de Julie* ist laut Sartre »ein Herbarium von getrockneten Stimmen«[11].

Salonnièren trieben gleichsam Zungenakrobatik, die Marcel Duchamp inspirierte. Ihre Wortgeschmeide nahmen es an Wert mit den beachtlichen Perlencolliers auf, die man auf alten Gravüren sieht. Dagegen sinkt das Orwell'sche Neusprech auf eine primitive Stufe herab. Der preziöse Jargon wurde Schibboleth, an dem die Eingeweihten sich erkannten: Hofbeamte, dilettierende Philosophen, vornehme Damen. Wie auf Stettheimers Soirée lauschten die Habitués den Gescheitheiten. Man parlierte. Man hechelte in gehobenem Stil. Man bewies Manieren und benutzte das Schnupftuch, indem man sich abwandte. Als das Raffinement auch des verbalen Gehabes umschlug ins Manierierte und Artifizielle, ja ins Lächerliche, erlaubte sich Molière mit den *Précieuses Ridicules* einen Komödienspaß.

Aber die gebildete Nachwelt verneigt sich. Die Literatur der Préciosité bescherte den Vorläufer des psychologischen Romans. Honoré d'Urfé schrieb seinen roman-fleuve *L'Astrée* (1607–24) wie nur ein Marcel Proust: als Analytiker der Gefühle in allen ihren Nuancen, bis hin zum tödlichen Ausgang. Jene Literaturbeflissenen entwarfen die Carte du Tendre, eine Art von Anatomie-Atlas des menschlichen Herzens als Landkarte mit Seen, Flüssen, Ortschaften. Die hießen: Perfidie, Unterwürfigkeit, Vergessen, üble Nachrede, Aufrichtigkeit. Ein See der Gleichgültigkeit, ein gefährliches Meer. Man wagte sich hinab in die Regionen des Unterbewußten, eben zu den »Ablagerungen des seelischen Seins«[12]. Heute fragt der Philosoph George Steiner: »wenn wir die Tiefen durchkämmen, welche Ungeheuer holen wir herauf?«[13] Die auf der Carte du Tendre eingezeichneten winzigen Menschlein sind antikisch gewandt, ein Herr im Habit um 1654, womit das Ewiggültige aller Erkundungsversuche durch die Epochen angedeutet wird.

Galanterie von einst, ins Amerikanische übersetzt, hieß im frühen 20. Jahrhundert »flirtatiousness«. Dabei hielt sich Marcel Duchamp an die alten Regeln der »préciosité« und erkor sich für den intellektuellen Flirt die 12 Jahre ältere Ettie. Sie waren kongeniale Partner bei ihrem verbalen Pas de deux einer Philosophin mit einem Dadaisten. In der Tradition der Preziösen des 17. Jahrhunderts machte sie ihm Gedankengeschenke per Brief:

Gedanken-Geschenk
Verse für Einen Freund
Ich wäre gern nach Maß gemacht
Für Dich, für Dich –
Doch ich bin ready-made von der Natur
Für was, für was
Da ich's nicht weiß durchlief ich Läuterungen
Für mich –[14]

Im Kommentar zu dieser im Sommer 1922 an Duchamp – vielleicht nicht einmal abgesandten – Note wird eine Anspielung auf die »sexuelle Unvereinbarkeit ihrer Beziehung«[15] vermutet. Das rosafarbene Briefpapier zielt auf Duchamps selbstgewählten Namen Rrose Sélavy, den er sich gab, ein homonymes Wortspiel um sein Glaubensbekenntnis: »Eros, c'est la vie«.

Der Läuterungsprozeß vom Flirt zur Freundschaft hatte sieben Jahre gewährt, ein Ende der unvermeidlichen, beiderseitigen Sympathieschwankungen war noch nicht abzusehen in diesem letzten Drittel von Duchamps Amerika-Zeit, an deren Anfang der Krieg gestanden hatte, der den geschockten Kriegsflüchtigen am 15. Juni von Bord der SS Rochambeau ans rettende Ufer entließ, zwei Monate nach dem Untergang des »englischen Passagierdampfers und Hilfskreuzers Lusitania, welcher am 7. Mai 1915 vor der irischen Küste durch ein deutsches U-Boot versenkt worden war. 1198 Passagiere ertranken, darunter 128 Amerikaner. Ein Sturm der Entrüstung ging durch die Weltpresse.«[16]

Der Krieg erreichte die Stettheimers eher peripher. Gewiß, Walter, der Sohn von Schwester Stella, wollte als Freiwilliger, als Pilot, zu den Truppen nach Europa stoßen. »They don't think it will be France.«[17] In Frankreich kämpfte Henrietta Stettheimers Brieffreund Henri Gans, für den sie eine Patenschaft übernommen hatte, als Soldat. Caroline hatte deren gleich sieben! Ettie unterstützte die Alliierten, wie sie in ihren Feldpostbriefen schrieb, sie besuchte »social gatherings«[18] bei ihren Verwandten Beer, die einen politischen Salon führten und die Alliierten unterstützten. Sie selbst, wie sie Henry wissen ließ, hatte sich »ihrem Land zu jeglichem Heimatdienst angeboten, der nicht Arbeit für das Rote Kreuz bedeutete«[19], denn dafür sei sie ungeeignet, »oder um Briefumschläge zu beschriften und zuzukleben, wofür ich zwar geeignet bin, worauf ich aber keine besondere Lust verspüre«[20]. Sie saß in einer Dienststelle für Befreiungsgesuche von Einberufenen und übersetzte deutschsprachige Papiere als »eine der legalen Ratgeberinnen. Es war eine interessante Arbeit, die einen absorbierte, nerven- und gefühlsermüdend […] Wir sind allzu lustig, und doch bedarf es einer starken Do-

*Carrie Stettheimer als Kran-*
*kenschwester im 1. Weltkrieg*

sis vom harmlosen Narkotikum Zerstreuung, um uns vom Krieg abzulenken.«[21]

Als Narkotikum wirkten Duchamps
Salonplaisanterien; nannte er seine »Chère
Ettie« gar »Cherry Tree«[22], Kirschbaum,
in Anspielung auf Anton Tschechows Komödie *Der Kirschgarten*. Ob er die drei
Schwestern im »Cherry Orchard« von
Manhattan sah? Für Ettie blieb er »little
Marcel«[23], den sie Henri Gans vorstellte
als einen »jungen französischen Maler
[...] futuristisch-kubistische Schule, aber
ansonsten ein charmanter und lieber Junge«[24]. »Cher petit Duche«[25] begleitete die
Damen Stettheimer im Mai 1917 zu einer
pro-Alliierten-Kundgebung vor der New
Yorker City Hall, als Ladys ergatterten
sie privilegierte Zuschauerplätze, ebenso
Duchamp, was Ettie wiederum sehr wit-
zig fand, »denn eines weiß er ganz genau: kämpfen will er nicht«[26].

Nach ihrer Meinung zum Krieg befragt, schrieb Ettie ihrem Solda-
tenfreund, Amerika stünde zwar kurz davor, »doch gebe es im täglichen
Leben wenig Anzeichen, außer in den Zeitungen, bei den Rekrutie-
rungsstellen, den steigenden Lebenshaltungskosten und eben den guten
Absichten, sich praktisch darauf vorzubereiten«[27]. Mittlerweile wickelte
Carrie als Rotkreuzschwester Bandagen, während sich Florine in allem
zurückhielt, jedoch um 1917 dieses Bild malte: *A Day at West Point* ,
als wollte sie damit ihren patriotischen Tribut leisten, dabei aber ihre
innere Ferne offenlegte. Spielzeugkadetten exerzieren wie auf einem
Nürnberger Bilderbogen, flankiert von Sommerkleidfigürchen unter
schwarzen Hüten, darunter die ihrer schwarzen Chauffeurslimousine
entstiegenen Stettheimer-Damen, alle vier. Trommler in Uniform deuten Marschmusik an. Florine dünkte dies Spektakel vor einer toskani-

schen Naturkulisse kaum militärisch, sie fühlte sich wie in einem »Hippodrom«[28]. Ihr Malstil hatte sich von der akademisch französischen Weise entfernt, nahm Einflüsse der amerikanischen Volkskunst auf, der Malerei der Naiven, und kehrte zurück zur »eher chaotischen, dekorativen, orientalisierenden, romantisch Germanischen ästhetischen Tradition ihrer Kindheit«[29].

Über Szenen im Freien liegt, wie eine nostalgische Reminiszenz, ein Hauch von »fêtes galantes à la Watteau«. Ohnehin in ihrem Geschmack mehr auf das 18. Jahrhundert fixiert als auf das von Duchamp nur vermutlich in den Französischstunden herbeihalluzinierte 17. mitsamt seinen sprach- und kulturbeflissenen Salonnièren, schuf sie ihrem Freund Marcel diese Hommage: *La Fête à Duchamp* (1917). Ein Geburtstagspräsent. Laternen in den Bäumen tauchen die Partygäste in ein gelbes Licht. Die zeitlichen Abläufe des Fests, die erinnerten Emotionen, die auf verschiedenen Stationen und unterschiedlichen Momenten hier festgehalten wurden, bezeichnete Duchamp später als Stettheimers »multiplication virtuelle«[30]. Die simultane Wiedergabe dessen, was sich nicht gleichzeitig zutragen konnte, sondern laut physikalischem Gesetz nacheinander ereignete, knüpfe bei Theorien von Bergson an sowie bei Prousts Roman von der vergangenen und schreibend wieder heraufbeschworenen Zeit als einer Gegenwart.

Für den Romancier war das Automobil Symbol des überschnellen Vorstoßens in Raum und Zeit. Im Geburtstagsbild winkt der alsbald Flüchtige Duchamp aus einem roten Sportwagen, den sein französischer Künstlerkollege Francis Picabia steuert, ein »weibisch dickes enfant terrible und ichbezogener Bohemien«[31] in Etties abschätzenden Augen. Ihr stand Trennung von Marcel bevor. Duchamp beunruhigte das zunehmende Involviertsein der Vereinigten Staaten in die europäischen Kriegshandlungen, er fürchtete um seine Freiheit als Militärdienstverweigerer und setzte sich am 3. August 1918 nach Argentinien ab. Dreimal hatte er Ettie vergeblich zur Mitreise aufgefordert, zuletzt auf einer mehrstündigen Wanderung durch New York City. Nach »zwei Jahren und 27 Tagen«[32] Amerika, nach seinem Abschied auch von der bislang

betriebenen Malerei, drängte es ihn wieder zum Schachspielen, diesmal in Buenos Aires.

Bei seinem Comeback anno 1920 spielte er im Stettheimer-Salon noch einmal seine Rolle als Wortwirbler, der die Gleichung von Liebe und Leben, die Formel »lieben ist leben« oder »Leben ist Liebe«, schneller und schneller um das mathematische Gleichheitszeichen drehte, bis aus dem französischen »Eros, c'est la vie« der Name Rrose Sélavy wurde. Wir kennen ihn schon. Das dadaistische Buchstaben-Puzzle diente wieder als Sesam-öffne-dich, als goldener Schlüssel für ein Interieur, so erlesen ausgestattet und blumenparfümiert wie seinerzeit das Hôtel de Rambouillet. (Duchamp war jedem Dekor abhold.) Der Dada-Künstler wies einen neuen Scherz vor: ein photographisches Museumsobjekt: *Marcel Duchamp Dressed as Rose Sélavy,* ein um 1920 entstandenes Kameraportrait von Man Ray. Als Dame geschminkt mit Hut und Pelzkragen, den die ringgeschmückten Finger an das Kinn schmiegen. Wie kam es zu dieser androgynen Metamorphose eines wahren homme à femmes, der so echt männlich und ganz und gar unmönchisch daherkam – ganz im Gegensatz zu seinem späteren Diktum, das Leben eines Künstlers sei dem eines Mönchs vergleichbar?[33] Ein mögliches Vorbild ist der legendäre Abbé de Choisy (1644–1724). Dieser erstaunliche Aristokrat stand zwischen zwei Jahrhunderten und zwei Geschlechtern: Er kleidete sich als Frau und schrieb darüber in seinen Memoiren. Darüberhinaus war er Priester, Dekan der Kathedrale von Bayeux, der, um trotz seines skandalösen Tuns im Schoß der Kirche verbleiben zu können und sich nicht von der Hierarchie trennen zu müssen, zwischen zwei Messen auf die Liegestatt der Schwägerin Bossuets hüpfte. Bossuet, Bischof von Meaux und ein gewaltiger Prediger, galt als das wahre Haupt des französischen Episcopats, er legte seinen Finger in alle Wunden des Grand Siècle und verurteilte noch vor Beginn des Zeitalters der Aufklärung in seinem *Traktat über die Begierde* (1694) die wissenschaftliche Neugier. Eben auf dessen Bitte hin schrieb der Abbé de Choisy

*Gegenüber: Florine Stettheimer, West Point, 1917*

eine elfbändige Kirchengeschichte. Seine Feder war unermüdlich und seine weltlichen wie geistlichen Werke errangen anno 1687 die Zustimmung – auch des Königs – für die Aufnahme des etwas befremdlichen Verfassers in die Académie Française. Racine schrieb darüber an Boileau: »Er wurde widerspruchslos aufgenommen, er war allen Leuten, die ihm hätten Kummer machen können, zuvorgekommen.«[34] Ein Beispiel, ein Lehrstück für den politischen Salon …

Nach der Lektüre der galanten Erzählungen des Abbés begaben sich die Perückenträger zu den oft nicht minder frivolen Schöngeistern im Kreis der Salonnièren; die unausrottbare Lust am Anstößigen belebt seit eh und je die Konversation – das war bei den Stettheimers nicht anders, als 1928 der in England verbotene Roman *Lady Chatterley's Lover* von D. H. Lawrence die Gemüter erhitzte. Gleichsam eine Philosophie der Erotik, eine Wunschsynthese von Verstand und Sinnlichkeit, die Marcel Duchamp auf die bereits mehrfach zitierte Kurzformel brachte, die auch der Abbé de Choisy beherzigte. Erst Schönheit erwecke die Liebe, heißt es in dessen Memoiren, aber da weibliche Antlitze in stärkerem Maße als männliche diese Schönheit als Abglanz des Göttlichen und Himmlischen zumindest widerspiegelten, habe er sich der Camouflage bedient. Er klebte sich Schönheitspflästerchen um den Mund und auf die Stirn, mit denen seine Zeitgenossinnen störende Pockennarben kaschierten, und nannte sich Madame de Saucy. Duchamps Alabasterhaut auf dem Man Ray-Portrait, auch die der Hände und Unterarme mit dem wie eintätowierten »lovingly Rrose Sélavy alias Marcel Duchamp«, erinnert an die kosmetische Empfehlung des Abbés für Glätte und Weichheit der Haut: tägliche Waschungen mit Kalbsbrühe und Schafsfußpomade[35]. Es war ihm damit so ernst, wie es für Duchamp 1921 ein surrealistischer Ulk war, einen Parfumflakon namens *Belle Haleine, Eau de Voilette* auf den Markt zu bringen – eine Photocollage für ein Etikett, das schönen Atem (belle haleine) verspricht, und aus Eau de Violette, Veilchenwasser, sowie den Eau de Toilette, Toilettenwasser, ein Schleierwasser macht, eben das Eau de Voilette. Der Einfall für den Pariser Parfumfabrikanten Rigaud war ihm in New York gekommen, wo er seit

*Florine Stettheimer,* Henry McBride, *1922*

1920 ein Laboratoriumsatelier besaß. Die Umsetzung dieser Anspielung auf den durch die Schöne Helena (französisch: Belle Hélène) ausgelösten Trojanischen Krieg, über dessen Geschichte sich dann der Schleier der Vergessenheit gleich einem Lethestrom legte, dieses kleine gläserne Ready-made mit einem winzigen, finsteren weiblichen Gesicht sollte an die 90 Jahre später auf einer Auktion neun Millionen Euro erzielen[36].

Angesichts dieser historischen Reminiszenz, die Duchamps Schönduftende bietet, würde der Kunstkritiker Henry McBride (1867–1962) die »Impulse der Vergangenheit«[37] ins Feld führen. Diese in der Vergangenheit wurzelnden »künstlerischen und intellektuellen Impulse«[38] bestimmten das gesellige Klima bei den Stettheimers, wo »kühne Ideen in Worte gemünzt wurden, die früher oder später ihr Echo in anderen Bezirken der Stadt fanden«[39]. Nichts Unerwartetes, nichts Ungeziemendes in den Unterhaltungen, »die ihrem Charakter nach ziemlich an Boston gemahnten«[40]. Gelegentlich sei dort ein begabter Ausreißer von Greenwich Village aufgetaucht, aber wenn seine Manieren zuviel von Achter Straße an sich gehabt hätten, sei dieser Mensch nicht mehr erschienen. McBride war ein Snob, und er kam aus der Provinz, ein Viktorianer noch im 20. Jahrhundert, seine massige, große Gestalt in englische Tuche gekleidet. Anfänglich knurrend, da nicht zur feinen Gesellschaft gehörend, hatte er sich zunächst Florine Stettheimer genähert: über die wohlwollende Besprechung der *Fête à Duchamp,* wozu er – leider, leider! – nicht eingeladen gewesen sei. Früh erkannte er in seinem Artikel für die *New York Sun* das originelle Talent der Künstlerin in diesem »most joyous of the paintings«[41] bei der Exhibition of Independent Artists im April 1918.

Sie wurden Freunde. Florine widmete ihm 1922 ihr erstes Einzelportrait, auf dem er schmal und geziert im Sessel sitzt, als trüge er Flügel, die sein multipliziertes Ich in die Arenen seiner Lieblingsbeschäftigungen hintrügen. Da erscheint er winzig vor dem Tennis Court, oder auf freiem Feld einen Zaun anstreichend, oder in der New Yorker Szene Kunstwerke begutachtend, darunter Florines Blumenbukett. Es war dies eines ihrer typischen Erzählbilder mit der in den Hintergrund der Leinwand gedrängten Wiedergabe einer individuellen Existenz. Das Naiv-Kindliche dieser Malerei entpuppt sich als ein frommer Trug. Die ausdruckslos männlichen Larvengesichter, die, wenn sie eine Brille trugen, eher großäugigen Insekten glichen, kündeten von den verlorenen Illusionen ihrer Portraitistin. Einsicht und Resignation, das Erkennen auch des eigenen Selbst, bündeln sich in dem ironischen Gedicht *The Civilizers of the World,* die Zivilisatoren der Welt, die Dirigierenden, die Bestimmenden:

| | |
|---|---|
| Sie sehen gern, wenn eine Frau | Oder apart. |
| Davon hat, Verstand. | Sie sind nicht |
| Sie finden, | Sehr jung |
| Das erst mache sie | Frauen dieser |
| Interessant, | Art.[42] |

In der lässigen Lakonie dieser Zeilen liegt die Absage an den von Duchamp beschworenen Eros als Beweger der Welt. Was jetzt knisterte, war der Esprit. Zugleich vollzog sich im Stettheimer-Salon ein Wechsel der Jahrhunderte. Die historischen Damenmodelle entstiegen, bildlich gesehen, nicht mehr den kleinen Gravüren des 17. Jahrhunderts, sondern großen Gemälden, Gesellschafts-Tableaus aus dem Louvre oder dem Schloßmuseum von Malmaison. *Thé à l'anglaise* mit einem sehr jungen Mozart am Cembalo, oder eine Dichterlesung in gedrängter Fülle bei Madame Geoffrin.

Den Stetties kamen Namen zu Ohren, es wurden Vergleiche gezogen – Französischstunden einer anderen Tonart als die von Duchamp, der aber insofern dem Geist des Pariser 18. Jahrhunderts treu blieb, als er in seinem New Yorker Studio an Gerätschaften tüftelte, wie denen auf den Bildtafeln der *Encyclopédie,* von denen es heißt, sie böten weder dem Auge noch dem Gehirn ein Hindernis. Henry McBride sprang in die Bresche. Er verbreitete die Bonhomie eines Weltenbummlers und kannte sich in Europa so gut aus wie in den Slums der Lower East Side von New York, wo er zeitweilig gelebt hatte und wo es ihn immer wieder hinzog: so als stünde er im Bann des »sublime d'en bas«, dem Reiz des Baudelaire'schen »Erhabenen von unten«. McBrides Großvater war aus Schottland gekommen, er selber, Henry, war Sohn einer Quäkerfamilie, die Eltern stammten aus Pennsylvania, aus Philadelphia. Nach dem frühen Tod der Mutter wurde der 15jährige vom Vater nach West Chester in Pension gegeben. Das bedeutete Entwurzelung und nur durch Briefe an die Schwestern aufgehaltene Trennung von den Seinen. Eine ältere Gönnerin »brachte ihm Manieren bei und flößte ihm den Wunsch ein, Europa zu sehen«[43].

Die Kunst wurde sein Ein und Alles, und wenn es mit hübschen Illustrationen für den Katalog einer Baumschule begann: *Backwoods Gardens* (1890). Seiner Pflanzen- und Blumenliebe durfte er später auf den Sommersitzen der Stettheimers ebenso frönen wie in Florines Beaux-Arts-Atelier. Wie Florine einst das Zeichnen gelernt hatte, im Kittelkleid und auf einem Klappstuhl wie ihre Mitstudentinnen an der Arts League, das hielt McBrides Stift 1893 in seiner Zeichnung *Women's Drawing Class* fest. Er hatte sich 1889 im New Yorker Arts and Artisans Institute eingeschrieben, und Manhattan wurde sein erstes zu eroberndes fremdes Territorium. Skizzen, Karikaturen, Gedichte, Rezensionen über die »Art on the East Side« begleiteten sein Wirken als Lehrer an der Educational Alliance. Sie verstand sich als »Agentur für Amerikanische Akkulturation«[44] und war ein Zusammenschluss der Hebrew Free School Association, der Young Men's Hebrew Association sowie der Aguilar Free Library. Mitte der 1890er Jahre hatte es McBride als Lehrer für Alte Kunst in der »antiques class«[45] vornehmlich mit jungen jüdischen Immigranten der ersten Generation aus Osteuropa zu tun. Manchen begegnete er als fertigen Malern oder Bildhauern auf der Armory Show von 1913. Seine pro-jüdischen Sympathien trieben ihn 1913 gleichsam in die Arme von Gertrude Stein, die zu seiner engsten Freundin wurde. Sie schloß ihn im Juni 1917 in ein seltsam betiteltes Prosastück für die Zeitschrift Vanity Fair mit ein: *Have They Attacked Mary. He Giggled. (A Political Caricature)*. Für ihre kryptische Schreibweise, so ließ Henry sie wissen, gäbe es zwar ein Publikum, aber keinen Verleger. Wer sollte auch ihr Wort-Portrait verstehen:

What can you do.
I can answer any question.
Very well answer this.
Who is Mr. McBride?[46]

Auf jeden Fall wurde er Gertrude Steins Promotor in Amerika. Er reiste mit ihr und Alice Toklas in Gertrudes »funny Ford«[47] nach Frankreich und streute Insider-Informationen in seine Korrespondenz, Küchen-geheimnisse ländlicher Restaurants. Damit hätte er – und hat es womöglich auch – Carrie Stettheimer beglückt … Natürlich bekam er in den Salon der Stettheimers nur über die Kunst Zutritt. Vor allem über sein Bekenntnis zur Moderne. Dieses Credo vertraute er seinem Tagebuch an, noch bevor er sich an Kritiken versuchte.»Ich liebe die Alten Meister so wie jedermann, aber wir leben nicht wie sie, kleiden uns nicht wie sie, noch denken wir wie sie, also können wir nicht so malen wie sie.«[48] Seine Zeitungsbeiträge und Kolumnen zur Kunst zwischen 1915 und 1921 galten den für die Yankees in Provincetown neuartigen Franzosen – Cézanne und Dufy, Gauguin und van Gogh, Matisse und schließlich Marie Laurencin. Mit Letzterer sollte Florine verglichen werden. Der Freund und Kritiker Charles Demuth würde rokokohafte Leichtigkeit, gepaart mit einem sich schon ankündigenden Ennui in ihren Bildern erkennen. Sie, Florine Stettheimer, wisse »mehr vom Trianon als Marie Laurencin, die man allgemein als moderne Interpretin«[49] der Schloß-Idee Marie-Antoinettes erachte. Wortgeklingel um Florines New Port-Pastoralen: »ultra-feminin«, »ultra-lyrisch«, gemalte »Kammermusik«. Wohlwollende zeitgenössische Bildbetrachter erspüren die Grundierung ihres preziösen, parfümierten Eklektizismus – die war europäisch, war pariserisch, war 20. Jahrhundert mit einer Einblendung des 18.

Dieses Zeitalter der Aufklärung – trotz aller »conversations à la mode« – sah ein Connaisseur wie McBride als Hintergrundkulisse im Salon an der 76. Straße West. Da tauchten vor seinem geistigen Auge Phantome der seinerzeit führenden Salonnièren des Dixhuitième auf, deren Namen er den Stetties an die Seite stellte, nachdem sie zuvor durch Duchamps Wortmühle gedreht hatte. Er erlaubte sich einen Dada-Ulk, der heute so verstaubt wirkt wie die Gesellschaftsspiele aus alter Zeit. »Mrs. Rosetta Stettheimers leichtsinnige Töchter«[50] schlüpften bei ihren Sommer-Picknicks in André Brook in »die Rollen von Julie de L'Espinasse [sic], Mme du Défend [sic] und Mme de Staël in modernen Kleidern«[51]. Sie inszenierten ihren Eskapismus im Wissen um den

Nachkriegs-Zeitgeist und die unvermindert herrschende, Juden und Farbige betreffende Segregations-Mentalität der US-Bürger. Ein schmaler Küstenstreifen von New Jersey war deutsch-jüdische Kolonie geblieben, »the Jewish Newport«[52], hier besaßen die Seligmans, die Guggenheims und ihre Verwandten italienische Palazzi mit italienischen Gärten oder Parks im Stil von Versailles. Im Sommer 1920 mieteten die Stettheimers ein altes Cottage in Monmouth Beach, wo Freunde wie Duchamp, Carl Van Vechten und andere zu Besuch kamen. Oder sie mieteten sich im Landhaus von Rupert Hughes in Bedford Hills, New York, ein, dem Florine ein Bildnis widmete, ein *Picnic at Bedford Hills* (1918) auf gelbem Sande, so als hätte hier Manet mit seinem *Déjeuner sur l'herbe* Pate gestanden.

> Unsere Parties
> Unsere Picknicks
> Unsere Festmähler
> Unsere Freunde
> Haben endlich eine Raison d'être
> Wie man sieht in Farbe und Design
> Amüsiert es mich
> Sie noch einmal zu erschaffen –
> Sie zu malen.[53]

Im Februar 1919 schrieb Henrietta in ihr Tagebuch: »Jeder wird heute irgendwie bolschewistisch […] Florrie gab neulich abend eine Party im Atelier, wo es jeder war, oder dachte, er wäre es, oder es nur vorgab. Sehr bedrückend; aber so ist es nun einmal.«[54] Nach der Russischen Revolution gedieh auch im Kreis der Stettheimers das gleichsam zu einer Mode gewordene Interesse am Kommunismus und Desillusionierung hielt ihren Einzug.

Das so heiter anmutende Bild *Picnic at Bedford Hills* spiegelt das in Farbe gefaßte Glücksgefühl eines Henri Matisse wider, der in seiner kühnen Darstellung nackt erlebter Lebensfreude – *La joie de vivre* entstand 1905/6 – dem Baudelaire'schen Gedanken an »luxe, calme et volupté« Plastizität verleiht. Der Traum vom sinnlichen Genuß inmitten einer ruhigen Naturkulisse schiebt sich vor die Realität. Das Festhalten-Wollen von etwas So-nie-Gewesenen – die Malerei des Rokoko führt es vor Augen – wird dort zum Ritual, wo sich die Himmel verfinstern. Gegen das Bedrohliche einer Revolution verwahrten sich die bald Betroffenen mit vorgezauberten Illusionen.

Da trat Henry McBride auf den Plan und hielt Ablenkungen für die durch Kommunismus und Bolschewismus Verunsicherten parat. Wie zum Trost, zur moralischen Aufrichtung, verglich er das Stettheimer-Trio mit den Salonnièren des Dixhuitième, die dem Geist wie dem Ungeist ihrer Zeit trotzten. Die Wiedergängerinnen der Phantome von einst in ihren Modekleidern, die McBride als »Matisse clothes« wohl vor Augen schwebten, wie empfanden sie die dadaistisch à la Duchamp abgewandelte Orthographie? Sollte sie sich auf die historische Mademoiselle de Lespinasse beziehen und auf die Marquise du Deffand, oder richtete sich der Stachel auf die Salondamen von der Upper West Side?

Eine linguistische Vorbemerkung zum frechen Wortspiel, so als wollte McBride wie nur sein Vorgänger Sainte-Beuve darauf hinweisen, daß in puncto Rechtschreibung die klugen Frauen sich ihren Köchinnen annäherten: du Défend, de L'Espinasse. Das Verb »défendre« bedeutet so viel wie verteidigen und beschützen, aber auch verbieten. Welche der drei Schwestern verteidigte ihre Privatsphäre, beschützte die der beiden anderen? In L'Espinasse hingegen verbirgt sich das aus dem lateinischen Nomen »spina« abgeleitete Wort »épine«, der Dorn. Den jüdischen Schwestern diente der Terminus als Metapher für ihre Waffe der Ironie – die Waffe der Schwachen, wie Henrietta in ihrem Roman *Philosophy* betont. Der Dorn des Witzes bei den sprachmächtigen Damen des Zeitalters der Aufklärung stach schärfer als jeder dadaistische Stachel, der, bei Licht besehen, nur eine intellektuelle Stichelei oder surrealer Nonsens war. Was hätte, zum Beispiel, eine verwitwete Marquise du Deffand zu Duchamps Einfall gesagt, sie als »Fresh Widow« in seinen imaginären Salon einzuführen und mit dem von einem New

Yorker Schreiner 1920 gefertigten »Französischen Fenster« oder »French Window« zu konfrontieren?

Madame du Deffand (1697–1780) vereinigte auf sich, was die klassische französische Literaturgeschichte auf die bündige Formel »grausame Luzidität«[55] bringt. Ferner pries man »die spirituelle Kaltblütigkeit ihrer Intelligenz und ihre bewußt kritische, trockene Sprache«[56]. Sie korrespondierte mit Voltaire, der ihren Esprit ebenso fürchtete wie sie seinen liebte. Und wenn sie sich mit den *Civilizers of the World* aus Florine Stettheimers Gedicht umgab, hießen diese Fontenelle, Marivaux, Montesquieu. Über dessen Werk *L'Esprit des Lois* von 1748 ließ sie verlauten, es sei »de l'esprit sur les lois«[57], also Geistreiches über die Gesetze. Auch Madame du Deffand war nicht mehr jung, als sie ihren Salon anno 1747 ins Kloster Saint-Joseph an der Rue Saint Dominique verlegte. Hierher hatte sich um 1690 die langjährige Mätresse Ludwigs XIV., Madame de Montespan, zurückgezogen, um »öffentliche Beichte für ihre öffentlichen Sünden abzulegen«[58], wie Saint-Simon züngelte. Auch Madame du Deffand definierte nach den amourösen Turbulenzen ihrer früheren Jahre ihr inneres Elend jetzt als eine »privation du sentiment, avec la douleur de ne pouvoir s'en passer«[59] – einen Verlust der Liebesempfindung im schmerzlichen Bewußtsein, diese nicht entbehren zu können. Wie genau kannte Henry McBride wohl die Geschichte ihrer fatalen Altersliebe, und welche bei seinen späten Mädchen beobachtete Gefühlsverwirrung brachte ihn auf Madame du Deffands Dilemma? Sie war 70 und leidenschaftlich entflammt für den 20 Jahre jüngeren britischen Schriftsteller Horace Walpole, den sie 1766 in arge Verlegenheit brachte.

Fortan wurde Madame du Deffand zur Fürsprecherin einer sentimental getönten Anglomanie, einer Mischung aus »sense & sensibility«, die sich dann in die über 15 Jahre geführte Korrespondenz mit Walpole einschlich. In der Literaturgeschichte zählt die Marquise zu den »glühenden Seelen«[60], wiewohl der Ihren das Ausglühen bevorstand. Als Strafe für ihre Intellektualität war sie zerfessen vom Ennui und erklärte, der Verstand sei »hundertmal mehr Gegner unseres Glücks, als es die Leidenschaften je sein können«[61].

Ihre Nichte Julie de Lespinasse (1732–1776), die der erblindenden Marquise als Vorleserin diente, pflichtete ihr darin bei. Sie blieb unverheiratet und machte ihrer Tante – sehr zu deren Mißvergnügen – die Enzyklopädisten abspenstig. Sie war als natürliches Kind elternlos aufgewachsen, ebenso wie ihr Herzensfreund und Mitherausgeber der *Encyclopédie*, Jean-Baptiste le Rond d'Alembert (1717–1783). Der Begriff »philosophe du dixhuitième« deckt in seinem Falle alles ab, was sich in Jura und Medizin, Theologie und Mathematik aufspaltet; seine Erkenntnisse in der Differential- und Integralrechnung, der Mechanik und der Astronomie gerieten ins Blick- und Spielfeld von Marcel Duchamp. Nur daß das Ernstgemeinte d'Alemberts den Neuzeitkünstler und Jongleur der Metaphysik, Duchamp, zur graphisch wie auch verbalen Persiflage gut schien.

Was also schwebte Henry McBride vor, als er zugleich mit der exaltierten und sich mit Opium aufputschenden Julie de Lespinasse den Berühmtesten ihrer Habitués mit in Erscheinung brachte? Wie durch Geisterphotographie herbeigezaubert oder durch das Experiment mit der Macht purer Suggestion bei den um die Wende zur Neuzeit im Fin de Siècle beliebten Séancen, hatte McBride das Phantom d'Alembert als Inspirator Duchamps in den Salon der Schwestern Stettheimer hineinmanövriert. Sieht man vom Status der Mademoiselle – im amerikanischen Plural der »Misses« – einmal ab, sind es nur flüchtige Parallelen, die eine Verbindung zu dem Trio herstellen. Wo es bei den Stetties an der 76. Straße West üppig zuging, waltete in der Rue de Bellechasse eine pekuniär bedingte Kargheit. »Mlle de Lespinasse, die weder über die Mittel verfügte, zum Dîner noch zum Souper einzuladen, hielt sich mit peinlicher Genauigkeit jeden Abend von fünf bis neun Uhr bei sich zu Hause auf, und alle Tage erneuerte sich ihr Zirkel in diesem Intervall der *première soirée*.«[62]

Sie hatte Madame du Deffands Zwischengeschoß verlassen und sich ihr eigenes, bescheidenes Laboratorium eines ungezwungenen Stils geschaffen. Hier brillierte sie, kaum mehr eingedenk des Stigmas ihrer Geburt, das sie mit d'Alembert teilte, der wie sie kränkelnd nun unter ihrem Dach wohnte. In dieses »laboratoire« – andere Damen führten ein »bureau d'esprit«, in dem der gleiche aufgeklärte Geist waltete – zog es Schriftsteller und Gelehrte: Condillac, Marmontel, Condorcet und Turgot. Letzterer, ein ehemaliger Prior an der Sorbonne, dann Parlamentsrat, Intendant von Limoges und ab 1775 kurzzeitiger Minister, führte die Politik in den kleinen Salon ein. Marmontel wußte als Romancier und Memoralist etwas über die Inkas zu sagen; Condorcet entwarf, nicht nur für die Enzyklopädie, in seinem 12bändigen philosophischen Wurf *Esquisse* das Bild einer zukünftigen Gesellschaft und hatte schon 1765 mit seinem *Essai sur le calcul intégral* Widerhall in ganz Europa gefunden. In Julies räumlich engem Laboratorium erweiterten sich die Grenzen hinsichtlich der Geographie, man blickte mit einem Abbé de Mably auf das »gouvernement et les États-Unis d'Amérique«, die 1784 unter dem Titel *Observations* erscheinen sollten. Wohingegen der Abbé de Condillac in einem *Traité des sensations* (1754) die tastenden Versuche der Salonnièren des 17. Jahrhunderts auf der Landkarte des Gefühls in den Analysen von Empfindungen fortsetzte.

Im Fluidum dieser großen Geister, und gleichwohl an ihnen vorbei, entwickelte Julie de Lespinasse ihre private Philosophie der Passionen. Welchen unerfüllten Brautträumen sie nachhing, ganz zu schweigen von denen ihrer Wiedergängerin oder ihrer Wiedergängerinnen-Trias in Manhattan, liegt in der Tiefe ihrer Psyche verborgen. Auf einer Zeichnung von Carmontel krönt ein Spitzenhäubchen ihr reizendes Rokokoprofil – kaum geeignet, die Lavaströme ihrer Empfindungen zu dämmen. In ihren extremen Gefühlen suchte sie ein Mittel »gegen den universellen und tödlichen Lebensüberdruß«[63], der sie immer wieder zu der Frage nach dem Wozu-das-Ganze verleitete. Trost und Zuflucht fanden ihr Synonym: Musik, traurige Musik, machte sie »verrückt«. Aber die Seele gierte nach dieser Art von Schmerz. »Es gibt nur eines, das Bestand hat, und das ist die Leidenschaft – die Liebesleidenschaft, denn alle anderen blieben ohne Widerhall [...] es gibt nur dies: die leidenschaftliche Liebe und die Mildtätigkeit«, Eros und Agape, die »den Lebensschmerz lohnen«[64].

Als Julie Lespinasse 44jährig starb, war die dritte der Passionsfiguren von Henry McBride ein 10jähriges, frühreifes »›Götterkind‹ ihres Vaters Necker«[65] und »Wunderkind« im mütterlichen Salon: Anne Louise Germaine. Aus diesem egomanen Geschöpf wurde die Jahrhundertfrau Madame de Staël (1766–1817). Nicht sehr schön und von untersetzter Gestalt, trug sie ihr dafür umso schöner und häufig gemaltes Dekolleté vor sich her wie ihre herausposaunten Liebesaffären, ihre Ansichten zur napoleonischen Politik und zur deutschen Literatur. In der Gelehrtenrepublik soupierte sie bei der Herzogin Luise von Sachsen-Weimar, und im Jahr ihres Aufenthaltes, 1803/04, flogen die Federn übers Papier.

»Der wirklich unerhörte Erfolg, den ich in Deutschland habe, würde dem gierigsten Ehrgeiz Genüge tun; doch ist nicht mein Ehrgeiz schwer zu befriedigen, sondern ein gewisses Bedürfnis nach Abwechslung, Teilnahme und Zerstreuung, das nur in Paris gestillt werden kann. […] Ich habe ein beständiges Herz und einen unbeständigen Geist, wofür das Land, wo ich meine alten Freunde weiß und wo die Szenen unablässig wechseln, wie geschaffen ist. Schließlich und vor allem schmückt die Phantasie das, was unmöglich ist, mit Pfeilen aus, die das Herz durchbohren.«[66] Dieser Satz wird einmal malerisch umgesetzt werden in Florines *Love Flight of a Candy Heart* (1930), wo die Künstlerin vom Balkon auf ein Szenario heitersten Amüsements herabschaut, wie Madame de Staël es offensichtlich im Weimar der Philister vermißte. Sie aber hätte sich hineingefunden in die Lockerheit eines antikisierenden Poems, wie es an Goethes Wirkungsstätte in den Kreisen der Salonnièren hätte rezitiert werden können, bei Frau von Stein wie bei Madame Schopenhauer:

Cupido und meine Campaspe spielten
Karten um Küsse, Cupido zahlte;
Riskierte seinen Köcher, Bogen & Pfeile,
Die Tauben seiner Mutter & ein Team von Spatzen;
Verliert auch sie; dann wirft er nieder
Das Korallrot seiner Lippe, die Rose

Auf seiner Wange (keiner weiß, wie sie dort wuchs),
Mit diesen sodann das Kristall seiner Stirn,
Und dann das Grübchen an seinem Kinn
All das meiner Campaspe zum Gewinn.
Zuletzt setzte er beide seiner Augen aufs Spiel;
Sie gewann, und blind erhob sich Cupido.
Oh Liebe! Tat sie Dir das an?
Was, ach!, soll aus mir werden?[67]

In Weimar stand man mit Amor auf vertrautem Fuß; die Gebildeten hätten die mythologische Figur der Campaspe, einer Konkubine Alexanders des Großen, erraten, und auch, daß diese das Geschenk eines Künstlers, Apelles, an Alexander war. Beim Portraitieren der Schönen verliebte sich der Maler in sein Modell und dichtete …

Germaine de Staëls Versuche auf dem Gebiet der Poesie blieben Trockenübungen. Immerhin übersetzte Goethe ihre *Essais sur les fictions* 1797 für Schillers Zeitschrift *Die Horen*. Die Herren tauschten sich brieflich aus. Für Schiller stellte sie »die französische Geistesbildung […] rein und in einem höchst interessanten Lichte dar. […] Das einzige Lästige ist die ganz ungewöhnliche Fertigkeit ihrer Zunge, man muß sich ganz in ein Gehörorgan verwandeln, um ihr folgen zu können.«[68] Vor der deutschen Idealphilosophie habe sie eine horrible Scheu, »welche nach ihrer Meinung zur Mystik und zum Aberglauben führt, und das ist die Stickluft, wo sie umkommt«[69]. In ihrem bekanntesten Werk *De L'Allemagne* (1810) verbreitete sie sich über die Philosophie und die Moral, die Sitten, die Künste und die Literatur, die Religion und den Enthusiasmus; Napoleon ließ die Druckfahnen einstampfen, es dünkte ihn alles zu deutschfreundlich, und die sechs Bände erschienen 1813 in London, wohin sie sich geflüchtet hatte, noch vor ihrem letzten Exil in der Schweiz.

Da hatte sie den Traum begraben, Amerika zu sehen, für das sie Reisepässe für sich und ihre Kinder bekommen hatte. Über das, was sie dort erwartete, war sie durchaus im Bild gewesen durch ihren »Cher ami Francis«: Die Wilden aus Chateaubriands romantisch-exotischer

Erzählung *Atala* (1801). Der Vicomte François René de Chateaubriand (1768–1848), Germaines politischer Mitstreiter, hatte sich 1791 eingeschifft, um die Sprache des Ozeans, der Himmel, der Windstille und des Sturms zu hören, um »das Ende der alten Gesellschaft im jungen Amerika«[70] zu erleben. Der Terror der Pariser Revolutionäre vertrieb ihn, die Ahnung eines Endes, das in sich den Keim zum Neuen barg. In seinen 1849 postum gedruckten *Mémoires d'outre-tombe,* den Denkwürdigkeiten jenseits des Grabes, wie schon in dem voraufgegangenen Monumentalwerk *Génie du Christianisme* (1802) werden die Tag- und Nachtreize in den Wüsten der Neuen Welt poetisch gefeiert. Bis auf den heutigen Tag ist der »Unabhängigkeitstaumel«[71] in seinem Nachbeben spürbar. Ein bretonischer Chevalier erfüllt sich seinen Waldläufertraum. In den »Urwäldern Amerikas«[72], in den von keiner Axt berührten wilden Regionen hinter dem Mohawk River von *einem* Gedanken bewegt: »Hier gibt es keine Wege mehr, keine Städte, keine Monarchie und keine Republik, weder Präsidenten noch Könige, noch überhaupt Menschen.«[73]

Hoch in den Baumwipfeln plapperten Papageien das Dutzend Wörter, das von den Indianerdialekten noch übriggeblieben war, was »früher oder später das Los aller unserer modernen Sprachen«[74] sein werde. Chateaubriand zufolge würde sich das Waldläuferland der Genese einer Salonkultur versperren, wiewohl die unter geblähten Segeln vom anderen Erdteil eintreffenden Pilgerväter das Wort mit sich führten. »Worlds made by words« hieß die Devise der Kolonisten, der Kulturpioniere aus Europa.

Etwas vom Reiz der Urwildnis und ihrer Naturschönheiten würde einmal zurückfluten auf die Zivilisationsübersättigten, würde nach Chateaubriand und Rousseau im amerikanischen Erfolgsautor Edgar Rice Burroughs einen Fürsprecher finden, der anno 1912 im dichter werdenden Wolkenkratzerdschungel von Manhattan seinen *Tarzan*-Lesern den Urwaldkitzel verpassen würde. Der Mythos vom Verlorenen Paradies, Miltons *Paradise Lost,* würde auf dem einstigen Eiland Mannahatta und dort in einem Beaux-Arts-Atelier unweit des Central Park, den Magnetismus reflektieren, den die alten Naturschauplätze besaßen.

Vor ihnen war Madame de Staël zurückgescheut, doch dank ihrer Intervention »konnte Chateaubriand 1801 aus seinem Exil in England und Amerika zurückkehren«[75]. Zwei Jahre danach dachte er schon wieder an Wüsten, an »die Wälder der Neuen Welt«[76] und an ein Schiff nach Louisiana. Germaine indessen zog Italien vor, wohin sie 1804 reiste und wo der Romantiker François Gérard sie malte: ganz sie selbst in lockerer Gewandung und als *Corinne au Cap Misène* mit einer vergoldeten Lyra und Augen, die sich auf Wolken heften. Sie hatte ihren stark autobiographisch gefärbten Roman *Corinne ou l'Italie* 1807 vorgelegt. »Amour propre« – die Selbstliebe kann als Schlüsselwort für die Schriftstellerin in Person dienen – so sehr war sie die Huldigungen gewöhnt, die ihrem temperamentvollen Geist schmeichelten, von dem sie durch alle Fährnisse getragen wurde. »Auch vorlesend und deklamierend wollte Frau von Staël sich Kränze erwerben. Ich entschuldigte mich von einem Abend, wo sie *Phädra* vortrug und wo ihr der mäßige deutsche Beifall keineswegs genug tat«, schrieb Goethe 1804 über die Weimar-Besucherin.[77] Doch hatte er ihren Essai über den *Einfluß der Leidenschaften auf das Glück der Individuen und der Nationen* von 1797 günstig beurteilt, und sie dankte es ihm mit ihrem Deutschlandbuch, das seinen Namen und sein Werk nach Frankreich trug.

Abschied von der Gelehrtenrepublik anno 1804, der doch kein ganzer war, denn Goethe hatte ihr August Wilhelm von Schlegel in die Reisekutsche gesetzt, Professor an der Jenaer Universität; er sollte bis 1817 ihr ständiger Begleiter bleiben. »Mißbrauchen Sie Ihre Macht nicht: Sie können mich leicht unglücklich machen, ohne daß ich imstande wäre, mich dagegen zu wehren. Vor allem beschwöre ich Sie, weisen Sie Ihren Sklaven nie von sich.«[78] Das war der hochtrabende Briefton im Jahre 1805 auf Schloß Coppet am Genfer See. Die Circe des klugen Parlando würde weiterhin die klugen Männer in Schach halten, wie schon als Schlittenfee beim Geheimrat am Frauenplan.

Unter die plaudernden Phantome von einst mischte sich gut 100 Jahre später das amerikanische Kulturorakel Henry McBride und zog die Stettheimer Sisters mit sich. Caroline, Florine und Henrietta figurierten in einer Neuinszenierung von Coppet. Alle drei teilten sich in die Facetten der Denkmalfigur: Caroline als Gastgeberin, Henrietta als schriftstellernde Philosophin und Feministin, als glücklich-unglücklich Liebende, und Florine als Verkörperung des sinnlichen Naturells, freilich sonderbar körperlos. Im Bild gleichen sie jenen Sylphiden und Schmetterlingen, die den Waldläufer-Dichter bei seinen überseeischen Streifzügen gefangennahmen. Ein Dschungelsalon, die Urwälder der Neuen Welt! Der schwarze Falter entkam den elysäischen Gefilden und erfuhr hunderte von Meilen weiter in der Nähe des Hudson seine Metamorphose in einen weiblichen Leib unter schwarzer Chiffonhülle – im *Portrait of My Sister Ettie Stettheimer* von 1923. Zu ihrer Rechten ein bunter Weihnachtsbaum, aus dem Flammen schlagen: »the burning bush of Moses«[79], wie die Künstlerin vermerkt. Der brennende Dornbusch aus dem Zweiten Buch Mose will auf die jüdische Herkunft verweisen, auf Etties zwiespältige Gefühle gegenüber dem christlichen Brauch. »I myself have a very *unpleasant* conscience about celebrating Xmas at all, which I only do – after reducing the celebration to its smallest dimension – because our family, brought up in Germany, got the Xmas habit.«[80] Das Portrait auf pechschwarzem Untergrund verankert die Familiengeschichte der Stettheimers in der Tiefe der biblischen Finsternis, wo ein kleines, die Nacht regierendes Licht und die Sterne hinzukamen. Wortwörtlich ist der alttestamentliche Text ins Bild gemalt, auch der Mond, der Engel des Herrn, auf den ein winziger weißer Putto wie im Anflug auf die Tochter Zions zusteuert, fehlen nicht. Ettie ruht in vager Sehnsuchtspose auf einem roten Diwan, »die Augen weit geöffnet für das Mysterium des Lebens, [...] eine glückliche Mischung aus Weltlichkeit und Spiritualität, wie sie sich ein Psychiater nur wünschen kann«[81], so McBride. Auch hinter dem Titel *Lake Placid* (1919) witterte er die religiös-spirituelle Anspielung auf den christlichen Himmel, unter dem sich irdisches Vergnügen in einem Schwimmbad der eleganten Welt abspielte.

Auch Florine selbst nimmt die klassische Ruhehaltung jener ersten Pariserinnen ein, die in ihrem Salon das Wort führten, als die Hofda-

*Florine Stettheimer,* Lake Placid, *1919*

men in Versailles, um sich die Langweile zu vertreiben, Hirsekörner
gegen die Spiegel warfen. Das Kolorit der Ottomane verleiht ihrem
Zellophangewand einen rosaroten Schimmer – Duchamps »couleur
Rrose«. Sie verweist auf den Urheber tiefsinnig-skurriler Einfälle, wie
etwa eines Kleiderentwurfs »création Rrose Sélavy«: »La robe oblongue,
dessinée exclusivement pour dames affligées du hoquet«[82], eine längli-
che Robe für vom Schluckauf befallene Damen. Länglich transparente
Libellenflügel legen sich um den androgynen Leib. Die Drachenfliege,
das Alter ego der Künstlerin, schwebt am Bildrand als tanzendes Insekt
auf die Sonne zu. So losgelöst vom Körper hat kaum ein Maler oder
Bildhauer das Motiv der Salonnière wiedergegeben. Körperliches und
Seelisches fließen ineinander, so wie Mensch und Tier im Begriff »Anima« sich zum Lebewesen vereinen. Wo der Bildhauer Johann Heinrich
Dannecker eine *Ariadne auf dem Panther* (1803) in der Salonpose Marmor anvertraut, so als wolle er Materie und Psyche, den Stein und die

nackte Haut als Spiegel der Seele, als etwas miteinander Unverschmelzbares zeigen, wird bei Stettheimer alles immateriell. So wenig greifbar wie das Licht, dem die Eintagsfliege zustrebt. Licht ist zugleich Metapher für das eigene Ich, das zu schauen sie nicht jedem gewährt. Innerhalb ihres New Yorker Salons, ihrem Sanktuarium unter wechselnder Adresse, verwahrte sie sich gegen Eindringlinge, die ihr Künstlertum zu erforschen trachteten, wo nicht die Künstlerin und die Frau in ihr. Sie erteilte ihnen eine »Warnung« in einem Gedicht, darin sie sich so hüllenlos gibt, wie in ihrem *Nude Self-Portrait*:

Gelegentlich

Sah ein Mensch

Mein Licht

Rannte herein

Versengte sich

Verletzte sich

Rannte heraus

Rief: Feuer

Oder es passierte

Daß er versuchte

Es zu bezwingen

Oder es passierte

Daß er versuchte es zu löschen

Niemals hat ein Freund

Es gemocht

So wie es war.

So lernte ich

Es niedrig zu drehen

Es auszudrehen

Begegne ich einem Fremden

Dreh ich höflich an ein sanftes

Rosa Licht

Was man bescheiden findet

Sogar bezaubernd

Es ist Schutz

Gegen Trauer

Und Tränen

Und wenn

Ich ihn los bin

Den ewig Fremden

Dreh ich mein Licht an

Und werde ich selbst.[83]

# Die Kunstadressen der Avantgarde

Das der Sonne entgegenfliegende Insekt von der Gattung der Ephemeriden versengte seine Flügel an den Flammenstrahlen und fiel zu Boden. Der Anblick des abgestürzten Ich im ephemeren Insektenleib hatte dem Künstlerinnen-Ich in seiner libellenflügelzarten Hülle die Augen gerötet. Der Traum vom Erfolg und vom Sonnen- oder Scheinwerferlicht war verglüht. Florine Stettheimer zog sich vor der Öffentlichkeit zurück, sie verpuppte sich, um nur für die Happy Few schmetterlingshaft hervorzukriechen aus der Schutzhülle und ihre – um im Bild zu bleiben – wie mit Insektenfühlern gemalten Werke eines nach dem anderen vorzuführen, jedes ein Salon-Ereignis en miniature, gemessen an den New Yorker Gepflogenheiten.

Sieben Jahre vor dem gemalten Psychogramm dieses *Portrait of Myself* von 1923, wo sich die gezackten Sonnenstrahlen im Höllenrot einer in Spitzen auslaufenen Diwanunterlage wiederholen, war es passiert. Die erste und bei Lebzeiten einzige Einzelausstellung Florine Stettheimers war ein Mißerfolg. Er zeichnete sich zwischen dem 16. und 28. Oktober 1916 ab. »My pictures are hanging at Knoedlers – I am very unhappy – and I don't think I deserve to be. I thought I might feel happier after dinner – but I have had dinner.«[1] Ein Dutzend Ölbilder, wo »Blumen, jüngere und ältere Frauen und ein Landsitz«[2] unter den Zellophanfransen eines Baldachins nun der Käufer harrten. Doch die Boudoirdekoration in der Kunstgalerie schien ein Mißgriff gewesen zu sein und das »I am not selling, much to my amazement« mündet am Schluß in ein »sold nothing«[3]. Stettheimers erster Biograph Parker Tyler nannte die Ausstellung eine »schockierende Auslöschung« der Hypersensitiven und von Natur aus Scheuen, die von sich ein Wortbild mit dem leisen Pathos eines japanischen Haikus entwirft: »Ich bin allein in meinem Studio. Ich liege zwischen parfümierten Laken. Es regnet warm im Bryant Park.«[4]

Henry McBride wollte abwarten, wie sich Florines eigener Stil herauskristallisierte aus der Imitation eines Matisse oder Singer Sargent,

wie sich aus dem Pseudohaften eine eigene Manier entwickelte, »will-
kürlich, unvorhersagbar wie das Flattern eines Schmetterlings in einem Garten voller Blumen«, dennoch sei nichts falscher als hier von
Zufälligkeiten zu reden: »Miss Stettheimer knew what she was doing.«[5]
Henrietta vollzog alle Auf- und Abschwünge von Hoffnung und Erwartung mit, schrieb sie doch an ihrem ersten Roman. Beide Schwestern
exponierten sich, indem sie ihren Persönlichkeitskern vor dem Publikum entblößten.

An der Fifth Avenue hatte sich in den 1870er Jahren die Zweignie-
derlassung einer französischen Kunsthandlung etabliert: Knoedler & Co.
Klassizistische Strenge der Fassade, der mittlere Trakt dreistöckig mit je
drei »French windows«, zweigeschossig die beiden Seitentrakte, auf hohem Dachgeschoß flatterte eine US-Flagge. Man zeigte die Schule von
Barbizon, dann Werke von Delacroix und James Tissot, einem Freund
von Degas und Meeresliebhaber wie jener. Wie ein moderner Kamera-
mann »filmte« Tissot die schlichten wie eleganten Vergnügungsreisen-
den auf Segelschiffen, so daß noch den Bildbetrachtern eine frische Brise
ins Gesicht wehte, insbesondere den Yachtbesitzern unter ihnen. Man
sah und kaufte Aquarelle von Winslow Homer, dem auffliegende Wild-
enten ebenso gelangen wie Truppenbewegungen der Potomac-Armee im
Bürgerkrieg und dessen Ölgemälde »die Kritik prompt auf seine Seite«
brachten; man pries ihn »aufgrund seiner Lebensführung, seines kraftvollen Pinselduktus und seiner virilen Sujets als den ›amerikanischsten‹
unter den amerikanischen Künstlern«[6]. Seine Abgeschiedenheit am
Meer zeitigte Seestücke, aber 1871/72 auch als Beispiel der Entsagung in
der Manier Whistlers jene »harmony in black and brown«: auf kleinem
Holzformat die Studie seiner Malschülerin im schwarzen Kleid, die bei
aller Pose keine Salonnière auf einer Récamière ist, sondern vielmehr
deren Verneinung. Auf dem Boden eine verblühende Rose, vielsagendes
Zeichen einer vergeblichen Hoffnung. Früh schon hatte sich die Malerin
Helena de Kay (1848–1916) der Cooper Union Female School of Design
angeschlossen, der National Academy of Design, wo sie die erste, »aus-
schließlich Frauen vorbehaltene Klasse für Modellzeichnen besuchte«[7].

*Florine Stettheimer*, Henry McBride in Winslow Homer, *um 1924*

Die Vita verzeichnet Literaturkurse in jungen Jahren, das Erlernen der Freilichtmalerei, den Zusammenschluß mit Progessiven, die nach Ablehnung ihrer Werke 1875 eine Gegenausstellung organisierten, Ferienmonate in Newport und schließlich, um dieser amerikanischen Laufbahn zu folgen, die New Yorker Art Students League und 1877 die Society of American Artists. Helena de Kay, auch hier Mitbegründerin, verzichtete nach der Geburt ihrer fünf Kinder auf die Malerei, auf eine mögliche Karriere. Hatte Winslow Homer einen resignativen Zug erkannt, als er ihren »sweet shadow« so anrührend wiedergab?

Dieses Schicksal wollte sich die eine Generation jüngere Florine Stettheimer nicht nachsagen lassen. Sie hatte das Angebot der Galerie Knoedler in dem Wissen angenommen, daß hier neben Singer Sargent, dessen Gemälde wie die des virtuosen William Merrit Chase reißenden Absatz fanden, »female artists« ein Forum gefunden hatten: Zwischen 1912 und 1918 waren von ungefähr 170 Ausstellungen 18 amerikanischen Künstlerinnen gewidmet, unter ihnen die glänzende Cecilia Beaux, die 1917 den Mißerfolg der Stettheimer-Schau von 1916 wieder wettmachen sollte. Als eine der wenigen ihrer Generation, hatte sie es geschafft, »das Etikett ›malende Frau‹ abzustreifen und zählte zur Crème de la Crème«[8] der Portraitmalerei in den Vereinigten Staaten und war dennoch schon ein Vergangenheitsmythos. Im gleichen Jahr 1917 erschien eine Unbekannte, eine in Texas und Colorado Wandernde, »a lady, right out of the blue«[9], in den Worten Henry McBrides. Ihren Namen würde sie einmal den Wüsten von New Mexico einschreiben, den sonnengebleichten Tierschädeln, den Lehmwänden

einer Ranch in Taos, dort, wo die ubiquitäre Mabel Dodge Luhan Künstler und künstlerisch Inspirierte um sich scharte; und sie würde diesen
ihren Namen in die steil in den Nachthimmel von New York City aufra-
genden Stalaktiten einritzen: Georgia O'Keeffe (1887–1986).

Ihr Frühwerk bestand aus aquarellierten Hügellandschaften, Akt-
studien in verschwimmendem Kobalt und Abstraktionen. Schlingen,
Kurven und Bögen wie aus Asche- und Kohlenstaub auf Papier. Alles
das war im Auge des Zyklons der Avantgarde mit der magischen Zahl
291 zu sehen. Nachlesen können wir das in den Memoiren von Agnes
Ernst Meyer, der nachmaligen »Fürstin« und Mäzenin Thomas Manns
im amerikanischen Exil. Anno 1907 war sie eine 20jährige Reporterin
für die *New York Sun,* dem Organ auch Henry McBrides, eine hochgewachsene, blonde Erscheinung, großäugig vor Neugier auf einer Photographie von Edward Steichen: »Mein Ehrgeiz war es, ganz besondere
Zeitgenossen zu entdecken, die einen guten Artikel ergäben; das führte mich dazu, eine neue Galerie zu erkunden, wo man Photographien
für Kunstwerke hielt, ein revolutionärer Gedanke in jenen Tagen.« Im
Dachgeschoß eines älteren Gebäudes an der Fifth Avenue Nr. 291 ein
Vogelnest von Galerie mit einem Türschild: »Photo-Secession«. »Ein
schmächtiger Mann mit überhängenden Augenbrauen stellte mir einen
jüngeren Menschen namens Steichen vor«, heißt es in ihren Memoiren.
Sofort habe sie alles vergessen und »von elf Uhr vormittags bis fünf Uhr
nachmittags« mit diesen »glühenden jungen Rebellen [...] über die Zukunft der Photographie« diskutiert. Und immer »wenn dann das Leben
zu stumpfsinnig und zu entmutigend war, würde ich dorthin zurückkehren, zu dieser später berühmten Institution ›291‹, und meinen Geist
mit Disputen über den Kampf, den Steichen und Stieglitz gegen die
vorherrschende akademische Selbstgefälligkeit in der amerikanischen
Kunst zu führen begonnen hatten, erfrischen. [...] Ich spürte, wie meine
Segel sich füllten mit der reinen Luft, nach der ich mich sehnte.«[10]

Der Mann mit dem dunklen Wiedehopfschopf, dem Kneifer auf
der Adlernase und dem üppigen, gesträubten Schnurrbart in dunklem
Mantel, wie man ihn auf dem Portraitmedaillon von Alvin Langdon Co-

burn sehen kann, und den Florine Stettheimer noch 1928 in dieser viel zu weiten Umhüllung malte, war zu dem Zeitpunkt längst zum Guru der Avantgarde ausgerufen und verstand sich als »bloßer Schönheitsverwalter«[11]. Und er bestand darauf, keine Galerie zu führen, sondern ein Laboratorium. Die Türe wurde nicht abgeschlossen, keine Geschäftsbücher geführt und für Ausstellungen wurde keine Reklame gemacht. Die Arbeiten der Künstler wurden nur an diejenigen veräußert, die den Geist der Moderne gleichsam inhaliert hatten. Besucher drängten an dem mit Blumen gefüllten Kupferkessel vorbei, verschämt, wenn sie die abgeschabten Stellen ihrer Paletots mit Ruß oder Tinte geschwärzt hatten. Sie wollten das Fauchen des Schnauzbärtigen hören, seine Flüche auf »Amerikas seelenlosen Materialismus«[12]. Der Weg, den er beschritt, sei »ein Pfad voller Dornen, in der Tat; aber Dornen, die ihn nicht mit Blut bedeckten, sondern mit Ruhm«, wie ein Mitstreiter vernehmen ließ.[13]

Alfred Stieglitz (1864–1946), der Amerikaner jüdischer Abkunft aus Hoboken, besaß gleichsam ein drittes Auge: die Kameralinse. Ein Großstadtbürger, ein Flaneur, der in die Antlitze der Passanten eindrang wie nur ein Käfer- und Insektenforscher auf der Jagd nach einer aufregenden Spezies – als sei der Mensch allein und in jedem einzelnen Exemplar nicht aufregend genug. Einem Entomologen gleich richtete er seinen durch das Drittauge verstärkten Sehapparat auf die Schädelpartie, um an die dahinter verborgenen Hirninhalte zu gelangen. Denn es ging ihm um das Denken jener Geschöpfe, die selbst schöpferisch tätig waren: Künstler im weitesten Sinne und Schriftsteller. Ihnen bot er ein längst zum Kulturgut zählendes Forum mit der anno 1903 gegründeten Zeitschrift *Camera Work,* einem essayistisch ausgerichtetem Magazin für Kunst und Photographie. Die Amerikanerin in Paris, Gertrude Stein, wurde ihren Landsleuten in den Vereinigten Staaten durch ihre 1912 in *Camera Work* publizierten »word portraits«[14] von Matisse und Picasso zum ersten Mal zur Kenntnis gebracht. Sie war noch eine braungewandete, stumme Person im Hintergrund des Stein'schen Salons in der Rue de Fleurus, als Stieglitz sie 1909 dort gewahrte, eine mönchisch gewandete Sesselfigur in florentinischem Gestühl; und in der immer gleichen Samtkutte, diesmal vornübergebeugt, wie um den sie so photographierenden Coburn zu belehren: »Paris was where the twentieth century was.«[15] Dank *Camera Work* gelangte die Quintessenz des pariserisch geprägten 20. Jahrhunderts nach New York: durch das Medium der Vermittlung in Bild und Wort. Über die Sturmgefechte um das Schreiben mit Licht (nach dem griechischen »photo graphein«) hinaus verbreitete *Camera Work* gewisse moderne Denkströmungen von jenseits des Atlantiks. Es erschienen Aufsätze über Henri Bergson und das Unbewußte, Schriften von Oscar Wilde, Maurice Maeterlinck oder Wassily Kandinsky. Der hier gepflegte Pictorialismus zitierte den Wandschmuck in der Kapelle zwischen der 30. und 31. Straße an der

*Florine Stettheimer,* Portrait of Stieglitz, *1928*

Fifth Avenue 291. In dieser Herzkammer der Photo-Secession – der Begriff verweist auf die Wiener, Münchner und Berliner Secession – waren die Modernen der Kamera wie Gertrude Käsebier und Edward Steichen versammelt und jene, die den kreativen Prozeß nicht der Ratio, sondern der Emotion zuordneten. Stieglitz sprach mit Verkünderpathos zu seiner Galeriegemeinde, wenn er die Secessions-Idee darlegte: »It is a spirit. Let us say it is the Spirit of the Lamp.«[16] Die Metapher rührt an die Sphäre des Sakralen. Augenblicksweise herrschte eine Art von Weihestimmung in diesem Laboratorium der Erleuchtung.

Stieglitz verblüffte – oder provozierte – mit der Rückwärtswende zu Baudelaire und dessen Diktum, Genie sei die willentlich wiedergefundene Kindheit – also hingen Kinderzeichnungen neben den Werken von Cézanne, Matisse, Picabia, Rodin, Toulouse-Lautrec. Picasso und Constantin Brancusi fehlten dagegen. Letzterer war ein Favorit von

Duchamp und Agnes Ernst Meyer, seit 1910 mit einem reichen jüdischen Bankier vermählt. Stieglitz bekannte: »they are the only ›rich people‹ who have done anything at all for 291.«[17] Miss Ernsts spiritueller Reiseführer in ihrem Europajahr 1908 war Steichen gewesen, ihm oblag die Typographie von *Camera Work* im Wiener Secessionsstil. Dort hatte sie in Paris gleichsam am Arm von Rodin die Museen besucht, dann Matisse im Salon d'Automne interviewt und die Sammlung Leo Steins besichtigt. »Dort fühle ich mich wie ein Apostel«, schrieb sie an Stieglitz, »und jedesmal, wenn *Camera Work* eintrifft, schwenke ich sie wie eine rote Fahne vor den Gesichtern meiner Freunde.«[18] In der Sondernummer vom August 1912 las man zwei Artikel von Gertrude Stein über Matisse und Picasso. Im Herausgebervorwort beschrieb Stieglitz den »Postimpressionismus als eine Bewegung, die im Streit liege mit vertrauten Traditionen und Formen der Selbstdarstellung und eher auf Analogien beruhe denn auf dem Tatsächlichen oder baren Fakten«. Der vom englischen Kunstkritiker Roger Fry geprägte Begriff ›post-impressionism‹, der ihn auf die Gesamtheit der »Malerei zwischen 1886 und 1910 anzuwenden pflegte«, werde durch die Verbreitung in Zeitungen zum »Alltagswort«. »Infolgedessen benutzten Berichterstatter unterschiedslos Post-Impressionismus, Kubismus und Futurismus und schufen damit eine Verwirrung, die in der populären Presse nie ganz verschwand.«[19]

Die Aufnahmefähigkeit der Amerikaner für das Neue in der bildenden Kunst nötigte schon Siegfried Bing Bewunderung ab, als er 1885 im Auftrag des französischen Direktors des Pariser Musée des Beaux Arts in die Staaten reiste, um dort das Klima zu erspüren. Bing als Deutscher und Impresario des Jugendstils führte seine Pariser Galerie unter dem Signet des Art nouveau, »indem er, auf englischen Spuren, Künstler nicht mehr Bilder malen, sondern Zimmer schaffen ließ«[20]. Amerika fand er als Land in kraftvoller und einzigartig jugendlicher Initiative begriffen. Er nahm an, »daß der Genius der Amerikaner in ihrer Fähigkeit lag, rückblickend durch die Geschichte der Kunst die frühen Zivilisationen wiederzuerschaffen und als Kunst in das ursprüngliche amerikanische Idiom« zu übertragen.[21]

Voller Neugierde auf dieses Prozedere, das ja ein transatlantisches war, und wie in Vorahnung seiner künftigen Mission, durchstreifte ein junger Maler und Photograph aus Luxemburg die französische Kapitale. Edward J. Steichen (1879–1973) schuf seine frühen Lichtbilder gleichsam aus dem silbrigen Schimmer, den die Seine über die Stadt legte, lyrische Grisaillen wie in der Manier Whistlers. Rodins *Balzac*-Statue im Mondlicht, ein geradezu »herausforderndes Nocturno«[22] im Gipsmodell, fand Eingang in *Camera Work,* ebenso die zarte, verhaltene Portraitaufnahme des Bildhauers, die eher seiner großen, fast weiblich weichen Hand gilt als dem seitlich gesenkten, bärtigen Gesicht.

Im Jahr 1913 besuchte Steichen Henri Matisse in dessen Atelier, in der Novemberausgabe von *Camera Work* erschien die Photogravüre, die den Künstler mit dem Stichel in zögernder Hand vor einer weiblichen Aktfigur in tänzerischer Pose zeigt. Das Blickziel der prüfenden Künstleraugen verwischen die Brillengläser, so daß es dem Betrachter der Aufnahme, die längere Zeit beanspruchte, um den Moment des Vergänglichen hinauszuziehen, überlassen bleibt, welcher Körperpartie Matisse seine Aufmerksamkeit widmete.

Alfred Stieglitz hatte mit Prophetenblick die künstlerische Begabung des Unbekannten registriert, als er im Frühjahr 1900 Edward Steichen vor sich sah, der seine malerische Laufbahn in Milwaukee aufgegeben hatte, um die Stadt Paris in allen ihren Manifestationen in sich aufzunehmen. Er gab das Erschaute nicht als Analytiker, sondern eher als ein Spätromantiker wieder, so als illustriere er Baudelaires *Tableaux parisiens:* die wie in Nebel getauchten Silhouetten von Passanten zwischen architektonischen Schattenrissen. Stieglitz kaufte auf der Stelle drei Arbeiten für die damals exorbitante Summe von fünf Dollar das Stück.[23] Vor seinem prophetischen Drittauge tauchten auf mysteriöse Weise jene Erscheinungen auf, die Edward Steichen einmal zu seinem Ruhm als Lichtbildner verhelfen sollten und zu einer großen Karriere. Er würde einmal das Antlitz des 20. Jahrhunderts mit seiner Kamera bannen und ihm wechselnde Namen verpassen. Gleich einem Maskenverleiher im Theatrum mundi wurde er nach dem Abgang der Akteure von der Bühne ihre Masken unter den jeweiligen Etiketten in der Theatergarderobe an den Nagel hängen: George Bernard Shaw und Charlie Chaplin, die russische Fürstin Youssupov und die Filmdiva Gloria Swanson, Thomas Mann und Gary Cooper als dunkel-geschmeidiger Puma … »Windfeuer« würde er eine Nackttänzerin namens Duncan nennen, ein unwirklich-wirkliches Elementargeschöpf in freier Natur. »Opium fürs Auge« würden seine Modedamen sein, photographische Inszenierungen, noch ganz der Hochglanzästhetik des Gilded Age verhaftet.

Nur zögerlich war Alfred Stieglitz in den beginnenden Jahrhundertjahren auf den modernistischen Kurs des jungen Edward Steichen eingeschwenkt. Noch tendierte sein privater Geschmack zu goldgerahmten Ölgemälden der älteren Schule. Cézanne-Aquarelle brachten ihn zum Lachen: »Leeres Papier, hier und da ein paar Farbkleckse«[24]. Unter Steichens zähem Drängen kam es in der Galerie 291 zum Amalgam des Künstlerischen in der Lichtbildnerei und des Antiphotographischen in der bildenden Kunst. Dann bestückten die Neuerer die olivgraue Leinwandbespannnung im kleinen Raum, verdrängten die symbolistischen Landschaftsgemälde, an denen das Herz des Galeristen noch hing. John Marin, Marsden Hartley und Arthur Dove wollten es mit dem vielgeschmähten Henri Matisse aufnehmen, dessen Präsentation 1908 angeblich 4000 Besucher anlockte. Stieglitz behauptete, in den Jahren 1905 bis 1912 seien es an die 167 000 gewesen: Kritiker und Hinterbänkler, philisterhafte Satiriker, versnobte Intellektuelle und auch die Förderer wie Agnes Ernst und Eugene Meyer, der Karikaturist Marius de Zayas, dessen Federzeichnung die ausgezehrten Züge des Neo-Impressionisten Marsden Hartley festhielt.

Letzterer freundete sich mit Gertrude Stein an und suchte, wie andere Künstler in den Vereinigten Staaten und in Europa, »visuelle Äquivalente für Steins literarische Explorationen«[25]. Diese »Objekt-Portraits« schlossen alles Figurative oder Physische des Modells aus, es ging allein um die Persönlichkeit und den Charakter, wobei kantige Objekte, Zahlengleichungen und Buchstaben, denen Picabia in seinen mechanischen Portraits Fetzen aus Versandkatalogen oder Annoncen neben

Maschinenteilen hinzufügte, als Kennzeichen dienten. Sein Abbild des deutschstämmigen Alfred Stieglitz bestand aus der Wiedergabe einer altmodischen Kodak, die sich auf das Wort »Ideal« in Frakturschrift richtete.[26] Marius de Zayas versah das Idealportrait seines Gönners und Freundes gleich mit zehn Kamera-Augenlinsen und allerlei mathematischem Abrakadabra. Politischen Cartoons und Gesellschaftssatiren von seiner Feder folgten, noch im Sinne der Karikatur, die »absoluten« oder »radikalen« Metamorphosen jener Personen, deren Psyche es verdiente, an die Oberfläche gehievt zu werden, »die Seele zu exponieren«, das innere Gesicht. Einem deutschen Offizier blieb es nicht erspart, sein Konterfei unter dem kühnen Pinsel von Marsden Hartley in einem ganz und gar verfremdeten Puzzle aus Buchstaben und militärischen Insignien auszumachen. »Abstraction« stand in grellen Lettern über dem Tummelplatz der jungen Künstler, deren Namen man noch anderswo – sieht man vom Stettheimer-Salon ab – begegnen wird.

Am 24. Januar 1913 schrieb Mabel Dodge einen Brief an Gertrude Stein: »Da wird eine Ausstellung kommen […], die wird das bedeutendste Ereignis seit der Unterzeichnung der Unabhängigkeitserklärung sein & und ist von gleicher Natur […] Es wird einen Aufstand geben & eine Revolution & danach werden die Dinge nicht mehr so sein wie vorher.«[27]

Am Abend des 17. Februar 1913 war die Lexington Avenue zwischen der 25. und 26. Straße verstopft mit Pferdekutschen und Automobilen, in den hohen schwarzen Karossen warteten Chauffeure in fußlangen, zottigen Pelzen auf ihre Herrschaften. 4000 Geladene drängten unter dem breitgeflügelten Adler, dem mythologischen Vogel der nordamerikanischen Indianer und Nationalsymbol, durch das Rundbogentor mit der weißen fahnenbreiten Verkündigungstafel: International Exhibition of Modern Art. Flankiert wurde der Eingang von den Postern rechts und links an Laternenpfählen: Association of American Painters and Sculptors – American & Foreign Art mit dem Signet einer Weißfichte, deren Zweige vielversprechend gen Himmel wiesen. Das Ereignis fand in der 69. Regiment Armory statt, einer riesigen Trainingshalle, wo freiwillige Rekruten für den Kriegsfall gedrillt wurden.

Jetzt fand die Einübung des Publikums – die Herren im Zylinder und die Damen in üppig mit Federn garnierten Ausgehhüten – in die Kunst der Moderne statt. Trompetenfanfaren und hochtönende Begrüßung: »Tonight will be the red-letter night in the history not only of American but of all modern art.«[28]

Poster wurden über die ganze Stadt verteilt, Ansteckplaketten, Zeitungsartikel bis nach Chicago lanciert, 50 000 Postkarten an die »Geschmacksbildner«[29] adressiert und überall diese Pinie aus der Flagge von Massachusetts, die während des Freiheitskrieges unter dem Motto »An Appeal to Heaven« aufs Schlachtfeld getragen wurde, das nun für die Armory Show in den Appell an »The Modern Spirit« verwandelt wurde. »Vielleicht wissen Sie mehr von der neuen Schau«, hatte Marsden Hartley schon im Januar an Getrude Stein geschrieben. »Die ›new spirit‹ Götter, wie allmächtig sie doch sind. Die Indianer sagten immer ›the great spirit‹, aber die New Yorker Indianer müssen einen ›neuen‹ erfinden.«[30] Die New Yorker seien schlimmer als Hinterwäldler und müßten belehrt werden, hatte sich der Rechtsanwalt John Quinn gegenüber der Association geäußert. Diese hatte unter den 1 300 Exponaten ein Drittel europäischen Meistern gewährt und diese auf weißem Plakat aufmarschieren lassen: AMONG THE GUESTS WILL BE – INGRES, DELACROIX, DEGAS, CÉZANNE, REDON, RENOIR, MONET, SEURAT, VAN GOGH, HODLER, SLEVOGT, JOHN, PRYDE, SICKERT, MAILLOL, BRANCUSI, LEHMBRUCK, BERNARD, MATISSE, MANET, SIGNAC, LAUTREC, CONDER, DENIS, RUSSELL, DUFY, BRAQUE, HERBIN, GLEIZES, SOUZA-CARDOZO, ZAK, DU CHAMP-VILLON, GAUGIN, ARCHIPENKO, BOURDELLE, C. DE SEGONZAC.

Das Überwiegen des Gallischen verteidigte Direktor Arthur B. Davis mit der schlichten Behauptung: »All modern art speaks French.«[31] Das hatte Alfred Stieglitz längst gewußt, und sah jetzt seinen Cézanne, seinen Matisse und seinen Picasso in dem eigens installierten großen Zirkuszelt der Armory. Man honorierte ihn als einen der Speerträger und ernannte ihn zum Ehrenvizepräsidenten. »Die trockenen Knochen einer toten Kunst rasseln, wie sie nie zuvor gerasselt haben. Die hoffnungsvolle Geburt einer neuen Kunst, die so unglaublich lebendig ist,

*Florine Stettheimer,* Sun, *1931*

vollbringt es.«[32] Lange Zeit hatte er diesen Kreuzzug geführt – aber der Sieg dünkte ihn bittersüß: »ein sensationeller Erfolg, möglicherweise primär ein Erfolg der Sensation«[33]. Seine Wunderkammer-Idee, die er für sich und die Eingeweihten in der Galerie 291 verwirklicht hatte, war für den Zeitraum eines Monats, also bis zum 15. März 1913, zu etwas Gigantischem angewachsen: der Ära eines neuen Kunstverstehens im Zeichen der Avantgarde. Früchte trug es erst in der nächsten Generation, das Gegenwartspublikum mußte einen Schock bewältigen.

Wohlgefühl zu erzeugen für die Genußbedürftigen und deren Geruchssinn zu schmeicheln, war die eine Überlegung. Tannenbäume, Stechwinden und Lorbeer ließ sich eine Bildhauerin für die zirzensisch dekorierte Festung einfallen – im Wert etwa einer ihren Orientperlen entsprechend, die sie in dreifach geschlungenem und lang herabhängenden Collier trug. Im Januar 1913 vor der Eröffnung hatte sich Gertrude Vanderbilt-Whitney (1875 – 1942) vom Modephotographen Baron Adolphe de Meyer für die Zeitschrift *Vogue* aufnehmen lassen: in einem persischen Kostüm mit großen, floralen Arabesken und dazu passender Diamantschließe auf dem Gürtelband. Dann wiederum erschien sie als eine hochgewachsene, hagergesichtige Mondäne ganz in Pariser Schwarz mit Fuchsstola und langschwänzigem Muff. Das ungeheure Vermögen der Vanderbilts erlaubte ihr als Urenkelin des »Commodore« den mäzenatischen Gestus. Die 22jährige angehende Plastikerin und Sammlerin hatte im Jahr 1907 ein Studio in Greenwich Village bezogen und Ausstellungen für den Colony Club organisiert, der von 1918 bis 1928 als Whitney Studio Club firmierte, bevor aus ihm 1930 das Whitney Museum of American Art hervorging. Hierhin gelangte Florine Stettheimers blühendes Gartenbildnis *Sun* (1931), das vermutlich auf dem Gould-Anwesen entstand, mit Blick auf einen himmelblauen Hudson River und einer im Vordergrund sich zum Dollarzeichen windenden Riesenschlange.

Gertrude Vanderbilt-Whitney erlangte wie nur eine Mary Cassat internationales Renommé dank ihrer Monumentalskulpturen für die Opfer des Ersten Weltkriegs. Im französischen Saint-Nazaire erhebt sich auf hohem Fels der Weißadler wie im Moment des Abflugs und wird den unbekannten amerikanischen Soldaten mit Flachhelm und Schwert im ausgestreckten Arm in die Wolken entschweben lassen. Ihre Bildhauerkunst hatte sie in Paris an der École des Beaux-Arts erlernt und war seit 1896 mit ihrem Kindheitsfreund Harry Payne Whitney vermählt; eine 19jährige, »eine der drei reichsten Erbinnen in der Welt«[34]. Die ererbten Vanderbilt-Gene hatten der überaus attraktiven und mit »brillant kühlem Charme«[35] begabten jungen Dame das sichere Gespür für das Zukunftsträchtige gegeben und ihren Sinn für die Avantgarde geschärft, wobei sie sich national auf die »American artists« beschränkte. Auf der Armory Show fand sie die von ihr wie schon von Stieglitz und Henry McBride Begünstigten: Marsden Hartley, Charles Demuth, Arthur Dove, Elie Nadelman und John Marin; manche gehörten bald zum Stettheimer-Kreis.

Man war vorsichtig zu Werk gegangen. Der Parcours begann mit alten Meistern »wie Ingres und Delacroix und den als modern erachteten Jean-Baptiste-Camille Corot und Éduard Manet«[36]. Dann folgten die Impressionisten: Edgar Degas, Claude Monet, Pierre-Auguste Renoir, Camille Pissaro. Einigen wenigen unter den Schaulustigen waren die Namen geläufig, die Motive der Freilichtmaler und ihr Pinselduktus – ein Déjà-vu-Erlebnis für die Europareisenden, die mutigeren Käufer mit der Spürnase in den Ateliers am Montparnasse oder dem Quartier Latin in Paris oder den kleinen Privatgalerien in New York. Louisine Havemeyer hatte bereits in den 1880er Jahren mit Paul Durand-Ruel, dem Pariser Kunsthändler und Vermittler der Modernen, dem Belachten einer neuen Schule, korrespondiert. Dieser hatte schon 1869 in der *Revue internationale de l'art et de la curiosité* seine Prinzipien dargelegt: »Ein guter Händler muß ein aufgeklärter *amateur* sein – bereit, wenn nötig, seine eigenen Interessen seinen künstlerischen Überzeugungen zu opfern, und er muß fähig sein, gegen Spekulanten zu kämpfen und sich nicht ihren Machenschaften zu beugen.«[37]

Darin stimmte er mit dem idealistischen Alfred Stieglitz überein. Das weitgehende Marktinteresse der Association of American Painters and Sculptors bekundet sich an der Auflistung der erzielten Preise: von der Endsumme der insgesamt 44 148 Dollar entfielen 30 491 auf Werke europäischer Herkuft und 13 675 Dollar auf die amerikanischer Künstler. Den höchsten Preis von 6 700 Dollar zahlte das Metropolitan Museum of Art für Cézannes *Colline des Pauvres* – es war das erste Werk des Franzosen in einer öffentlichen Sammlung. Es hatte sich wohl ausgezahlt, daß dem Symbolisten Odilon Redon eine Seitengalerie auf der Armory Show eingeräumt war: 7 056 Dollar stempelten ihn zum Publikumsliebling; Wilhelm Lehmbruck wurde mit 1 620 »the highest price paid for a sculpture«[38] zugestanden; vier Arbeiten von Marcel Duchamp wurden von dem Sammlerehepaar Walter und Louise Arensberg mit 972 Dollar honoriert.

Arensbergs Sinnen und Trachten richtete sich stets auf die »Avantgarde der Avantgarde«. Da er das wahre Neue suchte, »the truly new«[39], scheute er nicht vor der Schreckenskammer zurück. Die letzte Station des Parcours hielt einem zunehmend wütenderen Publikum die Kubisten vor Augen: Paul (sic) Picasso, Braque, Francis Picabia, dem Busenfreund Duchamps. Theodore Roosevelt, als Präsident der Vereinigten Staaten gerade von Woodrow Wilson abgelöst, mischte sich in den öffentlichen Streit: »Es gibt in meinem Badezimmer eine wirklich schöne Navajo-Matte, die jeder kubistischen Theorie nach ein zufriedenstellendes Bild abgibt. Wenn jetzt aus unerforschlichen Gründen jemandem einfiele, diese Matte als Bild zu bezeichnen, etwa das ›eines gutangezogenen Mannes, der eine Leiter heraufsteigt‹, würde dieser Name den Gegebenheiten genauso gerecht werden wie im Falle des kubistischen Gemäldes des *Naked man going downstairs.*«[40]

Der Scherz zielte auf Duchamps weiblichen, treppab steigenden Akt, dem die puritanische Gesinnung eine Männerhaut überstreifte. Das amerikanische Publikum quittierte das zum Schlüsselwerk der Armory und damit der Moderne avancierte Gemälde mit Gelächter. Dazu Henry McBride an Gertrude Stein: »In diesem Land der ländlichen Pädagogen und langgesichtigen Pastoren gilt lachen als frivol. Ich lache sehr viel (wie Sie auch). Ich lache wie ein Kind über das, was mir gefällt.

Amerikaner lachen in der Regel bitter über das, was sie hassen oder für unangebracht halten.«[41] Es wurde als unziemlich empfunden, einen Haufen zerbrochener Golfschläger oder Violinen ans Ende jahrtausendealter Venus-Variationen zu stellen. Vergeblich verwies Duchamp auf die ihn inspirierenden experimentellen Bewegungsstudien photographischer Art von Eadweard Muybridge und Étienne-Jules Marey, und daß seine »Methode analytischer und spirituell ironischer«[42] Natur sei. Witzbolde unter den Cartoonisten entfalteten ihre eigenen zeichnerischen Phantasien: »Seeing New York with a Cubist: The Rude Descending a Staircase«, womit das Menschengedränge der Rushhour in der Untergrundbahn gemeint war.[43] Auf die Frage, wo denn auf Duchamps Bild die Nackte sei, gab es nur die Gegenfrage nach dem Wo des Mondes in Beethovens *Mondscheinsonate ...*

Ein weiteres Werk in der Horrorkammer sorgte für Aufregung: Es war Constantin Brancusis Kopfskulptur einer lippenlosen *Mademoiselle Pogany* – ein Straußenei aus parischem Marmor mit sockelartig gedrehtem Hals. Duchamp war mit dem Begriff Metaphysik zur Hand: Brancusis Idee, dem Elementaren eine abstrakte Form zu geben und ein menschliches Modell als weißen Schatten wiedererstehen zu lassen, ihn so zu entmaterialisieren, stellte er in Beziehung zu fernöstlicher Philosophie. Kryptisch à la Duchamp heißt es: »Brancusi durchdringt die Substanz seines Materials und seiner Werke mit eben den Molekülen und Atomen, wie es die Chinesen taten.«[44] Von seiner *Princesse X* blieb nicht einmal eine Androgyne, sondern nur eine phallische Stele, und diese schockierte das Publikum im Horrorkabinett: »there is no left nor right, no front nor behind, no top nor bottom.«[45]

Diese verschiedenartigen Auffassungen des weiblichen Individuums – wer will da von Verkörperung sprechen, noch dazu mit den Signaturen so Ultramoderner wie Duchamp und Brancusi versehen – fügte Arensberg seiner Sammlung hinzu. *Nude Descending a Staircase,* hoch über einem behaglich dunklen Samtsofa und im Verbund mit afrikanischen Gottheiten und Wiedergaben des ewig Weiblichen in altmeisterlich erkennbarer wie nur im kubistischen Puzzle auszumachender

Gestalt, verlor im gutbürgerlichen Wohnraum den Ruch des Skandalösen. In der Privatsphäre umwob ihn die Aura der Freundschaft zwischen Sammler und Künstler. Noch drei Jahrzehnte später schrieb Arensberg an ihn: »Sometimes I think of you as the Unknown Soldier of the Cubist movement […] If you are the Unknown Soldier, let me be the silent guard.«[46]

Der stumme Wächter Walter Conrad Arensberg, privilegierter und vermögender Sohn eines Stahlmagnaten aus Pittsburgh, gehörte zur Harvard-Abschlussklasse von 1900. Eine große Photographie der *Mona Lisa,* der Duchamp 1919 auf einer Reproduktion einen zarten Bleistiftschnurrbart einzeichnete – wurde sein Leitstern über dem Studium der Literatur und Philosophie, der philosophischen Ästhetik eines Walter Pater. *La Gioconda* und die Italianità wurden ihm eins, wie Florenz und Dante, den er an dessen Geburtsort in gereimten Terzinen übertrug. Und er war selbst ein Poet, ein dilettierender Essayist, ein Herausgeber kurzlebiger Zeitschriften und später der Mäzen bedürftiger Autoren. Noch vor der bildenden Kunst wurde das Wort sein Medium. Er meisterte es elegant in den Übertragungen der Gedichte von Mallarmé, Laforgue und Verlaine. Da betätigte er sich schon als Kunstkritiker der *New York Post.*

Auch seine Ehefrau Louise war wohlhabend. Sie hatte Musik studiert, scheute aber vor einer Laufbahn als Sängerin zurück. Ihre Domäne blieb die »Belcanto-Oper bis hin zu Arnold Schönberg und Eric Satie«[47]. Das Ehepaar war 1914 von Cambridge, Massachusetts, nach New York gezogen, wo sie seit 1915 ihren Salon unter der Adresse 67. Street West Nr. 33 gleichsam auf der Vogelfluglinie zwischen dem Central Park West und dem Jüdischen Museum führten. Wenn es denn so etwas gibt wie die einer bestimmten Straße eigene Luft, so war es die gleiche, welche auch die Stettheimers einatmeten, als sie anno 1914 hier Fuß faßten. Und mit ihnen sogen die gemeinsamen Künstlerfreunde das eigentümliche Duftgemisch aus Blattlaub und Straßenstaub, Pferdedünsten und Benzinschwaden ein.

Natürlich sprachen nicht alle Besucher der Arensbergs das gleiche Idiom. Franzosen verständigten sich mit frankophilen Amerikanern,

*Florine Stettheimer,* Family Portrait Number 1, *1915*

*Florine Stettheimer,* Soirée/Studio Party, *1917–18*

*Florine Stettheimer*, La Fête à Duchamp, *1917*

*Gegenüber oben: Florine Stettheimer,* Picnic at Bedford Hills, *1918*
*Gegenüber unten: Florine Stettheimer,* Asbury Park South, *1920*
*Oben: Florine Stettheimer,* Music, *um 1920*

*Florine Stettheimer,* Portrait of Myself, *1923*

*Florine Stettheimer,* Portrait of My Sister Carrie W.
Stettheimer with Dollhouse, *1923*

*Florine Stettheimer,* Portrait of Ettie, *1923*

*Florine Stettheimer,* Portrait of My Mother, *1925*

*Florine Stettheimer,* Family Portrait Number 2, *1933*

*Florine Stettheimer,* Natatorium Undine, *1927*

*Florine Stettheimer,* Cathedrals of Broadway, *1929*

*Florine Stettheimer,* Cathedrals of Fifth Avenue, *1931*

*Florine Stettheimer,* Cathedrals of Wall Street, *1939*

*Florine Stettheimer,* Cathedrals of Art, *1942*

die Frankophoben und die Hypersensitiven englischer Zunge, zumal wenn sie Dichter waren wie William Carlos Williams, verschlossen aus Mißtrauen ihre Ohren vor Pariser Expatriierten. Marcel Duchamp hatte die Sprachbarriere überwunden: »Marcel at twenty-seven had the charm of an angel who spoke slang. When his face was still it was as blank as a death mask.«[48] Er war ein begehrter Schachspieler in Walter Arensbergs Studio und zügelte auch hierbei seine Emotionen, er fügte sich in keine »Künstlerstereotypie«[49], gab keine Theorien über das Wesen der Kunst zum besten, zeigte sich indifferent gegenüber konventionellen Moralvorstellungen. Es herrschte wohl eine gewisse Lockerheit in diesem Salon, wo sich der Begriff »New York-Dada« einschlich, vorerst unter der Hand, offiziell 1921, und wo Damen eine Bohème-Allüre zugesprochen wurde. Marcels Nebenbei-Geliebte, die Baronin Elsa von Freytag-Loringhoven, personifizierte gleichsam mit Haut und Haaren, was später die Essayistin Susan Sontag als »Radical Chic« ausrief. Sie war gänzlich mittellos, nachdem ihr Ehemann 1914 als Reaktion auf den »organisierten Brudermord«[50] im heimatlichen Deutschland den Freitod gewählt hatte: »the noblest deed of his life«[51]. Manche hielten sie für schizophren. Sie posierte, da war sie schon über vierzig, als Aktmodell und rasierte 1921 in einer Filmaufnahme von Man Ray »her pubic hair«; ihre sehnigen Beine formten ein großes A im Wort America oder Art und gleich doppelt in Dada. Aus dem New Yorker Ritz zog sie ins Greenwich Village. Ihr Haupt war rasiert oder zur Hälfte und zinnoberrot gelackt; ihr Hut war eine Kohlenschaufel, ein französischer Soldatenhelm, ein Lichterkuchen. Püppchen und ausgestopfte Vögel baumelten an geschickt selbstgeschneiderten Kostümen. Freunde wunderten sich über die multiple Verwendbarkeit der Gebrauchsartikel. Einmal zerriß sie ein Zeitungsbild von Duchamps *Nude* und rieb die Fetzen auf ihrer Haut, als seien sie »ein Aphrodisiakum. Sie dichtete ihn an und sang bei den Arensbergs mit gutturaler Stimme: ›Marcel, Marcel, I love you like Hell, Marcel.‹«[52] Die Baronin trat gleichsam als lebendiges Readymade in Erscheinung und erfüllte die Forderung der Avantgardisten nach dem Bluff.

»Für eine Gruppe, die nach Anarchie trachtete, besaß New York-Dada alle Elemente einer Organisation. Man Ray war ihr amerikanischer Künstler-Chef; Francis Picabia ihr Chef-Gesetzesbrecher, Baroness Elsa von Freytag-Loringhoven und Arthur Cravan [Boxer, Künstler und Provokateur, Anm. d. Ü.] ihre ikonischen Figuren; Walter Arensberg ihr Oberhaupt; und Katherine Dreier die Gründerin der Institution. Über ihnen präsidierte, ohne anscheinend überhaupt zu präsidieren, Marcel Duchamp.«[53]

Katherine Dreier hatte den Arensberg-Salon als die andere »Teutonin« am Arm von Duchamp betreten, sie war von bürgerlicher Prägung und zog die wachsende Eifersucht Henrietta Stettheimers auf sich, der Florine darin nicht nachstand. Sie war blutsmäßig deutsch, wie die Schwestern, sie führte ihre Mission mit eisernem Willen durch: »Ich bin die Reinkarnation von Friedrich Barbarossa«[54] – eine malende Sammlerin, die den Moment ihrer Inspiration auf der Kölner Sonderbund-Ausstellung von 1912 fand, der revolutionären Vorwegnahme der Armory Show. Ihr Zugang zur Moderne war vorerst zurückhaltend. Sie erwarb eine Lithographie von Rodin (25 Dollar) und einen Druck von Gauguin (13 Dollar) und erwartete den Verkauf ihrer eigenen, noch nicht sehr gewagten Stilleben. Die den Künstlern entgegenwallende Häme bewirkte in ihr Sympathie und Hilfsbereitschaft für die als »Scharlatane und Degenerierte«[55] Gebranntmarkten. In ihr reifte die Idee eines Museums für moderne amerikanische Kunst, und am 29. April 1920 gründete sie zusammen mit Duchamp und Man Ray das erste Haus in den Vereinigten Staaten zur Förderung der modernen Kunst: Société Anonyme, Incorporated. Florine Stettheimer gehörte zu den Gründungsmitgliedern des Museums, stellte aber dort keines ihrer Werke aus. »Traditions are beautiful – but to create – not to follow«[56] lautete das von Franz Marc adaptierte Motto und Man Rays Logo war der weißäugige Pferdekopf des Blauen Reiter.

Der traditionell europäische Salon der Arensbergs war eine der vielen Drehscheiben, auf denen diese Avantgardisten rotierten wie auf Duchamps motorbetriebenen *Rotative Plaque verre*. Es ging weniger üppig zu als bei den Stettheimers, weniger formell als bei Mabel Dodge. Ein Dutzend Gäste nach dem Dinner oder Theater, nicht im Abendanzug, die Damen nicht nach dem Dresscode von Greenwich Village, sondern im noch vorgeschriebenem Kleid ohne modische Extravaganz. An Whiskey für eine belebte Diskussion oder einem ausgetüftelten Schachspiel herrschte kein Mangel, nach Mitternacht servierte Louise Arensberg zur Beschwichtigung der Magensäfte Reispudding und Schokoladeneclairs. Kam sie spät von der Oper, setzte sie sich manchmal noch an den Flügel. Es war, als belebe sich mit einenmal eine Tuschzeichnung von Duchamp wie ein chinesisches Schattenspiel: *Chamber Music* (1909/10). Zwei Damen in Schwarz; die im Herrenanzug erklärt den französischen Titel: *Caleçons de musique*. Unterschwellig so erotisch wie das elegante Duo am Flügel, das den Flirt illustrieren soll und mit Anzüglichkeiten gespickt und auf das Jahr 1907 datiert ist. Freie Liebe geisterte als Wortblase um die Häupter der Disputierenden im Salon. Auf ihrem Sofaplatz meditierte Louise Arensberg über ihre und ihres Gatten Rolle als Katalysatoren all der Romanzen, die sich bei ihnen anbahnten oder auflösten. Umnebelt von Zigarettenrauch versuchte man sich an Analysen nächtlicher Träume oder der Künstlerpersönlichkeiten hinter ihren Leinwänden. Arensberg, so zerstreut wie hellwach, »sprang mühelos«[57] von Dante zur vierten Dimension. Er verkörperte den Europa reflektierenden Geist von Harvard, verlor auf der Achse Poesie und Kunst nie sein Gleichgewicht. Die Wurzeln seines Kunstverstehens waren literarischer oder philosophischer Natur. Das erlaubte ihm im Salon Eskapaden wie etwa die Wahrsagerei oder Fragespiele. Er verfolgte jedoch konsequent sein Anliegen und gründete nach 1916 The Society of Independant Artists, ohne Jury und ohne Preisverteilung. Florine Stettheimer fand hier ein Forum. Bei der ersten Jahresausstellung figurierte sie am Ende der 2 500 Arbeiten umfassenden Präsentation, denn Duchamp hatte eine alphabetische Hängung vorgenommen.

Im Jahr 1920 verließen die Arensbergs New York und ließen sich in Kalifornien nieder. Ihre Künstlerfreunde wechselten zu den Stetties über.

# Freunde und Paare im Kreis der Stettheimer-Schwestern am Alwyn Court

Gewaltig große, gekrümmte Reptilien bewachen den Eingang zum Alwyn Court. Es sind in Zement gegossene Amphibien, Rippenmolche oder Salamander, an einer Renaissancefassade des späten 19. Jahrhunderts. Baugeschichte und mehr noch die Naturhistorie verweigern jeglicher Moderne, jeglicher Avantgarde den Eintritt ins Innere des prachtvollen Gebäudes. Sie zwingen zum Nachdenken über die New Yorker Architektur im Stil der Loire-Schlösser aus der Zeit von König François I. und regen an zum Nachblättern in Folianten der *Histoire Naturelle,* um dort den Stammbaum der zwei Fassadenbewacher ausfindig zu machen: Die noch heute überlebenden Brückenechsen (rarissima in den zoologischen Gärten Europas) soll es schon vor 225 Millionen Jahren gegeben haben. Dem Spielwerk der Moderne, des Heute, verweigern sich die heraldischen Tiere, verharren in steinerner Gelassenheit an der Fassade von Alwyn Court. Einer aus dem Kreise der Stettheimers, Carl Van Vechten, gab ihnen auf seiner Photographie die durch Licht und Schatten erzielte Dreidimensionalität – hatte er nicht als Kind, wie er in seinen *Sacred and Profane Memories* schreibt, seine Familie an Chamäleons und Alligatoren gewöhnt? Er widmete das Buch den Stettheimer-Schwestern.[1]

Florine zauberte 1927 eines der beiden Reptilien ins *Natatorium Undine,* ein limonadenrosanes Schwimmtier, und sie als blasse Venus im Schmuck ihrer Perlen auf ihm ruhend. Mythos und Naturgeschichte spiegeln sich im Freizeitvergnügen wider. Zierlich-zarte Sportler und Sportlerinnen in gymnastischen Posen, spreizen und biegen sich, als seien sie eben einem Meerwasseraquarium entstiegen und hätten dort ihre Amphibienhäute zurückgelassen. Mit ihnen gelangten Medusen, Seeanemonen, Quallen und Polypen an die Wasseroberfläche; ein absinthgrüner Dinosaurier hängt senkrecht an einer Angel. Dies sind gemalte Erinnerungen an die Parisjahre der Künstlerin, an den Jardin d'Acclimatisation und das Musée Gustave Moreau und seinen symbolistischen Malerpoeten, der manch Schillerndes aus dem Aquarium herausfischte und seinen mythologischen Wasserfeen um die Glieder wand. Ebenso läßt sich Undines *Natatorium* als eine Hommage an Manhattans maritime Vergangenheit verstehen, als diese Halbinsel im Mündungsgebiet des Hudson noch von Flüßchen oder Bächen durchzogen war und über 80 Fischarten die nötige Nahrung spendete.

Im unaufhaltsamen Zeitenstrom mitschwimmend, erreichten Caroline, Florine und Henrietta ein Stadium, da sie sich zwar immer noch als Misses ausgaben, aber doch in ihren mittleren und späten 50er Jahren der Bezeichnung »matron« näherten. Sie verließen ihre bisherige Residenz an der 76. Straße und zogen, noch näher am Central Park South, um 1926 an die Ecke der 58. Straße und Seventh Avenue in den Prachtbau des Alwyn Court. »Château Stettheimer«, sagte Van Vechten, wenn er in das Sanktuarium eintrat und an seine Pariser Sommerwochen zurückdachte, damals kurz vor Kriegsausbruch anno 1914, als der Musikkritiker für New Yorker Zeitungen im Cabaret Moulin de la Galette melancholischen Musette-Weisen lauschte. Überdies war er gebildet genug, seinen Visionen von jenseits der Kaschemme nachzuhängen: »I seemed to remember having read somewhere that the ladies at the court of Louis XIV. played the musette, which is French for bagpipes.«[2]

Sicher hatte er die Versailler Räumlichkeiten in Glanz und Gold vor Augen, sowie die höfischen musizierenden Damen als akustische Phantasmagorie präsent, als er den Stettheimer-Salon betrat: »It was like a room in a royal palace.«[3] Diese Vorstellung fügte sich in sein Bild von New York City, wo die Public Library den historisierenden Flaneur ins »Kaiserliche Rom«[4] versetzt, die Millionärsvillen an der Fifth-Avenue ihn die Loire-Schlösser erwandern lassen wie die Kolonnaden von Sankt Peter, die er streift, wenn er an die der Manhattan Bridge gelange. Hie und da der Campanile von Venedig und das Taj Mahal als vage Silhouette hinter der »lovely eighteenth-century City Hall«[5].

Im Alwyn Court-Château bestaunte der Freund den französischen Geschmack an Vergoldungen, an gerafften roten Taftvorhängen, Damastdecken und antiken, weißbestickten italienischen Altartüchern als Tischdekor. Kristallene Lüster und Blumenschalen, Aubusson-Teppi-

*Der Salon der Stettheimers am Alwyn Court*

che, Samtpolster, ein Überfluß an Fransen – hier regierten Königin Marie-Antoinette und Baronin Betty de Rothschild; sie behaupteten ihre Gültigkeit in Dingen eines aristokratischen Geschmacks und verbündeten sich heimlich mit den beiden reptilienhaften Eingangsbewachern an der Fassade des Alwyn Court. Der offensichtliche Anachronismus, der Zusammenprall von Vergangenheitsrelikten, zäh und museal, mit dem schrillen, schrägen »New York at last grown young with noise and color and light and jazz«[6], wie Florine dichtete, dieser Widerspruch wurde den intellektuellen Bohemiens unter den Besuchern zum Stimulans.

»Carl-Carlo« fühlte sich in seine eigene Vergangenheit zurückversetzt, seine Kinderzeit, da er nicht genug in den Journalen seiner Mutter herumblättern konnte, *The Woman's Journal, Harper's Weekly*... Und einmal brachte sie ihm einen ganzen Stapel von *Goodey's Lady's Books*, die Serie von anno 1868, da war er noch nicht auf der Welt; und die von Hand kolorierten Modekupfer entzückten ihn. Er schnitt sie aus, und die Figurinen »in their purple, green, and rose elegance«[7] spielten ihm Theaterszenen vor, Salonstücke. So sehr verbanden sich in ihm Wort und Bild zu einer Einheit, daß er als Sechsjähriger beim Betrachten dieser so herrlichen Periodika in Tränen ausbrach: »Some day I'll grow up and begin to like magazines without pictures.«[8]

So sollte es kommen. Carl Van Vechten (1880–1964) aus Iowa, geboren in Cedar Rapids, wuchs heran zum Mann des Wortes. Er hätte es so beschreiben mögen wie Marcel Proust in seinen Erinnerungen *Sur la Lecture,* die köstlichen, über einem Lieblingsbuch verbrachten Kinderstunden. Und ähnlich wie der Knabe Marcel in einem altmodisch bestickten Sessel kauernd oder hinter einem Haselstrauch hockend vom Inhalt her ähnlicher Lektüre das eigene, nach Abenteuern begierige Ich anvertrauend. Nur waren es anderssprachige Helden; statt des heroischen *Capitaine Fracasse* von Théophile Gautier gab es für unseren jungen Vogeleierdieb und Sammler von Briefmarken und Zigarettenbildern – am besten solche mit koketten Aktricen en vogue (Marcel nicht fremd) – den *Yankee Doodle.* Die Leseorgien des kleinen Carl umfaßten *The Swiss Family Robinson,* den von Gustave Doré illustrierten *Baron Münchhausen* und, zum Ärger seines Vaters, den trivialen *Nick Carter and Golden Days.* Über die goldenen Tage der gleichsam literarischen Kindheit legte sich der Tausendundeine-Nacht-Zauber, *The Arabian Nights* in einer gekürzten Fassung. In dieser Version ad usum delphini wurde sie dem Ich in Marcel Prousts Roman von der Suche nach der verlorenen Zeit von Mama vorgelesen, die alle verfänglichen Stellen übersprang. Wo Proust seiner jugendschönen jüdischen Mutter lange Passagen widmet, begnügt sich Van Vechten mit einer Handvoll aus einer Souvenirschachtel hervorgezogenen und mit Untertexten versehenen Daguerreotypien. Er war schon ein 40jähriger Schriftsteller, als er in seinem viktorianischen Wohnzimmer vor dem Kamin saß und das ovale Portraitmedaillon seiner Mutter studierte: »so like a belle of the Second Empire«[9]. In dieser modischen Rüschenhaube, die Éduard Manet 1862 in den Pariser Tuileriengärten seinen dort der Musik lauschenden Damen vom Kopf nahm und den Ateliermodellen aufsetzte, bevor er sie auf die Leinwand brachte. *My mother's bonnet,* mit schwarzer Spitze getrimmt, das Schleifenband unter der Stirn und dann dieser türkisch gemusterte Schal, ihre Amethyste und Topaze auf schmalen Broschen … Mrs. Van Vechten hielt in den Frauenclubs des Staates Iowa Vorträge über Orientteppiche und trug auch zur Verbesserung des waltenden Geschmacks in Dingen häuslichen Dekors bei. Sie richtete eine öffentliche Bücherei ein und sicherte sie mit Hilfe von Carnegie finanziell ab, noch bevor Staat und Stadtverwaltung dieser Einrichtung Dauer gewährten. Sie hatte ein College besucht, und wiewohl sie nie eine Rolle in der Öffentlichkeit spielen wollte, befürwortete sie die Suffragettenbewegung, als diese noch ganz unpopulär war. *Harper's Weekly* und *Atlantic Monthly* lagen auf dem Tisch neben den Notenblättern von Chopin und wurden von Kinderaugen beäugt, von Kinderhänden durchblättert. »Meine ganze frühe Existenz kreiste um sie.«[10] Mit diesem Satz schrieb sich Carl Van Vechten sein Eintrittsbillett bei den Proust-Leserinnen vom New Yorker Faubourg Saint-Germain.

Und dazu diese Bilder der willentlichen Erinnerungen an die Gründerin der Free Public Library, die nur durch den Lesehunger ihres Sohnes auf diese Idee verfallen sei; er bewahrte sie in einer blechernen Souvenirschachtel auf, wie dieses Fragment eines Hochzeitskleids aus braunem Taft, mit Blütenzweigen bestickt, das Mrs. Van Vechten zur Hochzeit ihrer Tochter wieder anlegte. Aus der unwillentlichen Erinnerung, Prousts »mémoire involontaire«, stieg Lavendelduft aus den Falten, aus dem Seidenpapier; der haftete noch nach Jahrzehnten an dem Besucher im Stettheimer-Salon. An dieser Stätte der tradierten Mutterverehrung vernahm man gern Geschichten, die so begannen: »My mother seldom went into the kitchen«[11], und ging sie doch, so nur, um Anweisungen zu geben, denn sie war Herrin über die Geheimnisse der althergebrachten amerikanischen Küche: Indian Pudding oder würziges Weizenbrot. Solche Rezepte mochte Carl Van Vechten zu Ohren Caroline Stettheimers bringen, denn sie war eine ausgepichte Kennerin einer speziellen Art von Haute Cuisine.

Auch nach dem Umzug an den Alwyn Court blieb man einer gewissen Routine treu. Hatte Henrietta auch die frühere West-End-Residenz als einen »Wartesaal zweiter Klasse«[12] abgetan, so verstand Florine es als Aufforderung zu einer phantastischen Bühnendekoration für ihre und ihrer Schwestern Salon-Inszenierungen. Dem klugen Carl Van Vechten dünkte diese überelegante Ausstattung weniger eine Wiedererschaffung der europäischen Wohnsitze seiner Freundinnen, als vielmehr ein »camp joke«, eine Parodie auf den theatralisch-königlichen Wohnstil im Deutschen Reich. Natürlich fühlten sich die europäischen Expatriierten in diesem Ambiente zu Hause. Die Pariser wie die europhilen Amerikaner spielten, in den Worten Henry McBrides, »The personae gratae to the house«.

Bei den Zusammenkünften zum intimen Abendessen um halb acht oder zum größeren Empfang nach neun Uhr richtete sich aller Aufmerksamkeit auf Mrs. Rosetta Walter Stettheimer. Gekleidet in Schwarz, in Spitzen, an einem Tischchen die Karten für Patiencen sortierend. Wiewohl viele Dienstboten, auch deutsche, im Hause tätig waren, blieb stets eine Tochter in ihrer Nähe; nie wieder sollte sich »Mother-Dear« verlassen fühlen. Die Habitués der Stettheimer-Soireen nahmen die weibliche Familie gleich doppelt wahr: auf den Familienportraits und in ihrer Lebendgestalt, die freilich, was die Schwestern angeht, in gewisser Weise abwich von dem idealisierten Bilde jugendlich-reizvoller Schönheit.

Sie trugen den Kopf hoch. Sie betrieben Camouflage. Caroline in der neuesten Pariser Couture, Henrietta in Brokatkleidern und einer roten Perücke. Florine glitt in ihren weiten Haremshosen und schwarzsamtener Künstlerkappe durch die Räume. Ihr Party-Gebaren, das zwischen Mäuschenstille und leislachender Koboldhaftigkeit oszillierte, gab Henry McBride den Gedanken ein, sie schiene oft eher »ein flüchtiger Gast zu sein, denn einer der Genien dieses Ortes, der sie zweifellos war. Ihre spröde Haltung fiel unveränderbar ins Gewicht.«[13] Von Snobismus sprachen einige, von Kälte, die ihr Freund Marsden Hartley jedoch einer vornehmen Zurückhaltung zuschrieb. Van Vechten notierte im Vorwort zur Biographie von Parker Tyler – er nannte es »Prä-

*Florine Stettheimer,* Portrait of Carl Van Vechten, *1922*

ludium in Form eines Eichhörnchenkäfigs aus Zellophan«[14] – seinen Richtspruch: »Sie flößte weder Liebe noch Zuneigung ein, nicht einmal warme Freundschaftsgefühle, aber sie entlockte einem ein Interesse, Respekt, Bewunderung, und Begeisterung für ihr Werk.«[15]

Doch sie sprach sie als Freunde an, und man weiß nicht, ob es nur so obenhin gemeint war. Sie malte die Portraits dieser Freunde und zugleich Ausschnitte aus deren Leben. Sie war immer eine Zuhörerin gewesen im Salon, und eine Beobachterin. Selten zielte sie auf physiognomische Ähnlichkeit, und so wie »Sicht Einsicht wurde«, bezeugen die Bildnisse, die sie von ihrer Clique schuf, eher eine »intellektuelle denn visuelle Realität«.[16] Symbole für Lebensstationen nahmen Erzählcharakter an, so als ob das dargestellte Individuum für sich allein genommen nicht genügend Aussagekraft besäße. Sie imaginierte eine ganze Galerie von Herrenbildnissen in ganzer Figur, so als parodiere sie das von der Kunstgeschichte gefeierte, ja geheiligte Genre. Sie erlaubte sich verspielte Variationen in surrealistischer Manier vor allem in der Körperhaltung ihrer Modelle; aus den manierierten Varianten des zeitgenössischen Surrealismus sprach zugleich die Nähe zur naiven Malerei, aber auch der American *folk art*. Kunst für Kind gebliebene Erwachsene, die sich amüsiert über Bilderbuchseiten beugen. Die Kenner unter ihnen murmeln »Oh! Whistler! Oh! Singer Sargent!« angesichts dieser schlanken Silhouetten, die so sehr an die überlang gewachsenen Repräsentanten des Gilded Age erinnern. Nun unterzog Miss Stettheimer sie noch einmal dieser Prozedur der Längung ihrer Gliedmaßen, die in entfleischten Unterschenkeln und winzig spitzen Porzellanpuppenfüßchen enden.

Das *Portrait of Carl Van Vechten* von 1922 beweist diese dennoch ausgeklügelte Raffinesse. Ein Preziöser, ein Gezierter im Anzug, der ihm so eng ansitzt wie eine tiefschwarze Haut. Umgeben von den Insignien seiner Vita: die Bücher, die Bilder, das Piano, die Schreibmaschine mit dem Namenszug der Künstlerin auf den Tasten und dem Datum – all das zu Füßen, truthahnroten Vogelbeinen untergeschoben, des bleichgesichtigen Mannes. Seine Katzen! Seine Liebe zu ihnen reicht zurück in die Kindertage, da er – »deprived of dogs and cats«[17] – die Gestromten, Getigerten aus Druckbuchstaben herausgezogen hatte wie aus einem Katzenkäfig, dem zeitweiligen Gitterstab-Gefängnis für seine Lieblingskatze Feathers. Er entdeckte sie, er war schon ein Schriftsteller und hatte soeben *The Tiger in the House* beendet, als winziges Kätzchen in einer Tierhandlung, wo sie »mit zehn oder zwölf Gefährten, Blutsverwandten, herumtollte und rollte wie andalusische Tänzer oder Miniaturharlekine«[18]. So weit hatte also seine durch Kindertränen angereicherte Lektüre von *Puss-Cat-Mew* auf ihn eingewirkt.[19]

Für Carl-Carlos Schriftstellerportrait mit Katzen als gleichsam heraldischen Tieren männlicher Intellektueller – es sei an Baudelaire gedacht, an Ernst Jünger mit seiner Siamprinzessin, an T. S. Eliot mit seinem *Old Possum's Book of Practical Cats* –, für dieses Freundesbild hatte die Malerin zwei aus der Menagerie aller möglichen Fellwesen herausgefischt. Fahlgelb und platt wie ein Kissen auf drei Folianten ruht vermutlich Feathers[20] und im Hintergrund in Tänzerpose ein »black devil«. Ein versteckter Hinweis auf Van Vechtens rühmlichen Einsatz für afroamerikanische Sänger, Musiker und Tänzer. Zur Entstehungszeit des so viel erzählenden Bildes lief am Broadway die erste von Schwarzen inszenierte Revue: Noble Sissle und Eubie Blake brachten sie auf die Bühne. Ein Chorusgirl im weißen Zylinder hieß Josephine Baker, sie war 16. Auch Paul Robeson machte *Shuffle Along* als Sänger und Schauspieler berühmt.[21] Als er 1930 in London als Othello auftrat, wirkte er wie ein Aphrodisiakum. Englische Damen aus großen Häusern, wie Lady Mountbatten und Nancy Cunard, ließen in Zeitungen Widerrufe abdrucken. Die überaus reiche Erbin mit dem Namen der Schifffahrtslinie bediente ihre eigene Handpresse für die Anthologie *Negro*. Aus einer Photographie, die Cecil Beaton von ihr gemacht hat, lassen die Elfenbeinreifen an beiden Armen ein leises Klappern wie ein fernes Echo aus einem Kraal heraushören. Das Sammeln von Stammeskunst kam bei den Außenseitern in Mode, aber auch bei denen, die den Begriff Rassismus fürchteten, weil sie wie Helena Rubinstein jüdisch waren. Ihr gehörte die große Holzfigur einer tanzenden Bangwa-Königin aus Kamerun, eine singende Erdpriesterin, Hals und Gelenke in Elfenbeinreifen und in der Hand eine Rassel. Ihre Ablichtung verstand Man Ray als seinen Beitrag zur »art nègre«; die Maskenantlitze zweier Kontinente auf der photographischen Studie *Noire et Blanche* verschmelzen zu einem einzigen Objekt der Kontemplation.

Der tanzenden Priester-Königin vom Hochplateau des Kameruner Graslandes widerfuhr eine kulturelle Profanierung: Über den Umweg gewisser Adaptionen seitens der Kubisten, der Surrealisten und Dadaisten, der Künstler und Graphiker des Art déco, gelangte sie auf die Bühnen am Broadway. Und dort in multipler Gestalt und Schattierung der Haut war sie nicht mehr gebannt in diese einzige Pose der gekrümmten Knie, die eine Josephine Baker sekundenweise nachahmte, sondern in schwungvollem Schleudern von Armen und Beinen. Und was hatte nun Florine Stettheimer von der Lithographieserie *Le Tumulte Noir* (1927) für ihre eigene Interpretation von »Jazz-and-Dance-and-Chocolate Dandies« schon vorweggenommen? Im Zentrum der Szenerie von *Asbury Park South* (1920) entfaltet ein dunkelhäutiges Tänzerpaar seine choreographisch gezügelte Energie. Modisch gekleidete Schwarze schauen ihnen zu, und von einer Estrade blickt Carl Van Vechten auf diese seine Auserwählten. Er suchte sie in den Nachtclubs von Harlem auf; aus ihren Songs destillierte er die Essenz ihres stolzen Seinsgefühls in der Gebrochenheit des Wissens um ihren sozialen Rang und ihre kulturelle Unterlegenheit. Darüber schrieb er 1926 in seinem Roman *Nigger Heaven* (der diffamierende, aber durchaus gebräuchliche Terminus in Verbindung mit dem Wort »Himmel« war ein im Broadwayjargon gängiger Slangausdruck für die »topmost gallery in theaters«[22], wo Farbige zugelassen wurden). »Reichtum und Authentizität der Harlem-Gesellschaft und die Schwierigkeit der Afroamerikaner beim Versuch, in die Sphäre der Weißen einzudringen«[23] – das Hauptanliegen des Romans – waren eine Realität, die weit entfernt war von jener des ästhetischen Gefallens von Stammeskunst und Exotismus.

Florine bedankte sich für ihr Widmungsexemplar mit einem Gedicht: »Dear Carlo, this is to you in admiration of your courage.«[24] Verse im Rhytmus des Blues der schwarzen Baumwollpflücker:

| | |
|---|---|
| Darling Moses | Holy Moses |
| Your black Chillun [Children] | Lead us on |
| Are floundering | To Happyland |
| In the sea. | We'll follow |
| Gentle Moses | Thee.[25] |
| The waves don't part | |
| To let us travel free. | |

Florines Empathie wahrte dennoch eine respektvolle Distanz zu dem, was die spätere Nobelpreisträgerin Toni Morrison 1992 als »not the self«[26] bezeichnen sollte: »Amerikanischer Afrikanismus – ein hergestelltes Gebräu aus Dunkelsein, Anderssein, Schrecken, und drängender Begierde, die einzigartig amerikanisch war.«[27] In einem Brief an Carl Van Vechten erzählt Florine von dem farbigen Liftboy in ihrer Residenz in Atlantic City, ein Poet, und als solcher so amüsant wie die schwarze Köchin mit ihren Kohlezeichnungen. Die ihr von Carlo zugesandten Blätter wollte sie nicht behalten.

Alfred Stieglitz hatte erstmals im November in seiner Galerie 291 die bizarren Artefakte der sogenannten »folk art« oder »primitive culture« ausgestellt: African Savage Art. Lexikalisch ist »savage, sauvage«, lateinisch »salvaticus«, verknüpft mit »savage forest, savage tribe« sowie »savage tiger«. Urwald, Ureinwohner, wilde Volksstämme im Dschungel. Und der wilde Tiger geistert schon lange vor dem Zöllner Rousseau als Projektion eines inneren afrikanischen Kontinents durch die bildende Kunst – von Shakespeare ist es ein Tigersprung zu dem Amerikaner Edgar Rice Burroughs, dessen Tarzanroman anno 1912 erschien. Der Abenteuerschmöker rührt an Mythen und Atavismen, die an ein vorzeitliches Unbewußtsein gemahnen, was sie wiederum mit dem Anliegen der African Savage Art verbindet.

Wie so viele Zivilisationsmüde bereiste Carl Van Vechten Schwarzafrika in Gedanken; und die Souvenirs, die er von dort mitbrachte und seinen Sammlungen einverleibte, Ethnologica, vor allem Musikinstrumente, mochte er, der Kosmopolit, in den Hafenstädten erworben haben. Magie verspüren beim Berühren der Hölzer, der getrockneten und über die Tam-Tams gespannten Tierhäute – ein Knistern wie von elektrischen Funken verspüren beim Streichen über ein warmes Tierfell und darunter sprungbereite Muskeln fühlen, »a handful of bowls«, eine Handvoll Kugeln. Carl Van Vechten schon ein würdiger Herr im Hut, ein Ehrendoktor der Fisk University in Tennessee, wo Schwarze studierten und kulturelle Assimilation anstrebten, sitzt im Korbstuhl und läßt sich 1930 in Berlin mit einem jungen Löwen photographieren. Er hatte ein paar Seiten verfaßt über *Puss in Books,* über seine Lieblingskatze Feathers und ihr tiefes Verstehen füreinander; da war alles erlaubt, auch das Herumturnen auf den Klaviertasten morgens früh um drei Uhr ... Hier bot ihm T. S. Eliot Paroli mit seinen Reflexionen über »das Rohe und Sterile in der Beziehung zwischen Mann und Frau – ganz im Gegensatz zu der Zartheit im Verhältnis vom Manne zur Katze«[28]. Florine Stettheimer beweist ihren Sarkasmus ...

Wissend um die Allgegenwart von Katzen in Carlos Erzählungen pinselte sie 1924 diese Gouache als *Birthday Bouquet for Carl Van Vechten*: ein florales Gebinde aus Katzenaugen und sich schlängelnden Katzenschwänzen.

> ... You big man with cat's eyes
> You collect cats' tails
> From men and women
> And bunch them together
> And give them to other men & women
> I am one of them and thank you.[29]

Der verfängliche Gleichlaut von »tale« und »tail« versteht sich als eine Anspielung auf unverhohlene Neigungen eines – im Proust'schen Sinne – Invertierten. Von daher verlief seine zweite Ehe stürmisch. Der Buchtitel *The Tiger in the House* meint in Wahrheit eine Tigerin. Sollte damit Fania Marinoff gemeint sein, eine Schauspielerin, Chansonette, wäre der Vergleich mit La Tigresse – so die Überschrift eines Kapitels seiner Memoiren – aus der Seemannskaschemme in Toulon geradezu absurd.[30] Es sei denn, man lese aus dem Bild jener wilden Frau mit den Goldzähnen und dem göttlichen Lächeln – wahrlich »divine«[31] und obendrein eine Sängerin – die Misogynie des Betrachters. Sollte diese Feindseligkeit auf die reizvolle Fania projiziert sein, die Tigerin in seinem Haus, wirft das Fragen auf, die ohne Antwort bleiben. Die kurze Begebenheit in der Matrosenkneipe nahe dem Quai de Cronstadt, wo alles nach Mittelmeer roch, ist den geheiligten und den profanen Erinnerungen des Schriftstellers eingefügt. Frankreich erlebte den Großen Krieg, Van Vechten gelang die Flucht in die Vereinigten Staaten, und noch im Jahr 1914 bezwang ihn die kleine russische Tigerkatze Fania. Sein leidenschaftliches Werben um sie, »a Persian pussy«[32], vollzog sich in der Geschwindigkeit einer animalischen Paarung. Für die Momente vor der Kamera stoppten die Explosionen; Carlo and »Carlo's wife«, wie die Freunde so sagten, weil sie ganz in seinem Schatten stand, für diese halb trügerischen halb wahren Augenblicke, mimte das Ehepaar zärtliches Miteinander. Die Köpfe aneinander geschmiegt, wie es Raubkatzen in freier Wildnis tun, wo immer das Weibchen den Hals schräg hält.

Diese Pose der Anlehnungsbedürftigen übernahmen die Film-Diven, selbst Zigarettenbildchen machten dafür Reklame. Florines Ansicht vom Amüsierpark *Asbury* mit diesen Figürchen, die sich als Zeichen interpretieren lassen, als menschliche »Hieroglyphen«[33], so Parker Tyler, verweist auf das kreatürliche Verhaltensmodell. Fania, in einen spanischen Schal drapiert, kokett an den Arm des Begleiters gelehnt, nur ist es nicht der katzenäugige »Snake-charmer«[34], wie Florine ihn apostrophiert, sondern ein zurückweichender, bläßlicher Marcel Duchamp.

Lebensstationen fügen sich zu melodramatischen Episoden eines Stummfilms, wo die wechselnden Schauplätze in Großbuchstaben eingeblendet sind. Odessa: Hafenstadt am Schwarzen Meer mit Synagogen und berühmten Rabbinerschulen für die Einwanderer aus Galizien. Das jüngste und zehnte Kind der Familie Marinoff hört und spricht jiddisch; es prägt die Bewußtheit des Jüdischseins. »You have always stressed your Jewish feeling very vociverously«, wird ihr die Freundin Ettie einmal schreiben.[35] Fania betonte, verteidigte, verkündete es laut, sehr laut, und wie in Bühnendiktion. Wie die ihr zukam, zeigt dieser Film unter dem möglichen Titel *History of a Poor Little Orphan Girl*. Eine Halbwaise nach dem Tod der Mutter. Bald – zu bald? – danach eine neue Mrs. Marinoff und mit ihr und der ganzen Familie bestieg sie das Auswandererschiff – das Szenario verschwimmt im Himmels- und Meeresgrau, die Kameraleute hatten dafür ihre optischen Tricks, auch für das Menschengedränge vornehmlich im unteren Deck.

Boston heißt die nächste Sequenz. Man sieht eine Vorwitzige, eine Wilde, eine Achtjährige auf der Bühne agieren, die man gern dem älteren Bruder anvertraute, der wiederum einem anderen Marinoff-Bruder nach Denver folgte. War es hier, daß sich Fanny losriß? Nebraska zeigt den dramatischen Spannungshöhepunkt des Streifens an: eine Gestrandete von der Wandertruppe, der sich die 12jährige angeschlossen hatte … Jetzt verkörperte sie, was sie auf der Bühne mimte: *The Lost Girl*. Kinder, vor allem weibliche, eigneten sich bestens als Kidnapper-Opfer, als Objekt der Rettung in letzter Minute. Das dem Melodram verordnete Ethos war für das frühe Erzählkino von fundamentaler Bedeutung. Jedem Hilfeschrei ging der Horror vorauf, er war inbegriffen im Ticketpreis von 10 bis 30 Cent, doch dieser Status des »ten-twent-thirt«[36] änderte sich mit der Qualität des Melodrams. Die Touring Melodramas, wie sie genannt wurden, lieferten den hauptsächlichen Unterhaltungsstoff in den amerikanischen Staaten zu Beginn des 20. Jahrhundert. 1904 wurden 420 solcher Theatertruppen gezählt. Kinderakteure nahmen Holzbanknächte in Eisenbahnwaggons und Wartehallen der Provinzbahnhöfe in Kauf, sie wurden von ihren Mitspielern wie Augäpfel gehütet. Das Erlauschen der Texte, sofern Kinder zu jung waren, sie zu lernen, ersetzte den Schulunterricht. Klare Diktion war vonnöten, denn manche Zuschauer waren des Idioms ihrer neuen Heimat noch unkundig, und die Theater ohne Bodenbelag ohnehin laut. Die Kids schienen für die Pantomime wie geboren und benahmen sich furchtlos. Live Lions in Melodrama verhießen Schauriges: die kleine Heldin wird lebenden Bestien vor die Fänge geschleudert. Ein unsichtbarer Metallschirm bewahrt zwar das Kind, wird aber weggezogen, wenn der Retter auftaucht. Es kam vor, daß ein Löwenbändiger dabei seinen Arm verlor.

Das Genre des Melodrams, es schreit förmlich nach dem rettenden Engel. Entgegen aller Erwartung schob er sich in weiblicher Gestalt aus den Kulissen der Show, wo sie gemeinsam aufgetreten waren, und nahm die Gestrandete mit sich. New York! Hier schossen die kleineren Theater wie Pilze aus dem Boden: The Washington Square Players, das Neighborhood Playhouse waren die großstädtischen Varianten des quer durch die Staaten tingelnden Little Theater in den beginnenden 1910er Jahren, woraus 1918 die Theater Guild entstand. Die Spielpläne wiesen über den Atlantik, sie boten dem konservativen Publikum Dramen von Shakespeare, Tschechow oder Maurice Maeterlinck; der Berliner Sensationserfolg von Wedekinds *Frühlings Erwachen* anno 1906 kam hier gut ein Jahrzehnt danach auf die Bühne. *Spring's Awakening* bescherte Fania Marinoff – sie gab ihrem Namen den slawischen Klang – einen einzigen Auftritt, dann verbot die Polizei das Stück. Die kapriziöse Russin als halbwüchsige Wanda, ein Ariel im *Sommernachtstraum,* sie hatte das Repertoire der Provincetown Players im Kopf wie im Leib. Schon 1912 fiel sie dem Theaterkritiker Carl Van Vechten auf. Nachdem er 1903 an der Universität von Chicago seinen Abschluss gemacht hatte, war er als Opern- und Konzert-Rezensent für *New York Times* tätig, die ihn nach Paris entsandte. Eigentlich war die Poesie des Fin-de-siècle sein Anliegen, aber er fand sich ebensogut in Gertrude Steins avantgardistische Versuche hinein – *Cubist of Letters Writes a New Book* (1913).

Die Neuerer des amerikanischen Theaters trafen sich im Liberal Club von Greenwich Village: zwei hohe Empfangszimmer warteten mit spärlicher Holzmöblierung, einem Kamin und einem elektrischen Pianola auf. Hier gedieh der »creative gossip«[37], man traf sich mit dem feministischen Heterodoxy Club und organisierte Aufmärsche durch die Wall Street. Es gab Lesungen, Symposien über Sigmund Freud, Ehehygiene, den Tango, die futuristische Malerei und Richard Strauss. Autoren wie Theodore Dreiser, Sinclair Lewis, Eugene O'Neill und Upton Sinclair diskutierten mit Charles Demuth und Marsden Hartley, die es wiederum zu Ohren der Stettheimers brachten – in allen Nuancen von Spott und wohlmeinender Nachrede. Im Liberal Club würden sie bloß »Blechdosen-Revoluzzer und die stehengebliebenen Zweitsemester-Denker von New York«[38] versammeln, Weiße, Protestanten, Angelsachsen oder Leute aus dem Mittleren Westen, die Männer in der Überzahl und alle Ende 20 oder Anfang 30. Dieses »tin pot revolutionaries« verstieß gegen den Sprachcode der europäisch erzogenen Trias vom Alwyn Court. Ihre abgehobene Vornehmheit bei aller scheinbar gewahrten Toleranz vertrug den Einbruch des amerikanisch gefärbten Yankee-Doodle-Humors in breiter Klangfärbung nicht. Untereinander verständigten sich die Stetties in ihrer Festung aus jüdischer Tradition und kontinentaler Konvention in ihren eigenen Zungen. Ein ferner Nachhall aus den Roman- oder Komödiensalons von Proust, von Henry James oder Oscar Wilde, dem Ettie eine aus Heinrich Heines Idiom herausgefilterte Note verlieh: die verletzende Ironie der Verletzten.

Welche Schwellen sie beim Besuch welcher Stätten übertraten – und welchen Rahmen sie da fänden für ihre distingnierten Erscheinungen –, erforderte schwesterliche Strategien. Wer würde sich gefeit zeigen gegenüber der versnobten Attitüde einer leicht exzentrisch wirkenden Persona, die jede der Drei in gewisser Schattierung ihrer Person vorführte? Marcel Duchamp und Henry McBride sahen in ihnen die *Drei Schwestern* aus Tschechows Drama, die Duchamp noch dazu in einen verblühenden *Kirschgarten* versetzte; das verlieh ihnen und ihrem Welken einen gewissen melancholischen Reiz. Es war dies ihr eigener »appeal«, der ihnen im New Yorker Epizentrum der Moderne eine gewisse Maske aufzwang, um nicht allzuviel von ihrem Europa der Seele (frei nach Tschechow) zu verraten.

Damit warteten die Stettheimer Sisters bei den Parties der Freunde auf, trugen ihre Visionen von einer lebenswerteren Gegenwart zu einer anderen Zeit, unter einem anderen Himmelsstrich an den Begegnungsort einer gemischten Gesellschaft. Hier empfing Carl Van Vechtens dunkel ondulierte Tigerin, von daher eher einem Puma gleichend, der in einem Brokatfutteral steckend am Sprung auf die Gäste gehindert wurde. Farbige unter ihnen, die Schwarzen aus den Downtown Jazz- und Blues-Kellern, geschmeidige Tänzer neben weißen Berühmtheiten. Dieser Mix galt als gewagt, es war noch vor der Zeit, da der Begriff »racial prejudice«, Rassenvorurteil eingeführt wurde – noch war die Hautunterscheidung keine politische Streitfrage, sondern eine »naturgegebene« Tatsache. *Go Harlem,* ein populärer Song, veranlaßte die Hörer zum »go inspectin' like Van Vechten«[39]. Den Stettheimers, hier vor allem Florine, und Ästheten wie Van Vechten schienen diese »aliens«

faszinierende Geschöpfe zu sein – »fascinating people«. Aber wie gingen diese mit ihrer Imago in den Augen der Weißen um?

»Historisch betrachtet, sind die Termini, mit denen Schriftsteller, Historiker und Künstler Personen von afroamerikanischer ethnischer Abkunft identifiziert haben, hochbelastet; und letztendlich enthüllen sie mehr über die relative Haltung gegenüber dem ›Anderssein‹ in jener besonderen Zeit, als darüber, wie Afroamerikaner selbst diese Termini empfanden.«[40] Juden in einem gewissen Stadtteil von Provincetown, N. Y., schlug seit den 1910er Jahren Häme entgegen. »The Jewish invasion« schuf, wie man fürchtete, »eine Art von neuem Jerusalem«[41]. In den Kreisen der Intelligentsia von Provincetown, einer gewissen »Brotherhood«, bewarf man sich mit Schlagworten: »Salon-Sozialist« kontra »Küchen-Anarchist«[42]. Die sich Befehdenden hielten inne, wenn frisch eingewanderte Söhne und Töchter Zions hinzukamen, »fresh Jews«[43] …

Salonnièren wie Mabel Dodge mockierten sich über den neuen Zeitgeist. Marcel Duchamp äußerte sich in schmallippiger Arroganz: »Da gab es eine wahre Bohème. Ergötzlich. Weshalb? Greenwich Village war voller Leute, die absolut nichts taten!«[44] Schon ein Bruchteil der als Nichtstuer abgestempelten Kunstbegeisterten genügte, die Zusammenkünfte bei Carl Van Vechten zu würzen. Die Geladenen verbargen die Blessuren hinter Masken. Da genügte einem Schriftsteller, der seiner Zunge nicht Herr wurde, schon ein eingeklemmtes Monokel. William Somerset Maugham stotterte, seine Mundwinkel senkten sich zynisch, er suchte seine Stigmata zu verhehlen, was in diesem Kreis nicht vonnöten war, will man darunter verpönte Neigungen verstehen; der Tod der Mutter war seine Wunde, die nie heilen wollte. Er zeichnete von sich das Bild eines Pessimisten aus Leidenschaft; er bildete den Kontrapunkt zu den vitaleren Lebensentwürfen mancher Andersrassigen, die gleichwohl ebensowenig dem Klischee der neuen, unbehinderten und an ihren Wurzeln jungen und nie benagten Hominiden entsprachen.

Eine Schönheitspriesterin hatte sich ans Werk gemacht, den von Reispuder geweißten Gesichtern der New Yorkerinnnen mit ihren grauen Lippen einen Abglanz von jener Farb- und Lebensfreude zu verleihen, den die Salonmaler und Portraitisten des Gilded Age ihren »Lady-Sitters« wie in Vorahnung einer künftigen Ästhetik so großzügig mitgaben. Helena Rubinstein (1870 oder 72–1965) langte im bitterkalten Januar 1915 in New York an. »The first thing I noticed was the whiteness of the women's faces and the oddly greyish colour of their lips. Only their noses, mauve with cold, seemed to stand out.«[45] Unter dem Motto »Beauty is Your Destination« richtete sie an der 49. Straße West ihren ersten amerikanischen Kosmetiksalon ein. In den drei Jahren ihres Verbleibs – sie kehrte 1918 im Jahr vor dem Versailler Friedensvertrag nach Paris zurück, sah man sie bei den Van Vechtens: eine kleine Gestalt in einem exotisch gemusterten fließenden Gewand von Paul Poiret; ihre Kurzhalsigkeit betonte sie mit langen Perlohrgehängen, je einer schwarzen und einer weißen Perle. Ihr Haarknoten war so lackschwarz wie Fanias, und wie sie war auch Helena eine Jüdin, eine Polin aus Krakau. Von Kindesbeinen an sammelte sie Puppen und Püppchen und tausende winziger Puppenstubenmöbel, das mochte Caroline Stettheimer inspirieren, die sich auch interessiert östliche Kochrezepte anhörte.

Eine Konversation zwischen Helena Rubinstein und den Stetties bleibt eine Angelegenheit der Vorstellung. Da wären wohl Künstlernamen von Mund zu Mund geflogen wie auf Spruchbändern der Himmelsboten in alten illuminierten Schriften, nur wäre es um die profane Verkündigung der Modernen gegangen. Madame sammelte Picasso, Braque, Juan Gris, war entflammt für das Russische Ballett und traf wenigstens hiermit Florines Geschmack. Der polnischstämmige Bildhauer Jacob Epstein bekannte sich, noch halb unter dem Einfluß Rodins, zum Kubismus und der Forderung des Futuristen Marinetti nach »Lust zum Abenteuer, Drang zu neuen Entdeckungen, Verehrung der Kraft«[46]. Die rohe, materielle Verkörperung dieses Vitalismus lag für das junge Genie (später Sir Jacob Epstein) in den rätselhaften Artefakten aus Schwarzafrika und Ozeanischen Inseln. Er führte seine für die Kunst, vor allem aber für das Bizarre in der Kunst, so offenäugige Pariser Gastgeberin zu den afrikanischen Skulpturen, er legte Auktionskataloge in ihre zupackende Hand mit den auffallend großen Ringen.

»My enthusiasm often went beyond his suggestions.«[47] Sie befühlte die tanzende Bangwa-Königin und ließ sie nicht mehr los. Sie übernahm den mehrreihigen Halsschmuck der Erdpriesterin, den sie dann für sich in barbarische Juwelencolliers verwandeln ließ. Sie erregte Staunen: »to think of someone who has dedicated her life to beauty, buying such ugly things«[48].

Die Berühmten portraitierten sie als ein gewaltig bestücktes Idol: Marie Laurencin betonte das modisch, Salvador Dalí hingegen kettete die Büste einer Riesin an den Felsen von Fugueras, und Graham Sutherland malte die hochgeschminkte und schwer geschmückte 85jährige als Monument ihrer selbst in einer Masse von rotgemustertem Seidenbrokat. Zuletzt erlebte sie einen Triumph, der weit hinausging über alle Vorstellungen der Neuen Frau, der in sich zusammenfällt, wenn Vanitas und Eigenliebe in die Waagschale fallen. Das schien der berühmte Prediger am Hofe Ludwigs XIV., der Kirchenfürst Bossuet, an einer der zahllosen Vorgängerinnen des selbstverliebten weiblichen Egos erkannt zu haben: »Voyez-moi cette femme dans sa superbe beauté.«[49] Das Wort dient als Vorsatz zu einer kleinen Ausstellung der Rubinsteinbildnisse, anno 1977 in Paris. »Seht mir diese Frau in ihrer superben Schönheit, in ihrer Zurschaustellung, in ihrem Schmuck. Sie will besiegen, sie will verehrt werden wie eine Göttin des Menschengeschlechts. Aber sie lenkt diese Adoration vor allem auf sich selber; sie selbst ist Idol, und nachdem sie sich bewunderte und selbst vergötterte, will sie alles ihrer Herrschaft unterwerfen.«

Helena Rubinstein führte als Apologeten des Kults Somerset Maugham an, zitierte ihn in ihren Memoiren *My Life For Beauty,* die sie als 94jährige verfaßte: »Schönheit ist ein gewichtiges Wort [...] Schönheit ist eine Macht. Sie ist eine Verzückung [...] sie benimmt den Atem, vermag einem den erstickenden Schock beim Eintauchen in eiskaltes Wasser zu geben.« Die Wucht des Schönen führe dazu, »daß man sich größer findet, als man ist, so daß man für einen Augenblick meint, auf Luft zu wandeln; und die Erheiterung und Gelöstheit bewirken, daß nichts in der Welt mehr zählt. Man wird aus dem eigenen Selbst herausgewunden und in eine Welt reinen Geistes versetzt. Es ist wie mit der Liebe, es ist ein Sichverlieben.«[50]

Der flüchtige Besucher bei den Avantgardisten, der Reisende in seiner Furcht vor dem dennoch ersehnten Schönheitsanprall, suchte ihn in den entferntesten Landstrichen des Globus und auch auf den Südseeinseln. Er spürte auf Tahiti und den Marquesas den Strömungen des Exotischen und Primitiven nach, von denen Paul Gauguin sich mit fortreißen ließ und, daraus wieder auftauchend, in seine Bilderzählungen transzendierte: *Contes Barbares* (1902). Der abenteuernde Beobachter ein Spurensucher – er war polyglott, er sprach die Botschaft Gauguins in französisch nach: »les femmes, les fleurs, la beauté sauvage«. William Somerset Maugham erdachte sich seinen eigenen Mythomanen und schrieb 1919 über ihn diesen Künstlerroman *Silbermond und Kupfermünze*. »Fakten und Fiktion«[51] seien in seinem Werk eng miteinander verwoben, wie er gestand. Wieviel Spielraum ließ die im Selbstportrait so wirkliche Person des Malers der Phantasie seines Deuters? Erklärt sich der große Bucherfolg von *The Moon and the Sixpence* aus der Aura des Fauve, des Wilden unter den Pariser Bildfindern, den es aus der »verfaulten Zivilisation Europas«[52] ins »Atelier des Südens«[53] zog? Auf den polynesischen Inseln und wie unter den Augen der gewaltigen Wächtergottheiten stiegen ihm aus dem Unterbewußtsein aufregende »Gebilde aus Farbformen«. Die erlebte rohe und barbarische Realität Ozeaniens setzte Baudelaires vielzitiertes – und von Matisse wie Stettheimer nachgebetetes – »là-bas, rien que la beauté, luxe, calme et volupté« außer Kraft.

Das Reisen hin zu den entlegenen Gestaden eines erträumten Daseinsglücks überließen die Stettheimers den Menschen ihrer Entourage. Schriftsteller, deren Erzählungen wie buntgefärbter Sand durch den Filter der lesenden Malerin rieselten. Man verstehe dieses kleine Format als Psychogramm ihres Fernwehs, ganz aus der Salonperspektive zu deuten, mit abschirmenden blaugerafften Portièren, die unmittelbar übergehen in ein kobaltblaues Bilderbuchmeer. Ein Oktopus und eine riesige Feuerqualle schieben sich auf eine schwimmende Plattform. Ein kräftiger Mann sitzt dort in einem hellen Tropenanzug, gleich mixt er

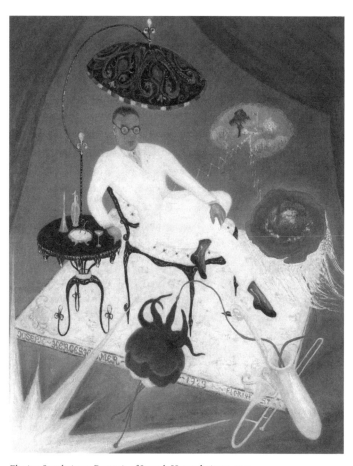

*Florine Stettheimer,* Portrait of Joseph Hergesheimer, *1923*

seinen Cocktail. Ein Saxophon droht ins Wasser abzugleiten. Wir sind mit Joseph Hergesheimer in der Karibik. Dort spielen seine von süchtigen Lesern verschlungenen Romane, der autobiographisch gefärbte *Don Cristóbal de la Havana* von 1920 sowie *Cythera*, wo wiederum die einst von Columbus entdeckte Hafenstadt die Anziehungskraft eines Magneten besitzt. In der vorkommunistischen Phase ein Schauplatz für anspruchsvolle Weltenbummler. Hergesheimer floh vor den »augenfälligen

Anzeichen einer erbarmungslosen Amerikanisierung«[54]. Wenn er in seinem Fluchtort angenehm davon träumte, wie sein französischer Vorgänger Pierre Loti fabulierend die Hemisphären zu umsegeln, so würde ihm Florine Stettheimer zunicken: »Well, you know, I have it from Proust.« Loti diente schon dem Knaben Marcel als ein abenteuernder Begleiter im Leseland, und sein *Fantôme d'Orient* geistert durch manche Passagen der *Recherche du temps perdu*. Am Horizont des Dichters erscheint eine Insel des Traums, »L'Ile du rêve«, von seinem Busenfreund Reynaldo Hahn in Musik umgesetzt, eine »polynesische Idylle« in drei Akten.[55]

Florine versteht diesen Maurice Maeterlinck entlehnten Begriff »L'Intelligence des fleurs«[56], die Intelligenz der Blumen, den sie im Roman findet und den sie selbst in ihr *Portrait of Joseph Hergesheimer* anspielungsreich ins Bild bringt: in Form einer überdimensionierten Zuchtrose, einer »flora americana«, die sich danach sehnt, als Meduse, als »jellyfish« ihre langen Tentakeln in die Urmaterie allen Seins, den Ozean, zu senken. »A world of larger and redder roses«[57], notierte Carl Van Vechten, Welt der sonnengoldenen Saxophone und berauschenden Daiquiries. Als Motto für dieses Bildnis eigne sich Hergesheimers Satz von gewissen Stätten, die, fremd auf den ersten Blick, dem Herzen näher stünden als der angestammte Platz …

Einem gewissen Exotismus frönten die Stettheimers auf ihre Weise, wenn sie die Wände ihres Salons am Alwyn Court über diesen hinausdehnten bis zu ihren Sommerresidenzen, wo ihnen der Hudson River gleichsam Ozeanwellen bis an die Ränder ihrer Blumenrabatten spülten. Schon der Name *Sea Bright* evoziert Strandbilder, die in Florines Tagebuch eine soviel schärfere Kontur erfuhren, als sie es je ihrer heiterfarbigen Pinselschrift erlauben würde. »The beaches are wonderful« ist da ein trügerischer Auftakt: »Amerikas Jugend hat sich alles Überflüssigen entledigt – und sieht gut aus – unglücklicher- und lustigerweise tun es Amerikas mittelalte Dicken und die fetten Alten genau so.«[58]

Rückzug also in den hortus conclusus der Privatheit, wo es genügend Freiraum gibt für die »exotic birds« unter den Freunden, die Tänzer. Dem jung verstorbenen Paul Thévenaz stand der Garten so gut zu Gesicht, wie umgekehrt er, der »sehr junge Faun«[59], sich mit seinem Lächeln, seinen Purzelbäumen auf dem Rasen und seinem ganz unbewußten Glücklichsein, in diesen locus amoenus, den lieblichen Ort, hineinfügte. Er erteilte ihm gleichsam eine antikische Weihe. In den Worten der Choreographin und Doyenne des Modern Dance, Martha Graham, war jeder Fleck Erde, auf dem ein Tänzer tanzbereit steht, heiliger Grund.[60] Den »gymnastischen Demonstrationen«[61] in einem hautengen roten Trikot, spindeldünn über die Kamera im Vergnügungspark von Asbury South gebeugt, oder denen beim Handstand im Garten von André Brook folgt die sentimentale und desillusionierende Erkenntnis:

Narcissus
Du spielst in meinem Garten
Du bist sehr jung
Du bist schön …
Du siehst in den roten Kletterrosenbögen
Rahmen für dein Posieren
In den voll erblühten Päonienrabatten
Grenzen für deinen Tanz …
In dem weichen Rasen
Einen Teppich für deinen Salto …
In dem klaren Wasserbecken
Dein Ich gespiegelt …
In meinen Augen
Dein selbstverehrtes Selbst angebetet.[62]

Und dennoch beklagte sie sein vorzeitiges Ableben infolge einer Infektion, für die »Antibiotika erst noch erfunden werden mußten«[63]. Ihr Tagebucheintrag reflektiert in lakonischer Kürze, in poetischer Quintessenz, die an Shakespeare erinnernde Totenklage: »All his charm and talent buried with his beautiful person.«[64]

Sie hatte dem Künstler, der sich auch als Maler versuchte, ihr Portrait verziehen, das in kubistischer Art-déco-Manier das Eigentliche ihres Selbst ausspart. Stand nicht ihre eigene Pinselkunst im Dienst der Camouflage? In ihrem *Portrait of Myself* von 1923 wird Schönheitskult pur getrieben, ein gleichsam entkörperlichter Körper unter Zellophan und in Verführungspose dargeboten, ausgestreckt auf einem Diwan, dessen Flammenzungen bis auf den Boden reichen. Unter der schwarzen Haarverhüllung leuchten rot die Insektenbeinwimpern. Die Schminkkünste der Revuegirls übertünchen Charakteristika, die Cecil Beatons »physiognomische Erinnerung«[65] an Florines Erscheinung in unschmeichelhafte Worte kleidet: »Augen zu eng zusammenstehend [...] Nase ein wenig groß«[66].

Die Vision einer Bajadere auf der Traumschaukel, ganz hingegeben an die Erforschung ihrer Chrysalidenseele – im Bildnis direkt im Insektenflug der Sonne zustrebend –, verlangt nach Musik, nach romantischer Reverie. Carl Van Vechten hingegen schiebt die Notenträumerei deutscher Romantiker beiseite und vergleicht den spirituellen Gehalt der Werke »of this lady« mit dem Jazz, den ehrgeizige amerikanische Komponisten triumphierend in den klassichen Konzertsälen zu Gehör bringen werden, so es ihnen gelinge, die Qualität der Werke einer Miss Stettheimer tonal zu erreichen.

*Music* heißt diese in ein einziges Bild verpackte Traumsequenz von 1920. Die unter einem Baldachin eingeschlummerte Odaliske in der Manier einer *Symphony in White* von Whistler spürte mit den wachen Antennen ihres inneren Selbst einen Blick. Den begehrlich auf sie gerichteten eines kapriziösen Fauns im Tanztrikot des alle Welt betörenden Nijinsky in *Le Spectre de la Rose*. Die ins kokett Feminine verzerrte Wiedergabe des slawischen Athletenkörpers wirft Fragen nach dem unterdrückten Begehren der Träumenden auf. Ein zweiter Traummann steigt aus der unwillentlichen Erinnerung der Schlafenden auf, der Tänzer Adolphe Bolm in der Rolle des Mohren in Strawinskys *Petruschka*. Die orientalisierende Ballett-Phantasie der scheinbar Ab- wie Anwesenden unter ihrem Baldachin zaubert sich einen kohlrabenschwarzen Akrobaten auf ihr orangerotes Sofa im Boudoir und läßt ihn mit einer Kokosnuß jonglieren.

Unsichtbare Geistwesen schweben durch die Szenerie und verleihen der Abschweifung ins Malerisch-Surreale ein gedankliches Gerüst: Proust, Sigmund Freud und Henri Bergson. Die vertrauten Lektüre-Gefährten der drei Schwestern. Halb und halb abgelebte Fin-de-siècle-Gestalten, deren Theorien in den Salons der Schöngeister und Intellektuellen, gleich welcher Zunge, ihren Wert als hin- und hergeworfene Goldmünzen beibehielten.

Bei all ihrer durch und durch europäischen Prägung legten die Stettheimers Wert auf den kosmopolitschen Akzent ihres Freundeskreises. Eine dunklere Hauttönung verlieh ihren Einladungen den Reiz des Avantgardistisch-Modernen, des Vorurteilsfreien gegenüber anderen Rassen, deren vereinzelte Vertreter Florines Gesellschaftsgemälde der Weißhäutigen angenehm bereicherten. Ein Rabbiner, ein Hindu-Dichter, der peruanische Botschafter, ein Marquis de Buenavista, die Blues- und Jazz-Musiker aus Carl Van Vechtens Orbit bestiegen nacheinander das Karussell am Alwyn Court und hinterließen ihren Farbschatten auf der Leinwand im Atelier. Sie waren die Mitwirkenden in einem Film, der freilich für den Betrachter nur aus Standbildern in loser Folge bestand. Jedermann mußte sich das Drehbuch kraft seiner Imagination zusammenreimen. Vor dem Hintergrund eigener Erfahrungen galt es das vertrackte Beziehungsgeflecht zu entschlüsseln, später einmal würden sich die Abkonterfeiten in Puppengestalt ihre Stichworte zuwerfen …

Welcher Choreographie unterlagen die Wiedergaben der »Fêtes Galantes à l'américaine« in den Vergnügungsparks, in den Gärten mit Meeresblick oder Aussicht auf den Hudson und im hortus conclusus eines mit Blumen geschmückten Salons? Beachteten die wie Marionetten so zierlich bewegten Figuranten gewisse Markierungen für ihre Position? Hatte Florine Stettheimer die Weisungen ihres späten Lehrmeisters beherzigt? 1919 oder 1920 hatte sie den mexikanischen Künstler und Kunsterzieher Adolfo Best-Maugard in einer Galerie an der Fifth Avenue kennengelernt und dieses Beispiel lateinamerikanischer Herreneleganz ihrer Serie schwarzgekleideter Portrait-Silhouetten hinzugefügt. Der schmalgliedrige Beau mit dem Menjou-Bärtchen wird in der Pose des Dozierenden erfaßt. Seine esoterisch-philosophischen Theorien konzentrieren das Design in der ganzen Welt auf »sieben Symbole: Kreis, Halbkreis, Wellenlinie, S-Form, Zickzack, gerade Linie und Spirale«[67]. Im Bild mutieren die graphischen Zeichen und gleichen sich den Umrißlinien des Naturgewachsenen an: Südfrüchte und Lilien befreien von der Abstraktion, die Schlange und der weißgefiederte Vogel wollen zusammenwachsen zum aztekischen Götterschlangenvogel Quetzalcoatl.

*Florine Stettheimer*, Portrait of Adolfo Best-Maugard, *1920*

Der durch befremdliche Kulte der Blutgrausamkeit seines Herkunftslandes vorgeprägte Best-Maugard hatte in Paris seine künstlerische Ausbildung erhalten. Die drastischen Darstellungen aztekischer Opferrituale bildeten somit die Metaebene seiner eigenen Überlegungen zur Zeichnung der menschlichen Figur. Hier verbanden sich die Formsprache mexikanischer Folklore mit der des Kubismus. Hinzu kam der so viele Künstler erfassende Sog, der von Wassily Kandinskys Schrift *Über das Geistige in der Kunst* anno 1911 ausging. »Allem Anschein nach war er durch den deutlich ausgesprochenen mystischen Aspekt der neuen Kunst (zum Beispiel in Kandinskys Theorien) beeinflußt worden, und sah, wie andere auch, überall in der Natur das kosmische Muster, das in den Spiralgalaxien des weiten Weltraumes erscheint«, schrieb der Stettheimer-Biograph Parker Tyler.[68]

Bei seinen Besuchen am Alwyn Court blendete Best-Maugard die Schwestern, die Malerin insbesondere, mit seinen, so Tyler, »grandiosen spirituellen Ideen«, die er beispielsweise instinktiven oder intuitiven Handlungen unterlegte, die ihrerseits den großen organischen Rhyth-

*Florine Stettheimer,* Portrait of Father Hoff, *1928*

mus durcheinanderbrächten, es sei denn, dieses Vorgehen sei bedingt und kontrolliert, sei in Harmonie überführt durch den »göttlichen Gefährten«, der die Liebe verkörpere. Jüngeren Biographen scheint es fraglich, ob Florine Stettheimer »die eloquente Vermählung« von Spiritualität und ihrer technischen Anwendung im Malakt im Sinne des Meisters vollzogen habe.[69]

Dank ihrer jüdischen Herkunft war ihr das Mystische nicht fern, wenngleich sie geradezu »explodieren« konnte, wenn die Sprache auf die sogenannten »mystischen Attribute«[70] der Kunst kam und man sie auf diese festnageln wollte. In ihrer Eigenschaft als bildende Künstlerin dürfte sie durchaus Visionen gehegt haben, die sie in ihre Malerei mit einbezog. Wie bei dem (oben erwähnten) *Portrait of Myself,* da sie gleichsam mit einem doppelten, schwer von rotem Mascara befrachteten Blick eine andere Dimension einfängt und dazu eben ihren beiden, von Natur eng gesetzten Augen, zwei auf das untere Lid gemalte hinzugibt. Ein kubistisch-illusionistischer Trick. Dazu noch einmal Best-Maugards esoterisches Liebesbekenntnis, wonach jeder, der dem »Orden« des überpersönlichen Liebeskults angehöre, der die Vibrationen des Kosmischen spüre, sich seinem Mitmenschen verbinde in der »archetypischen Liebe«, »the only love«[71].

Sonderbarerweise bedachte Florine den Freund und Sphärenakrobaten mit einem Dandyportrait im Stil des Selbstbildnisses von Aubrey Beardsley, der erscheint angeseilt an eine symbolistische Pan-Statue, und so darf Adolfo sich in den Schlangenfesseln winden, welche die Aztekengötter über ihn auswarfen. Der locker-phantasievolle Umgang mit ihren männlichen Modellen – zumindest im anspielungsreich so viel verhüllenden wie enthüllenden Portrait – zeitigte ungnädige Kritiken. Der maßgebende Paul Rosenfeld sprach in den 30er Jahren seine Urteile in *The Nation* oder *The American Mercury* unverblümt aus: Die sehr pariserische Puppenhaftigkeit der Figuren orientiere sich an »archaisch-populären Vorbildern« und grenze an Karikatur.[72] Hierauf kontert Parker Tyler mit dem Begriff der »Parodie«.

Das von Stettheimer so raffiniert wie pseudo-naiv parodierte Genre war das feierliche Herrenbildnis in Schwarz, das von den Künstlern des Gilded Age zurückführte auf Velásquez, der einen Manet, einen Whistler inspiriert hatte. Embleme tauchen auf, die Bezug nehmen auf den freundschaftlichen Umgang mit den Stettheimer-Schwestern. Eine byzantinische Madonna im *Portrait of Father Hoff* von 1928, das Geschenk Etties an den Priester als Dank für dessen Einladungen in seine Kapelle, seinen Liliengarten und seinen in Zeiten der Prohibition wohlassortierten Weinkeller, nötigt Florine zynische Bemerkungen im Tagebuch ab. Diese Ikone habe Ettie aus »reinem Spaß«[73], dem sportlich gebräunten, das Meer und das Schwimmen liebenden Gast ihrer Sommerresidenz verehrt. »Die meisten Menschen leben nur halb – und reden über das nächste Leben – glauben womöglich an ein anderes Leben – bewahren sich dafür ihre Vitalität – das mag ihren Geiz in der irdischen Welt erklären.«[74] Rosetta und ihre Töchter kränkelten, Asthmabeschwerden stellten sich ein, die womöglich auf chemische Substanzen bei der reichlichen Verwendung von Chromgelb in Florines Palette zurückzuführen waren.

In diesen Jahren des schon abnehmenden Lebensschwungs gerieten die Schwestern in den Bann der Schönheitsadepten unter ihren Freunden, die den Kult um das Ästhetische an ihren Ehegesponsen vorführten. Männer unterschiedlicher Beschaffenheit und des unterschiedlichen Umgangs mit dem 19. Jahrhundert, in dem sie geboren waren, und geeint durch ihr Metier, die Lichtbildnerei. Alfred Stieglitz hatte dank seiner Witterung für das Talent und die ihm vertraute deutsch-jüdische Abstammung seines Kollegen dessen symbolistisch und impressionistisch gefärbten Arbeiten ausgestellt. Die Besucher der Galerie 291 lernten 1907 und dann 1912 den neuen Namen kennen, den das Luxusmagazin *Camera Work* und auch *The Craftsman* unter die Photogravüren druckten: Baron de Meyer (1868–1949). Sir Cecil Beaton, der ihm vieles verdanken sollte in der Technik magischer Verschleierung und betörender Effekte, sollte ihn einmal »the Debussy of photographers« nennen.[75]

Malerisch besehen war James McNeill Whistler sein ästhetischer Vorgänger, vor allem in der gleichsam silbrigen Verschmelzung des Schwarz und Weiß, woraus Harmonien in Grau hervorgingen. Insofern waren die photographischen Umsetzungen für eine auf die farbige Orchestrierung der Fauves eingeschworene Florine Stettheimer ohne Belang. Dafür band die Persönlichkeit, nämlich die Person wie die Persona de Meyers, die drei Schwestern aufs engste an das literarische Umfeld des Fin-de-siècle, dem sie – und vor allem Florine mit ihrem Hymnus auf die New Yorker Moderne – doch bei Kriegsausbruch entflohen waren. Da diese Flucht jedoch keineswegs ein Abschied von Marcel Proust bedeutet hatte, durften sich seine Leserinnen durch das Medium des Lichtbildkünstlers wieder in diese Pariser Romanwelt mit ihren lebensechten Vorbildern hineinversetzt fühlen: angefangen bei der Comtesse de Greffulhe und Misia Sert bis hin zu Diaghilew und seinem Russischen Ballett, dazu noch die Maler Helleu und Jacques-Émile Blanche, der so wortreich über die Corona an der normannischen Küste, Prousts Jagdgründe, plauderte. Ihnen allen war das Glückskind begegnet und trug den auf die Internationalität der höheren Gesellschaft so erpichten Stetties aus dem eigenen Erleben zu, was sie eher vom Hörensagen kannten. Dieser Freund warf ihnen gleichsam lebende Bilder an die Wände ihres mit Bildern anderer Art geschmückten Salons in Manhattan. Fluktuierende Schatten der Tänzerin Ida Rubinstein, der von Geparden begleiteten Marchesa Casati, einer Geliebten D'Annunzios, glitten vorüber, die Damen der großen Gesellschaft, die à la mode gekleidet waren oder vielmehr Drapierungen ihrer Seelen statt ihrer Körperverhüllungen zeigten. Das unerschöpfliche Reservoir erklärt, warum der Baron zu den »intimate friends« am Alwyn Court zählte – ebenso gut hätte er ein Bassin mit Schleierfischen und Wasserlilien installieren können, die dort ein bizarres und ephemeres High Life vor Augen führen, wie es Proust im Romanteil der *Jeunes filles en fleurs* beschreibt, wo sich abends die müßige Gesellschaft im Speisesaal des Grand Hôtel von Balbec in die Mollusken eines erleuchteten Aquariums verwandelt ...

Dieser photographische Illustrator kam in Paris als Adolf Edward Sigismond auf die Welt, der Sohn eines Adolphus Meyer aus Sachsen und dessen schottischer Frau Adèle Watson. Der früh verstorbene Vater hinterließ ein Vermögen, hatte Verbindungen nach London, wo sein Sohn im Kreis des »fashionable Jewish set«[76] um den Thronfolger, den Prince of Wales, verkehrte. Dem brünetten jungen Dandy wuchsen Flügel, die sogenannte »ästhetische Bewegung« hatte ihren Zenith erreicht, *Books of Beauty* in Form großformatiger Alben setzten die Tradition von Reynolds und Gainsborough fort. Damen der englischen Gesellschaft saßen den frühen Lichtbildnern Modell und avancierten zu »professional beauties«[77]. Whistler und die Präraffaeliten hinterließen ihren Abglanz im edwardianischen Magazin *The Amateur Photographer*. John Ruskin, der viktorianische Kulturprediger und Apostel der *Modern Painters* (1843 und 1846), hatte seine »Glaubensartikel« selbst noch in den *Briefen an die Times* bekräftigt.[78] Ein Journalist gab Ruskins Ausspruch über die Photographien de Meyers wider: »Weder die mechanischen noch die chemisch-physikalischen Kräfte der Welt oder alle die Gesetze des Universums werden euch dabei helfen, entweder eine Farbe zu sehen oder eine Linie zu ziehen, ohne diese einzigartige Kraft, die ehemals Seele hieß.«[79] *The Souls* nannten sich die weiblichen Intellektuellen der gehobenen Kreise; sie waren den Stettheimers durch ihre Londoner Aufenthalte geläufig.

Neben Ruskin stützte eine zweite Säule das ästhetische Konstrukt Adolf-Meyer-Watsons, diesen Tempel der Schönheit und des »chic anglais«: Oscar Wilde. Man nehme nur eine einzige seiner Maximen, nämlich die, man solle entweder ein Kunstwerk tragen oder es sein, und münze es auf die künftige Baroness de Meyer, die auf unnachahmliche Weise beide Forderungen in ihrer Person zur Deckung brachte. Die nä-

*Florine Stettheimer,* Portrait of
Baron de Meyer, *1923*

heren Lebensumstände der geborenen Olga Alberta Caracciolo (1872–1927) rücken sie in die Sphäre eines Romans von Henry James: *What Masie Knew* (1897). Das Thema der verderbten Unschuld eines Kindes gründete in Olgas Fall auf Tatsachen und Vermutungen. Geschiedene Eltern, eine blaublütig abenteuernde Mutter, ein königlicher Pate, Albert Edward, dem charmanten Geschöpf so zugeneigt wie nur ein Vater. Dieses Gerücht und die literarische Weihe bildeten eine Aureole und verliehen Olga jenen Glamour, der nicht nur aus der Eleganz der Aufmachung besteht. Königlichen Glanz strahlten die Geschenke aus der derzeitigen kronprinzlichen Hand ab, und der anrüchige Glanz der mütterlichen Villa Mystery in Dieppe verwandelte sich in einen Schatten. Nur von weitem durften die Sprößlinge feinerer Herkunft Klein Olga und ihre reizenden rötlichen Locken bewundern. Von früh an stand sie »à côté« wie ihr 1899 in Paris geehelichter Mr. Demeyer Watson, der England nach dem Sittenskandal um Oscar Wilde aufgrund eigener gleichgeschlechtlicher Neigungen verließ.

Das Paar reiste im Januar 1901 zur Krönungsfeierlichkeit Edwards VII., bei welcher Gelegenheit Adolphe vom sächsischen König – und dies auf Bitten Edwards – zum »Baron of Saxony« ernannt wurde; dieser Titel ermöglichte ihm die Teilnahme an der Zeremonie und einen Blick auf Olga unweit der »royal entourage«. Auf diese Geschichte spielt Florines so nostalgisches wie anachronistisches *Portrait of Baron de Meyer* von 1923 an mit dem einen Detail eines zusammengefalteten hermelinbesetzten, rotsamtenen Umhangs, wie ihn britische Peers bei dergleichen Anlässen trugen. Ein puppenhafter Arbiter Elegantiarum in hellgrauen Beinkleidern zum Smokingschwarz, inmitten von artifiziellem Dekor, leicht angestaubt wie die künstlichen Blumen unter einem Glassturz, die schwer gerafften blauen Draperien, die Spitzenmantilla über der Kamera. Olga und er hatten die elegante Vorkriegswelt wie eine riesige, goldene Volière durchflattert. In gegenseitiger Bewunderung und keuscher Enthaltsamkeit vollführten sie zirzensische Trapezakte vor den Augen einer verwöhnt-dekadenten Gesellschaft. Ihrerseits schöpften sie Kraft und Inspiration aus außereuropäischen Kulturen; sie legten sich auf den Rat eines Astrologen die – ihrem jeweiligen Horoskop entnommenen, ihr Schicksal günstig beeinflussende – Namen zu: Olga sollte »Mhahra« und Adolf künftighin »Gayne« heißen[80], da hatte ihrer beider Karriere als Modemodell und Modephotograph für *Vogue* und *Vanity Fair* in den Vereinigten Staaten bereits begonnen. Wie das? Und wie gerieten sie in das neue »Alexandria«[81] New York, wo es nur so wimmelte von Gurus, Theosophen, Sehern, Schülern des in Florida erzogenen Ramakrishna, Scharlatanen, die dem Unterhaltungsbedürfnis einer in Kriegszeiten verunsicherten Geldgesellschaft dienten?

Das Paar hatte 1914 dem frivolen, edwardianischen Geist ein melancholisches »fare thee well« nachgerufen, fürchtend, man könnte sie in England als deutsche Staatsangehörige internieren. Die Zeitungen der Neuen Welt begrüßten das exotische, völlig »unamerikanische«[82] Künstlergespann mit seiner romantischen, kontinentalen Schönheitsideologie enthusiastisch: »Glücklich seien die Amerikaner zu preisen, weil diese Phönixe ihr Nest am Gestade des Barbarenlandes bauten.«[83]

Die profilschöne Olga im Bild über Blumen gebeugt, verfaßte mitten im Krieg prodeutsche Propaganda-Artikel für die Hearst-Presse. Es war, als führe der harte, schwarze Pinselstrich eines Expressionisten vom Schlage der Brücke-Maler über ein whistlerhaftes Pastellportrait. Diese Galatea diente ihrem platonischen Geliebten im inszenierten Rollenspiel vor der Linse als Femme fragile und entsprach somit Florine Stettheimers ätherischen weiblichen Individuen, so anmutig schlaff, als könnten sie keinen Stein vom Boden aufheben. In Wahrheit steckte in diesen unkörperlichen Körpern stählerne mentale Kraft. Die als

Sylphide in wechselnder Kostümierung abgelichtete Baroness – eine elisabethanische Ophelia, ein höfischer Page im Spitzhut, ein nur mit Perlenschnüren bekleideter Vamp –, diese durchaus nicht kleine Person war sportlich trainiert. Eine schwimmende Venus, eine in rhythmischer Gymnastik sich Schulende, eine Fechterin in schwarzem Satinanzug. Dann wieder im weißen Trikot und mit metallener Gesichtsmaske die Klingen kreuzend mit der weiblichen Schönheiten nachjagenden Princesse de Polignac. Das geschah am Lido in Venedig, wo Mhara und Gayne de Meyer vor dem Krieg und danach den Palazzo Balbi-Valier zu mieten pflegten. Olgas Freundschaft mit Winnaretta Singer, Erbin des Nähmaschinenkonzerns und vermählt mit dem Musikmäzen Prince de Polignac, setzte Zungen in Bewegung. Man bewegte sich durchaus im Proust so bekannten und von ihm detailliert geschilderten Milieu zweideutiger Geschlechtlichkeit.

Amerika wurde dem Paar zu eng. Anno 1923, als das ganz auf Blau abgestimmte Portrait des Baron de Meyer entstand – in Anspielung auf seinen ganz mit blauen Blumen bepflanzten Garten in Windsor –, nahm er die Stellung eines internationalen Korrespondenten für die Zeitschrift *Harper's Bazaar* an. Mit der geographischen Entfernung vom Orbit der Stettheimers wuchs das Paar weit über alles hinaus, was Florine sich für ihre Bildererzählungen nur hätte ausdenken können: zum Beispiel Opiumhöhlen im Fernen Orient oder Festspielschauplätze in Österreich, wo man sich frei und locker unter Alt-Europas Aristokraten bewegte.

Das Universum der Salonnièren am Alwyn Court verlor merklich an Bedeutung, wenn ihnen aus Indien, Ägypten oder von der Riviera die Kunde der extravaganten Reisenden zuflog, oder daß die beiden in Paris mit Cocteau das weiße Gift zu sich nahmen und mittanzten bei den illustren Kostümbällen des Comte Étienne de Beaumont. Noch einmal, wie schon vor Ausbruch des Ersten Weltkriegs, blühte vor dem Heranziehen des Zweiten eine kosmopolitische Gesellschaftskultur, selbst wenn diese von Spöttern als »Café Society« gebranntmarkt werden sollte. Der Staub, der sich mittlerweile auf den Bilddokumenten angesammelt hat, mutet so silbrig an wie der auf Hollywoodfilmen der

30er Jahre. Der avantgardistische Stil etwa eines Man Ray machte die impressionistische Lichtbildnerei de Meyers obsolet. Er selbst war nach dem Herztod Olgas während einer Drogenentzugskur zu einer bizarren, blauhaarig gefärbten Figur geworden. Eine Weile noch führte er die Asche der Verstorbenen in einer ägyptischen Urne mit sich und suchte Trost in der spirituellen Kommunikation: »Mhahra is waiting for me«[84]; sie sandte ihm Botschaften aus dem Jenseits …

Im Salon von Manhattan war geisterhaftes Kichern zu vernehmen. Doch der Stimmklang der Schwestern verriet asthmatische Beschwerden. Die Mutter kränkelte, ihre Töchter lösten sich in der Pflege ab. Im Juli 1928 notierte Florine im Tagebuch – unbeschönigend – ihre Stimmung, die wie mit einem Grauschleier die heiteren Sequenzen unter dem Titel »Family and Friends« überzieht. »Dieser Winter hat mich sehr zermürbt. Ich sehe verhärmt aus – und fühle mich frustriert – ich hatte die Zeit vorbeiziehen sehen, während ich in erzwungener Muße dasaß – wo ich doch hätte malen können […] Ich leide an nervösem Atemholen – war in der Tat den ganzen Sommer über belastet. Ich wünschte, ich könnte irgendwo für eine Weile im Schönen leben – ich habe versucht, nicht zu leiden.«[85]

Wahrhaft zupackende weibliche Hände waren Georgia Totto O'Keeffe zu eigen, einer jungen Farmerstochter aus Wisconsin nahe der Sun Prairie. Hände, die Stieglitz an seiner Freundin und Geliebten immer wieder portraitierte: beim Betasten von Weintrauben, um die sich natternartig die gespreizten Finger legen, von denen jeder sein Eigenleben zu führen scheint; Finger, die an einen Schlangenpokal erinnern, wenn sie ein Gesichtsoval umfangen. Den herben Gesichtszügen stand die Schönheit einer ausgedörrten, rissigen Wüstenlandschaft im Alter bevor. In den späten 1910er bis frühen 1930er Jahren lichtete Stieglitz den jungen Körper in allen seinen Hautregionen ab, ohne das in der Aktmalerei übliche Beiwerk zur Erhöhung des erotischen Flair, das frühe Daguerreotypien in ihrer schwülen Schamhaftigkeit aufweisen. Wie unter dem Diktat der Neuen Sachlichkeit schuf der schwarz Verhüllte in hundertfachen Aufnahmen den Atlas seiner Leidenschaft.

Eine kühl Distanz wahrende Florine Stettheimer faßte die Polarität der künstlerisch-professionell wie auch privatim verbundenen Protagonisten in die verdichtete Sprachform eines Poems:

| | |
|---|---|
| Er photographiert | Und wirbeln um sie herum |
| Sie ist nackt | Sie verwandelt sie |
| Er behauptet | In gemalte Luft |
| Sie hat keine Kleider | Regenbogengetönt |
| Außer seinen Wörtern. | Die umsaust und umbraust |
| Goldbraun und herbstrot | Und ihn einsaugt.[86] |
| Fallen sie rasch | |

Georgia O'Keeffes unerhörte Blumenportraits, etwa ihre weißen Rosen, so abstrakt wie die Dynamik eines Schnee-Zyklons, oder ihre vieldeutig organoiden Mohnblüten, verwiesen Florine Stettheimers floristische Stilleben in die Museumskabinette der altmeisterlichen Sträuße, die ein Odilon Redon aufgefrischt hatte. Von ihm übernahm sie die gleichsam heimliche, symbolistische Überhöhung der bunten Buketts, denen nach Henry McBride bei aller botanischen Akkuratesse etwas »Unirdisches«, etwas »Okkultes« entströme.[87] Poetisierung ihrer Malkunst durch die Wohlmeinenden – Parker Tyler schließt sich ihnen an, wenn er Redons »transzendente Sensibilität« in Stettheimers »persönlichem Universum der Symbole« wiederzuerkennen glaubt.[88] Fühlte sich die Ältere der beiden Malerinnen durch die Wucht der Aussage einer Jüngeren verdrängt? Eine Ahnung von Rivalität dämmert vom Moment der Erstbegegnung im Herbst 1922 auf. Miss Stettheimer zischelte Miss O'Keeffe zu, wie erfreut sie sei, sie nun in ganzer Person zu erleben, anstatt bloß »in Segmenten«[89]. Eine Person in der Kleidung einer Reisenden über Land oder einer College-Lehrerin in flachen Schuhen, »stark, kräftig und ruhig«[90]. Über den Sensationserfolg der Vorjahresausstellung in den Anderson Galleries hatte McBride seine Freundin getröstet, denn sie fürchtete, die freizügige Exponierung der doch recht Unbekannten könnte dieser »als Vehikel«[91] für Zelebrität auch in Dingen der Kunstausübung dienen. »Was Ruhm anlangt, den erreicht man, wie ich Ihnen oft sagte, nicht, indem man ihn verdient, sondern indem man die Gemüter der Öffentlichkeit in Erregung versetzt.«[92]

Henry McBride vermochte seinen provinzlerisch puritanischen Hintergrund nicht zu verleugnen. »Grundgütiger Himmel! 5 000 Dollar für bloß eine Photographie! Und dann mußte jeder die Präsentation immer wieder sehen, und der Andrang vor dem Aktbild besonders groß.«[93] Er hatte in seiner Kolumne über moderne Kunst in The Dial Begriffe wie »gossip, speculation and voyeurism« einfließen lassen, und daß eben Klatsch die Vermutungen und Schaulust aus triebhaften Motiven die ganze Sache unterspülten. »Es erregte einiges Aufsehen. Die Mona Lisa bekam nur ein Portrait von sich, das der Rede wert war, O'Keeffe bekam 100. Das machte sie mit einem Schlag berühmt. Jeder kannte ihren Namen. Sie wurde sozusagen zu einer Person des öffentlichen Lebens.«[94]

Eine Besucherin sei in Tränen ausgebrochen: »he loves her so …«[95] Die Passion des nunmehr 57jährigen und überdies verheirateten Promoters der modernen Kunstszene lag offen zutage. Die mittlerweile über 30jährige, in die Rolle des »Naturkindes«, des »Kindes vom Lande« oder gar des »little girl« gezwängte Georgia fühlte sich in ihrer Autonomie als Künstlerin gestört. Anno 1916 hatte eine ihrer Freundinnen Mr. Stieglitz Kohlezeichnungen der noch Unentdeckten vorgelegt, und bald entspann sich ein Briefwechsel über tausende von Meilen zwischen New York und South Carolina, wo Miss O'Keeffe, schon bald »My dear Miss O'Keeffe«, am Columbia College unterrichtete. Ein Rinnsal von Worten, über drei Jahrzehnte – bis zu Alfreds Tod 1946 – anschwellend zum Strom aus abertausenden von Episteln, deren Poststempel von Texas und New Mexico als Zeichen zu deuten sind. Geben sie doch das Signal einer aller Intimität heilsamen Distanz. Fluchten aus der 1924 geschlossenen Ehe, Fluchten aus den graubraunen Hochhäuserschluchten der »City of Desire«, die Alfred in postkartengroßen Photogravüren Georgia zuschob, die ihre ebenso erdfarbenen Stalaktiten in die Straßenschluchten hineinsetzte, scharfkantig wie Fallbeile, die dem Himmel Tod bringen. Für Georgia standen die Horizonte vom Lake George, dem Sommersitz der Familie Stieglitz, in Flammen, wie später die ihrer Ghost Ranch in New Mexico oder die jenseits der Felswände von Abiquiu.

Aber nirgendwo im Œuvre die gemalten Picknicks als Niederschlag der »Fêtes galantes« oder der von Matisse dargebrachten Huldigung an die »Joie de vivre«. Überhaupt Abstinenz von den Individuen und ihrer Partysucht, die Florine so elegant bemäntelte als einen an sie erteilten Auftrag, der malerischen Wiedergabe:

| | |
|---|---|
| Our Picnics | Seen in color and design |
| Our Parties | It amuses me |
| Our Banquets | To recreate them – |
| Our Friends | To paint them.[96] |
| Have at last a raison d'être | |

Die Kontrahentin hingegen bannte das Amüsement auf ihre den Menschen ausklammernde Weise. Ihre Schwarze-Nacht-über-New-York-Bilder lassen allenfalls ahnen, was sich hinter schneeweißen oder goldgelben Rechteck-Fenstern zeigt: die grell beleuchtete Leere der Zivilisationswesen und ihre Süchte. Fassaden mit Diamanten im Vierkantschliff bestückt im reinsten Art déco; jedem der Fenster ritzte F. Scott Fitzgerald es ein: »The Diamond as Big as the Ritz«.

O'Keeffe suchte für ihre herbe Person den Fundschmuck in Sonnenwüsten, gebleichte Rinderschädel, denen sie Stoffrosen anheftete. Die Schönheit der Knochen und Gerippe wetteiferten mit radgroßen Blüten aus der Juwelierwerkstatt der Natur, wie die oft abgebildeten »Stechäpfel« für den Kosmetik-Salon von Elizabeth Arden. Die gezackten Ränder der hellen Jimson Weeds, die zumindest den Magnolienteint gewisser Romanheldinnen versprechen, wiederholen, hie und da spitz gebogen, das formale Prinzip der gewundenen, gewaltigen Hörner. Die zusammengerollte Callablüte in Elfenbeinweiß wird zum Symbol der selbst auferlegten erotischen Enthaltsamkeit. Strenge, wie gemeißelte Gesichtszüge, ein ausgezehrter Körper, vornehmlich in Schwarz, erwecken den Eindruck von Askese jener Mystikerinnen, die Passionen erlebt und erlitten haben. Beim Durchblättern des *New Yorker* werden die Stettheimers 1929 auf die schmale, schwarzweiße Profilansicht dieser ihnen – entfernt vertrauten – Person gestoßen sein: *Our Lady of the Lily;* diesmal von Hand des, so Henry McBride, »genialen«[97], in Mexiko geborenen Karikaturisten Miguel Covarrubias. Carl Van Vechten nahm den jungen Zeichner und späteren Anthropologen mit auf seine Streifzüge durch Harlem. Die dort eingefangenen, karikaturenhaften Impressionen von dunkelhäutigen Jazz-Musikern und Tänzern bieten »stilistische Parallelen«[98] zu Florines Schwarzen in pantherhafter Grazie, will man *Vanity Fair* folgen.

In Covarrubias' scharf geometrischer, pseudo-religiöser Karikatur Georgia O'Keeffes als *Our Lady of the Lily* figuriert die halb geschlossene Blüte am langen Stengel als Emblem nicht allein der Nachschöpferin floraler Schönheit. Die Geste des demonstrativen Emporhaltens der symbolisch befrachteten Lilie ruft Georgias feministische Aktivitäten in früheren Jahren ins Gedächtnis zurück. Von 1914 bis zu ihrer Auflösung 1930 gehörte O'Keeffe zur National Woman's Party, »einer der radikalsten feministischen Gruppierungen des frühen 20. Jahrhunderts«, die sich für die Gleichberechtigung der Frau einsetzte »und sexistische Gesetze bekämpfte«[99].

Es bleibt dahingestellt, ob Covarrubias hinter seiner Liliendame schattenhaft eine aus der Schar nationaler Kämpferinnen auftauchen sah, die längst Historie geworden ist und in deren Asche Literaten und Dramatiker herumstochern – anno 1923 hatte George Bernard Shaw eine Heilige Johanna auf die Bühne gestellt und ihr in der Schlüsselszene eine Art Holzscheit in die erhobene Hand gedrückt. In ihren Konturen beginnen die Objekte weiblicher Seinsbekundungen sich scheinbar anzugleichen, Lilienstengel wie Fackel. Eine Aufnahme aus dem Jahre 1915 zeigt Mrs. Louisine Havemeyer mit der gewaltigen »Torch of Liberty«, dem Emblem der National Woman's Party. Auf ihren weißen Locken thront ein großer, mit Blumen geschmückter Hut. Der Enthusiasmus dieser bedeutendsten Sammlerin und Stifterin impressionistischer Gemälde, die weltweit mit den Namen aus der Kunstwelt korrespondierte, verband sich mit politischer Energie. In ihrer Eigenschaft als einer Pionierin in der amerikanischen Frauenfrage hielt sie öffentliche Ansprachen, wobei sie als Podium das vom Chauffeur gesteuerte omnibusartige Kraftfahrzeug benutzte, die von ihr so benannte »Jewel Box«[100]. Die unhandliche »Torch of Liberty« ersetzte sie durch ein »Ship of State«, das auf einen Stab montierte Miniaturmodell der historischen Mayflower. Wenn Mrs. Havemeyer von einer »aufgeklärten Zukunft« und dem Wahlrecht für Frauen sprach, flammten 33 winzige Glühbirnen an dem Schiffchen auf – das war Louisines mit Applaus bedachtes, dramatisches Finale.[101] In dieser Zeit des europäischen Weltkriegs und der drohenden Frage einer US-Beteiligung liefen die Aktivitäten der »grand old lady« auf zwei Spuren. Sie betrieb die Erweiterung ihrer Sammlung mit Courbets *Messerschleifern* und seiner nackten Quellnymphe, *La Source,* sowie der Tanzklasse von Degas, dazu das Portrait einer in schwarz à la Vermeer gekleideten melancholischen Dame, der Schwester von Berthe Morisot. Viele dieser den Sinnen schmeichelnden Bilder, der Bilder für »schauende Hände«, verraten eine Vorliebe für weibliche Sujets, darunter erstaunliche Akte, von Corot bis Renoir und immer wieder Courbet. Doch Äonen scheinen diese Darstellungen von der modernen Auffassung des weiblichen Akts eines Alfred Stieglitz zu trennen, die ja auch Florine Stettheimer nicht teilte und deren Zurschaustellung ihre Schwester Ettie mißbilligte.

Louisine Havemeyers Einstellung zur Moderne oder gar zur Avantgarde läßt sich daran ermessen, daß sie seinerzeit der Armory Show ihre Impressionisten vorenthielt. Die kämpferisch gesonnene Fackelträgerin der Pariser Kunst jenseits des Akademismus lenkte die Aufmerksamkeit ihrer Zeitgenossen bis ins Jahr 1920 auf ihre zweite Spur. Wieder in einem auffallenden Hut und in Straßentoilette zeigte sie sich beim sogenannten »picketing the Republican National Convention in Chicago«[102]. Mitglieder der NWP hatten zu militanter Opposition aufgerufen. Wieder ließ sich Mrs. Havemeyer mit hochgehaltener Fahnenstange photographieren, nachdem sie im Vorjahr eine fünftägige Gefängnisstrafe zudiktiert bekommen hatte. Auf ihrem Banner in Chicago stand:

»Theodore Roosevelt Advocated Woman Suffrage. Has the Republican Party Forgotten the Principles of Theodore Roosevelt?«[103] Im August 1920 wurde das Frauenwahlrecht als Teil der Verfassung der Vereinigten Staaten eingeführt.

Somit rechtfertigt sich, bildlich gesehen, die Metamorphose der »Torch of Liberty« Louisine Havemeyers zur Lilienblüte Georgia O'Keeffes, ohne an symbolischem Gehalt einzubüßen. Da die um eine Generation jüngere Mitstreiterin erst auf dem Wege war, sich einen Namen zu schaffen, ist über ihre medienwirksamen Aktivitäten im Stile der »grand old politcal lady« nichts bekannt. Miss O'Keeffe in ländlicher Gewandung und im Wetterhut bei einer Demonstration geriet Alfred Stieglitz so nicht vor die Kamera. Als Feministin stand sie Henrietta Stettheimer näher als deren Schwester, wiewohl auch Florine zu ihr eine distanziertere Verbindung hielt.

Inwieweit erreichte oder berührte der leidenschaftliche Strom, der von diesem Künstlerpaar ausging, die unverheirateten Schwestern, denen gewisse spätromantische Hoffnungen wohl nicht nur nachgesagt wurden? Zumindest legt ein Gedicht Florines dies nah.

| | |
|---|---|
| Ich bete Männer an | Er wurde |
| Sonnengeküßt und golden | Ein goldener Fleck |
| Wie goldene Götter | Paddelte |
| Wie Pharao ambragesalbt | Hinein |
| So sann ich laut | In |
| Auf einer Spitzenkissen-Couch liegend | Die |
| Auf einer Veranda | Blendende |
| Mit Blick auf den Lake Placid – | Sonne |
| Mein August-Gast | Stunden später |
| Hörte mich, lächelte | Kam er zrück |
| Und erhob sich lässig | Sah befangen aus |
| Von den türkisch-roten Kissen | und überhitzt.[104] |

# Liebestage – dennoch

Gewiß, die Stettheimer-Schwestern hatten Paare vor Augen, die den einmal gefällten Entschluß, unvermählt zu bleiben und der Ehe zu entsagen,
zu bekräftigen schienen. Am Beispiel der Freunde erlebten sie die Turbulenzen wechselnder Partnerschaften, vorübergehender Trennungen
und das Wiederzusammenfinden: Georgia O'Keeffe und Alfred Stieglitz
boten das Beispiel eines in aller Stille verlaufenden Ehedramas, in das
schwere Krankheiten, Georgias Brustoperationen, ebenso mit hinein-
spielten wie psychische Verdüsterungen. Die Duldung Fania Van Vechtens der Männerbeziehungen ihres sanften Gemahls war keinesfalls frei
von eifersüchtigen Regungen, die zu genüßlich kommentierten Szenen
führten. Hierfür waren Florine und Henrietta hellwach. Auch wußten
sie um die allerdings ziemlich unverschleierten Hintergründe einer
Scheinehe, wie sie Baron Adolphe de Meyer und Baroness Olga in opti-
mistisch und stets heiterer Versnobtheit auslebten. Das Verhehlen einer
heimlichen Hölle gehörte durchaus zu den Strategien – zumindest in der
Meinung der glücklich oder unglücklich davon Verschontgebliebenen.

Die große Lebensangelegenheit und ihre Desillusion wollten aus
dem Denken der Schwestern nicht weichen. Daß die Liebe »vielleicht
nur in den Auswirkungen der Brandungswellen« bestehe, »die nach
einer tiefen Bewegung unsere Seelen durchfurchen«, konnten sie in
Prousts Roman nachlesen.[1] Aber die Wirklichkeit steckte voller Para-
doxe. Von allen Paaren im Gesichtskreis der Stetties erfüllten Gaston
und Isabel Lachaise jene romantischen oder sogar romanhaft aufregenden Erwartungen, die eine ungewöhnliche Verbindung weckt. Florines
Gesellschaftstableaus oder Konversationsstücke wie *Soirée* verraten
nichts von den jahrzehntelangen Kämpfen um die Legalisierung eines
Liebesverhältnisses, von dem auch die puppenhaft gemalten Figurinen
im Stettheimer-Salon scheinbar unversehrt geblieben sind. Madame
Lachaise nimmt in üppiger Rundlichkeit neben der ihr ganz zuge-
neigten Ettie einen roten Louis-Seize-Sessel ein, Monsieur begutachtet
unweit von ihr ein Stettheimer-Werk auf einer Staffelei. Die Farbkom-

bination ihrer Kleidung, er in Grau, sie diese Couleur aufspaltend in Schwarz und Weiß, verrät eine gleichsam whistlerhafte Harmonie, die niemals nur einem Äußeren gilt.

Dabei war zu Beginn Gaston Lachaise (1882–1935) einer Mrs. Isabel Dutau Nagle aus Boston, 1872 in Somerville, Massachusetts geboren, viel zu französisch, zu rational und nüchtern erschienen, um sich für ihn zu erwärmen. Sie hatten sich 1901 oder 1902 in Paris kennengelernt, der Bildhauer und die dort zu Besuch bei ihrer Schwester weilende Mrs. Nagle. Sie war verheiratet, streng katholisch erzogen und Mutter eines sieben- oder achtjährigen Sohnes. Eine klassische Romansituation insofern, als sich dieses literarische Genre nach Meinung eines Kulturwissenschaftlers dem abendländischen Phänomen des Ehebruchs verdanke.

Den Jüngling Gaston traf das Erweckungserlebnis mit Wucht. Am Quai der Seine erspähte er eine majestätisch Promenierende. Er nahm sie in der Fülligkeit einer von Renoir oder Monet immer wieder gemalten Petite Parisienne wahr, und dahinter, gleich einer Vision, den Archetyp Frau in Gestalt vorchristlicher Fruchtbarkeitsgöttinnen, die er in Marmor und Stein wiedererschuf. Lachaise nannte seine Skulpturen *Élévation* oder *Woman*. Er hätte sie in Gold gießen mögen und begnügte sich mit Bronze. Seine Verehrung – soll man Vergötterung sagen? – überdauerte Jahrzehnte, schien mit den sich auftürmenden Hindernissen noch zu wachsen und sich zu verfestigen; daran konnte auch das Luxusbedürfnis seiner recht weltlich veranlagten Venus nichts ändern. Die Pariser Herzensseligkeit endete mit Isabels Rückkehr nach Boston. Gaston vollendete seine Ausbildung, die ihm den Wehrdienst verkürzte, er träumte vergeblich vom Prix de Rome, erhielt ein karges Stipendium und arbeitete für den Juwelier und Glaskünstler René Lalique. Kleine Wachsmodelle und Schnitzereien in Holz und Elfenbein, Schlangenförmiges, Florales im Stil des Art nouveau prägten die Handschrift für die Wiedergabe des weiblichen Körpers – den hundertfach gezeichneten und modellierten Leib Isabels in schier überbordender Anatomie. Überdies lernte er Englisch.

1905/06 schiffte sich Gaston Lachaise gleichsam im *Winter seines Herzens* nach Boston ein. Er hatte sich seine Passage mit kunsthandwerklichen Arbeiten verdient, womit er auf eine Laufbahn im Schatten Rodins verzichtete. Er sollte nie mehr nach Frankreich zurückfinden, wiewohl er Plastiken zu den Pariser Ausstellungen entsandte. Als Franzose an der Ostküste sprach er ein für amerikanische Ohren schwer verständliches Idiom. Ein ernster, dunkelhaariger und ärmlich wirkender Bursche, der Grabsteine meißelte oder Waffen- und Uniformdetails für die Mahnmale des Amerikanischen Bürgerkriegs. Doch er sah Isabel wieder, vielleicht zweimal in der Woche. Dann stieg, wie auf einer nebligen Photogravüre von Stieglitz aus dem Jahr 1910, die Stadt am Hudson vor ihm auf und er trat ein in die *City of Desire;* er preßte seine Sehnsucht nach Isabel in kaum handgroße, nackte Figürchen. Greifbare Souvenirs eines glücklichen Ferienabenteuers in Maine 1907, wo Isabel Fluten durchschwamm und ihren Lover mit Bildern einer ruhenden Venus neckte. Irgendwo in einer Atelier-Bleibe in New York schuf er Modelle für die Portraitbüsten des J. Pierpont Morgan Memorial oder von John D. Rockefeller – beides im Auftrag des beliebten offiziellen Bildhauers Paul Manship.

Flehentliche Bitten an die »Lady of Boston«, deren eigene Qualen wiederum geschürt wurden, wenn sie lesen mußte, wie bunt und abwechslungsreich ihr Dasein in der Metropole verlaufen würde, wovon sie jedoch ihr Pflichtgefühl gegenüber dem heranwachsenden Sohn abhielt. Edwards Harvard-Studium begann 1913, das folgende Jahr lenkte Gastons Gedanken gen Frankreich zu den Seinen in der Gefahrenzone des Frontkrieges. 1916 wechselte er die Staatsangehörigkeit und Mrs. Nagle beantragte ihre Scheidung. *La Vie de Bohème* fand ein bürgerliches Ende.

Die in den langen Phasen der Trennung sich steigernde Empfindungsfähigkeit des Bildhauers Gaston Lachaise wurde ihm – anläßlich seiner ersten Einzelausstellung – als eine Art Philosophie des weiblichen Körpers und des Frauenkults ausgelegt. 1918 zeigte die Bourgeois Gallery an der Fifth Avenue Skulpturen und Zeichnungen, Reliefs und kleinere Statuetten, auch Portraitbüsten. Zur Besänftigung prüder Besucher tummelten sich ein paar Seelöwen, Delphine und Pfauen um die lebensgroße und noch dazu patinierte Gipsfigur *Élévation*. Isabel in corpore. Dem Staunen der Gurus und Kulturorakel der Kunstszene, darunter Van Vechten und Stieglitz, sprach McBride das Wort. Doch welchen Himmelsregionen sollte man diese massige Fleischlichkeit zuordnen, welchen fernen Religionen oder gar außerirdischen Räumen, wo diese Erhabene doch in Wahrheit ein Übergewicht des Geistig-Seelischen der Frau schlechthin ausdrückte? Gastons Muse avancierte zum Salon-Rätsel, auch am Alwyn Court.

Florine Stettheimers ironische Bemerkungen kamen weniger aus ihrem Munde, als von den – zum Augenausdruck passenden – süffisant verzogenen Lippen ihres nackten Konterfeis. Es hing an der Wand, und die Diskutierenden gruppierten sich davor. Im Namen all der Tizian und Goya, Manet und Moreau verweigerte sich die Malerin der allzu voluminösen Auslegung des weiblichen Akts. Eine Laune der Avantgarde, die in den Zeiten des Kampfes um rechtlich-politische Gleichstellung der Frau wie ein Rückfall in einen archaischen Primitivismus wirkte. Noch anno 1934 erregte Gastons skulpturale Bloßlegung weiblicher Genitalien unter dem Titel *La Création* die Gäste einer Dinnerparty, an der Georgia O'Keeffe und Fania Van Vechten teilnahmen. Sie hatten zusammen mit Florine das Atelier des Bildhauers besucht; auch Henry McBride zuckte zurück, wenngleich er Lachaise halbherzig verteidigte. Er schreibt: »Ettie looked at me, much impressed against her will, and said: ›You are wonderful.‹«[2]

Henrietta Stettheimer hatte indessen ihre eigenen Gründe gehabt, weshalb sie das Paar Isabel und Gaston schärfer ins Visier nahm – damals, um 1918. Ihr war dieser strenge Blick unter den fast zusammenstoßenden Augenbrauen eigen, dennoch stand sie im Ruf steter Flirtbereitschaft. Sie tüftelte an den Geburtsdaten der beiden; aber zu Isabels heimlichem Triumph schob sich ein Jahrzehnt nicht trennend zwischen sie.

Henriettas Erkorener war der junge, in der Tat sieben Jahre jüngere Bildhauer Elie Nadelman (1882–1946); er gehörte zur Phalanx jener aus Europa eingewanderten Künstler, denen an neuen Ufern schneller Ruhm winkte. Elias war der Sohn eines jüdischen, philosophisch orientierten Juweliers in Warschau, dem er seine Begabung und seine Intellektualität verdankte. Er wirkte überaus beredt, absolvierte seinen patriotischen Dienst in der Kaiserlich-Russischen Armee und entschloß sich mit 19 Jahren Polen endgültig zu verlassen, weil ihm das antisemitische Klima nicht behagte.

München verhieß ihm den in Naturlyrik und Frauenschönheit schwelgenden Gemälderausch eines Franz von Stuck und eines Arnold Böcklin. Die Götterstatuen in der Glyptothek fächelten dem Hitzkopf klassische Kühle zu. Im bayerischen Nationalmuseum erwachte das Interesse an Volkskunst, und die Holz- und Porzellanköpfe der Puppen aus dem 18. und 19. Jahrhundert regten zu modernen Nachschöpfungen an. Im Pariser Louvre verhieß die Antikenabteilung archaische Einfachheit, die Rodin als ewiger Gottvater der Kunstwelt, so Apollinaire, genial zerschlug.

Der angehende Bildhauer versuchte sich in analytischen Experimenten mit Form und Volumen. Stundenlang meditierte er am Seine-Ufer und las sich in die Gedichte Baudelaires, Verlaines und Rimbauds ein. Noch war er arm und wurde von den sehr wohlhabenden polnischen Brüdern Natanson unterstützt, deren Zeitschrift *La Revue Blanche*[3] Marcel Prousts Forum wurde. Élie, nun französisch, ein Jongleur zwischen dem weit ins 20. Jahrhundert reichenden Fin de Siècle und der mit Picasso auftrotzenden Moderne, geriet in den Kreis um Leo und Gertrude Stein. Er teile, so befand die wortmächtige Schriftstellerin, mit Pablo Picasso und Matisse eine ans Geniale grenzende Männlichkeit; er strahle wie sein Landsmann, der Pianist und nachmalige Politiker Ignacy Paderewsky, den Magnetismus der Sensitiven aus. André Gide nahm der Charme des blondhaarigen Dandys gefangen, der wie ein Balzac'scher Romanheld aus der Provinz dank seines Esprits die Hauptstadt Paris eroberte. Das plastische Werk prägten kalkulierte Gehirnsinnlichkeit, mathematische Berechnungen zur abstrakten Geometrie. Dabei bekannte sich Nadelman zur Antike, zu Praxiteles, und schuf 1907 als Hommage an Gertrude Stein eine Version der *Demeter von Knidos*. Helena Rubinstein saß ihm Modell und erwarb im Jahr 1911 das gesamte Konvolut einer Londoner Ausstellung. Als Mäzenin galt sie so einflußreich wie Gertrude Stein; in Nadelmans ausdruckslosen Köpfen, den wie von Duftöl überglänzten Gesichtern, schien ihr diese Kunst wie ein Markensymbol, das für die Verschönerung der Frau auf wissenschaftlicher Grundlage Werbung machte.

Die großzügige Patronin, sie hieß nun Princesse Helena Gourielli-Tchkonia, ermöglichte Elias im Oktober 1914 die Überfahrt nach Amerika an Bord der Lusitania – mit allem, was sich in seinem Atelier befand. Er war in gewissen Künstlerkreisen kein ganz Unbekannter: Schon 1910 hatte Alfred Stieglitz nach einem Besuch in Paris Zeichnungen für seine New Yorker Galerie 291 mitgenommen. Carl Van Vechten und Henry McBride wurden treueste Unterstützer. In den Augen einer für die Moderne und die mitschwingende Subkultur Aufgeschlossenen wurde Elie Nadelmans Exposition von 1917 ein Ereignis. Der Erfolg widerlegte McBrides skeptische Behauptung, es walte da eine Disproportion zwischen dem vitalen Elan des Künstlers und der zögerlich-zurückhaltenden Aufnahme durch das Publikum.

Elie Nadelman traf den Nerv. Die Eleganz seines Wesens übertrug sich auf die Schöpfungen manierierter Statuetten von knochenlosem Körperbau und seidenglatter Oberfläche, ja, sie floß förmlich in sie hinein. Man gierte in Zeiten des bevorstehenden Eingreifens in den europäischen Krieg nach dem *Air de Paris*. Elie Nadelman nahm es Duchamp vorweg und parfümierte damit seine Tangotänzer und Chansonetten. Die schmal taillierten männlichen Figurinen in Florine Stettheimers Bildern deuten auf eine androgyne Artverwandtschaft hin. Als Antipode zu dem Fruchtbarkeitsanbeter Gaston Lachaise und dennoch Formgeber eines verfeinerten, sublimierten Erotizismus war er den wenig prüden Stetties hochwillkommen.

Will nun Florines Tableau *Picnic at Bedford Hills* (1918) eine Liaison enthüllen, oder nur einen romantischen Flirt? Unter einer Hängeweide, abseits von ihren Schwestern und Freund Marcel, ruht Henrietta – in

Feuerrot von Kopf bis Fuß – auf einer samtschwarzen Decke. Im rechten Winkel zu ihr, bäuchlings ausgestreckt, Elie, goldfarben und schmal wie nur eine seiner spitzfüßigen Herrenfigurinen. In eloquenter Causerie begriffen, sie und er, im Szenario ländlicher Lustbarkeit eines Giorgione oder Manet. Die erotischen Körpersignale des Paares schließen einen intellektuellen Diskurs nicht aus. Krieg und Vertreibung, Heimatverlust, Ausgrenzung durch ihr jüdisches Sein. Hinter Elias tauchen in diffuser Ferne, hauchzart gemalt, Erinnerungen an die sommerliche Heuernte in Polen auf. Die politische Dimension der ländlichen Idylle von Bedford Hills ermißt sich aus Etties Tagebuch, der Klage über den nicht genutzten Tennisplatz, den verschmutzten See, der dennoch Badegelüste erwecke, die Schweine, Hühner, Kühe, Pferde und Gänse, die Florrie »the Germans« nenne, wenn sie sich dem Gewässer näherten: »Here come the Germans.«[4]

Im Gegensatz dazu betonen die erotischen und amourösen Hinweise eine engere Paarbeziehung: die rosagetönten phallischen Baumstämme, der purpurne Sonnenschirm, der die Hüftrundung der lockend Liegenden wiederholt, die taktvoll abgewandten Köpfe der Vertrauten. Marcel Duchamp schien diese Romanze »somewhat like a movie plot except that nothing ever happened«[5]. Was aber in diesem Film ohne eigentliche Handlung dennoch vorkam, erinnert gleichwohl in seiner Komik an Stummfilmszenen: Ettie und ihr »little Duche« nahmen zusammen mit Elie den Tee im Café des Beaux-Arts-Gebäudes, wo Florine ihr Atelier hatte. Duchamp verzögerte den Aufbruch, so daß Ettie ihn »zum Spaß«[6] auf Knien anflehte, er möge sie verlassen, um ihr Zeit zu geben, sich für das Dinner umzuziehen. Dann habe sie mit Nadelman auf dem Dach des Ritz gespeist.

Daß Nadelmann Henriettas Büste 1926/28 unattraktiv modellierte, mit einem hohen Dutt und dazu den Kopf »preußischblau«[7] bemalte, läßt Rückschlüsse zu. Ein unterschwelliges Ressentiment begleitete die beiden auf ihren langen Spaziergängen und bestimmte den Unterton ihrer Gespräche über die Literatur und das Leben. Elias war ihr Don Juan und auch wieder nicht, denn zur gleichen Zeit fragte sie ihren Briefpartner Henri Gans, ob er nicht gleichsam aus seinem Uniformärmel »irgendeinen dünnen, dunklen, finsteren, komplizierten, artifiziellen und sehr brillanten Artillerie-Hauptmann«[8] hervorzaubern könne, natürlich einen französischen wie Monsieur Gans. Einen gleichsam aus dem Ärmel hervorgeholten Offizier von luziferischem Typus in der Art eines Romanhelden aus dem 19. Jahrhundert. Einen, dem man die Schwarze Romantik von den Gesichtszügen ablas. Oder schwebte der belesenen Henrietta ein Offizier vom Schlage des Choderlos de Laclos vor, dessen Roman von den gefährlichen Liebschaften, *Les Liaisons Dangereuses* von 1782, die Liebesverführung als militärisch geplante Operation en detail schilderte? Rumorten in der Briefpartnerin von Monsieur Gans unterschwellige Wünsche, etwa Opfer der Verführungskunst eines erfahrenen Strategen zu werden? Sie war Ende 40, und ihre Liaison mit dem jungen Elie Nadelman glich einer mißlungenen und von Beginn an unglücklichen Stummfilm-Romanze, wo die Zuschauer nur die Mimik wahrnehmen, die aufgerissenen Augen, das Gestikulieren, die sprechende Körperhaltung, auch die Verweigerung, nicht aber den in Wirklichkeit geführten, lebhaften Dialog des Duos. Diesen unbefriedigenden Don Juan ersetzte, auf gleichfalls unbefriedigende Weise, ein Herr englischer Nationalität, den Henrietta ihr Gegengift nannte, »my anti-dote«[9].

Die quälende Situation zeitigte Wunschträume. Wenn dieses Begehren nach einem Offizier nicht selbstironisch gemeint war, als reines Hirnspiel der um sich selbst Wissenden, dann ließe sich hier eine Annäherung an Florines Schwärmereien aus den Berliner Jugendtagen ausmachen. Damals wie jetzt konnten beide Schwestern nichts von einer Kriegswirklichkeit ahnen, von zerfetzten Körpern und entstellten Gesichtern, den »gueules cassées«, denen Picassos deformierte Portraits ein makabres Denkmal schufen.

Vor dem Hintergrund des Ersten Weltkriegs verstehen sich Henriettas Gefühlsturbulenzen auch aus dem Zwiespalt ihres Seins als ein Zoon politicon. Blutsmäßig deutsch, in Deutschland eine frühe und eine späte formale und geistige Erziehung genossen, dabei von amerikanischer Nationalität, umgeben von Emigrantenfreunden, dem Polen

Elie Nadelman zumal, stellte sie sich ganz auf die Seite der Alliierten. Vordergründig, wie ihr Brief an Henri Gans zeigt. Und in der Tagesrealität trug ein Brite zur englisch-französischen Herzensallianz bei.

Das trügerische Doppelspiel mit den Sehnsüchten und dem daraus resultierenden Zwiespalt, dem Hin- und Hergerissenwerden zwischen den feindlichen Nationen, enthüllte just im Jahr 1917 ihr autobiographisches Fragment *Philosophy* unter dem Decknamen Henrie Waste. Pure Nostalgie. Reinster Heinrich Heine, von dem darin so oft die Rede ist, ganz abgestimmt auf dessen »Denk ich an Deutschland in der Nacht«. Alle die gegenwärtigen Gefühlsturbulenzen, diese »intermittances du coeur« à la Proust, hervorgerufen durch Elie und den abschiednehmenden »Duche« oder »petit Marcel«, waren aufgewirbelt worden durch die philosophische *Love Story* aus Freiburger Studententagen; genauer gesagt: durch ihre Abfassung in der verklärenden Rückbesinnung.

Henrietta hatte die Zeit zurückgestellt. Ob sie ganz ohne amouröse Hoffnungen an die Albert-Ludwig-Universität gekommen war, wo allein die umgebende idyllische Landschaft zu einer Pastorale einlud, das sei dahingestellt. Eine kleine schwarzhaarige Amerikanerin mit Zopf, deren »flirtatiousness« mitsamt den Locken an jenem fernen Gestade verblieben, das noch keiner der Kommilitonen erreicht hatte. Die studierende Dame, so der Universitätsjargon, der ein ganz maskuliner war, ging unauffällig gekleidet und beschäftigte eine Schneiderin in einer Altstadtgasse. Es gab nur wenige Studierende im langen Rock, und diese Miss aus New York mit ihren dunklen Augen und fast zusammengewachsenen Brauen, stellte etwas Besonderes dar, ein Exotikum. Man huldigte ihr, grüßte militärisch mit zusammengeschlagenen Hacken, man rahmte sie ein auf dem gemeinsamen Weg zu den Einladungen beim Meister, Professor Rickert. Hüte wurden vom Kopf gerissen beim Adieu, »dann waren meine beiden Füße allein, und ich fühlte mich wach und startbereit«[10]. Fliederduft und Münsterglocken, die Begleiter im Frack oder Gehrock marschierten zu ihren Studentenbuden.

Ettie hielt die Namen der Studiker auf ihren Visitenkarten wie ein Kartenspiel in der Hand. Der Herzbube fehlte. Keiner von den Jünglingen aus Sachsen oder Mecklenburg konnte oder wollte es sein. Dann stieg ein Engel vom Erwartungshimmel herab, und Ettie vermißte ihre Pariser Kleider. Der Spätankömmling im Seminar, er saß eines Tages neben dem Christus gleichenden cand. phil. am Tisch, und Ettie durchzuckte eine Vision. Das so schöne wie traurige Gesicht des Neuen, es konnte keinem Deutschen gehören und keiner ihr bekannten Rasse. »Und in einem Moment blitzartiger, intuitiver Sympathie, und vielleicht unterstützt durch den Kontrast mit dem älteren, ernsthaften Theologen, intellektuell leer, emotional unterentwickelt und auf Temperament verzichtend, wußte ich, daß Taddeo, gleich welcher Nationalität, ein Jude war.« Da sich die Erzählerin ohnehin nicht auf die Vorlesung konzentrieren kann, gehen ihre Gedanken wandern. »Des blassen Jünglings Ahnenschaft aus dem mittelalterlichen Intervall der Enge des Ghettos wurde durch seine melancholischen Augen suggeriert, dachte ich; seine intelligente Stirn rief Erinnerungen an die über klassische Länder verstreuten Philosophen und Physiker wach; und seine sensitiven Lippen und ihre erzwungene Kontrolle gemahnten an die luxusliebenden und sinnlichen Völker in der Zeit ihrer nationalen Größe.«[11]

Als ein Buch vom Tisch fällt und der Theologe es aufhebt, dankt Taddeo mit einem seraphischen Lächeln, das für Sekunden die Strenge und die Melancholie verscheucht. »Dies, so entschied ich (wohl hauptsächlich wegen des vollständigen Bildes), war das sichtbare Anzeichen einer verstehenden Sympathie für alle menschlichen Belange, welche die jüdische Rasse zur Entschädigung für ihre unterschiedlichen, aber immer tragischen Schicksale, empfangen hat.«[12] Poetische Gedanken erfüllten die Betrachterin angesichts dieses »außergewöhnlichen Geschöpfes«[13] und seiner Beherrschung der deutschen Sprache; sie hätte nicht verwunderter sein können, wenn die Fliederbüsche im Nachtwind zu raunen begännen. Sie vernahm eine Melodie, welche die schwermütige Poesie ihrer beider Rasse erklingen ließ, wobei die Hörende, die sehend Erkennende – und auch Ältere – diese Jünglingserscheinung wie zur Bewahrung ihres seelischen Gleichgewichts von sich schob, ein Gespinst aus Abstraktion und immateriellen Ideen um ihn wob. Dabei vermochte sie sich eines gewissen Vorgefühls nicht zu erwehren, so als hätte die Macht des Zufalls, blind und irrational, sie beide zueinander geführt, auf eine sie beide demütigende Weise; »und ich spürte, wir hätten es irgendwie besser verdient.«[14] Denn Taddeo war erst 23 …

Es geschah etwas Unvorhergesehenes, und die Dinge nahmen einen beinahe romanhaften Verlauf. Beim Ausreiten auf einem verbotenen Pfad, im Wald unter Bäumen, geriet Ettie auf ihrer Wanda aus dem Studententattersall in Konflikt mit einem tief herabhängenden Ast. Sie hatte den Hut abgesetzt, ihr Haar verfing sich. Sie stürzte, ihr Reitrock blieb am Sattelknopf hängen, dann nur noch Steine, Schmutz, Gräser, und plötzlich der Schluck Brandy aus einer Feldflasche. Taddeo! Der kniende Ritter, er sammelte noch die beim Sturz verlorenen Feldblumen auf. Von da an trugen Wanda und Wiswamitra die Reiterfreunde allmorgendlich durch die schwäbische Bilderbuchlandschaft. Man philosophierte unausgesetzt, man nannte sich zur Wahrung der intellektuellen Reinheit ihres Miteinander Bruder und Schwester. Über den Hals ihrer Pferde warfen sie sich die Stichworte zu: Kant und Spinoza. Freiheit und Harmonie. Die Willensakte und die Verantwortlichkeit.

Oder sie bestiegen den Frühzug gen Güntherstal, wo Taddeo die Apfelbäume skizzierte, während er dem Gesang aus Heines *Buch der Lieder* lauschte. Bei der Rast im ländlichen Gasthaus erfuhr er auf rotkariertem Tischtuch die Initiation in ein echt amerikanisches Frühstück. »Des Freilei Schweschter hat's Taschetichli liege lasse«[15], rief ihnen die Wirtin hinterher, und sie glichen sich ja wie ein Ei dem anderen! Henrietta fühlte sich geschmeichelter, als wenn man sie mit Aphrodite verglichen hätte, und obwohl sie um Taddeos Willen sich alle Schönheit auf Erden gewünscht hätte, lautete ihr noch größerer Wunsch, er möge doch ihr wirklicher Bruder sein. Das jedoch lehnte Taddeo mit einem glücklichen Lächeln ab, »with a happy smile«.

Einmal trieb ein Gewitter das Paar, das keines war, denn sie hielten sich höchstens verschämt bei der Hand, ins Innere des Freiburger Münsters. Blitze durchzuckten die Düsternis des Kirchenschiffs. Die Kerzen, die Glasfenster und die Altäre, die Heiligenbilder und die spürbare Weihe des Ortes lösten Taddeos Zunge. Die Vita gab sich in Kürzeln preis, und Henrietta entzifferte die Story vom »poor little rich boy« holländisch-portugiesischer Abstammung, früh verwaist und schon welterfahren. Der schöne Donatello-Jüngling wuchs in Florenz auf, in Paris widmete er sich der Malkunst. Geographisch gesehen berührten sich die Lebensläufe der beiden auf der Kirchenbank tangential. Vor den Madonnenbildnissen löste das Bekenntnis »I am truly alone in the world; quite completely alone – even in spirit«[16] in Ettie das Bedürfnis aus, wie eine der Muttergottes-Statuen »that other Jewish boy« in den Armen zu halten. Aber die Flammenschrift am Himmel mahnte an das Referat für Professor Rickerts Seminar. Vielleicht hatte Taddeo auch genug von den haarspaltenden Analysen seiner Philosophen- oder Seelenschwester, die damit Sokrates hätte unterhalten können. Genug auch von ihrer beider Versuche, bis ins Herz der sinistren Wahrheiten vorzustoßen, jedenfalls wählte er einen Schleichweg, um die Widerspenstige zu erobern, und plante eine Amerikareise.

Ein Abschiedsspaziergang bei Nacht; er drängte das eben begonnene Jahrhundert zurück in die Epoche Lord Byrons, so daß der philosophische Dialog der Geschwisterfreunde zu einem poetischen wurde. Die sommerliche Mondscheineskapade war erfüllt vom lyrischen Diskurs der beiden, der freilich unhörbar blieb wie bei all den auf die Leinwand gebrachten Weltliteraturpaaren – ein Lieblingssujet der Romantiker. Und wie es die Ikonographie so will, barhäuptig und zaghaft umschlungen auf den verlassenen Wiesen und Feldern. Eben noch war Henrietta von Stolz erfüllt ob ihres Verzichts auf den Eros und ihren Willen zur Philosophie, der das Liebesopfer voraussetzte. Sie hatten schon einmal eine Trennung erprobt, nur für ein Referat, aber jetzt stand die Dissertation über William James an, »supremely important«[17]; und wie damals sah Ettie Taddeos Erröten und seinen Schmerz voraus, »in meiner Opferlaune fand ich Vergnügen an diesen Messerstichen, die ihn verwunden und auch mich selbst zerfleischen würden und so den Heroismus meines Tuns – in meinen Augen – erhöhten […] Taddeo würde meine Hand küssen, und schon spürte ich die Nähe seines schönen Kopfes, seinen betrübten Blick [...] stolz auf meinen Widerstand, war ich zufrieden mit mir.«[18]

Der gestirnte Augusthimmel bewirkte im letzten Moment die Wandlung. Der Zauber der Natur, der Rausch, die aufwallenden Gefühle, »die Welle der Eifersucht«[19]. Das Schweigen des Melancholikers, seine Taubheit gegenüber dem Vorwurf spiritueller Ferne und dem Rhapsodieren über den wundervollen Reichtum des Lebens, das vor ihnen läge und dem man entgegenwachsen müsse, das auf Freundschaft gründe, auf Sympathie, auf Zuneigung, auf dem Verständnis für Taddeos junges Sein und ihrer beider Ambitionen der Ich-Verwirklichung. Dann Adieu, letzte Umarmung, Lippenberührung unerwidert – »und ich mußte meine Augen geschlossen halten, denn als letzten Eindruck nahm ich nicht sein Bild mit, sondern den Nervenkitzel des intimen Kontaktes mit seiner Seele durch die Berührung seines Körpers«[20].

Das Herz hatte Vernunft angenommen. Es entlud sich in Briefen. Wobei die widersprüchliche Natur es so angelegt hatte, daß in diesem Organ genügend Raum blieb für den essentiellen Wunsch nach intellektueller Klarheit und dem Streben nach der Vernunft als höchstem Ideal. Daß Taddeos Name nur in den Anreden erscheint, den eingestreuten Invokationen, wie etwa »my Taddeo, my one perfect friend, my one perfect experience«[21], daß diese Autobiographie, die sich ja Fragment nennt, keinerlei Schreiben von seiner Hand enthält, daß sie allenfalls erwähnt werden, ob ihrer Kürze oder ihres Ausbleibens beklagt, all das wirft Fragen auf oder weckt gar Zweifel. Auf der anderen Seite erklären die Leerstellen wie durch ein physikalisches Gesetz, es mag auch ein psychologisches sein, weshalb Henries Briefe so angefüllt sind mit buntbewegtem Lebensstoff. Wie um den in Paris weilenden, an einem Kunstbuch arbeitenden und ob aller eigenen Arbeit stark vermißten Freund zur baldigen Rückkehr zu bewegen: gleichsam zum Flug seines Geistes gen Freiburg, möge er in corpore in seiner Wirkstätte im Palais Royal bleiben. Weiblichkeitsstrategien kamen in Gang. Feine Schilderungen von Tees für Professoren und auserwählte Kommilitonen im jugendstilig und chinesisch dekorierten Zimmersalon in der Pension.

Fastnachtstreiben. Spazierfahrten mit einem Fräulein Blümlein, und die beiden Damen im Canotier und mit der modischen Herrenkrawatte wie auf dem Titelbild von Else Urys Erzählung *Studierte Mädel* von 1906. Spätestens jetzt wird, nach eingehenden Diskursen über den Flirt und seine Bedeutung für die Liebe, ein Baron Clément Beckover eingeführt, der aus dem Dissertationsmanuskript die angelsächsischen Schlängelchen herauszaubere, die Professor Rickert störten, der auch die Handschrift seiner zu promovierenden Schülerin zu amerikanisch fand. Nach bestandener Prüfung ein Liebesjauchzer im dumpfen Sehnen nach einem Echo. »So hasten, hasten to me, my Taddeo, my lover, my friend, my brother«[22]. Finis.

Ein offenes, glückloses Ende. Die Selbstanalyse und Seelenzergliederung einer problematischen Denkerin im Zwiespalt zwischen Vernunft und Gefühl kleidete sich ins Gewand einer Liebesgeschichte. Man nenne sie nicht sentimental, allenfalls romantisch zeitfern. Der New Yorker Verlag Longmans, Green and Co. mit Niederlassungen in London, Bombay, Kalkutta und Madras, brachte das Buch 1917 heraus. Auf Florines erstem Familienbildnis von 1915 las Rosetta Stettheimer mit emporgehobenen Augenbrauen in dem noch unpublizierten Manuskript, so gelb wie die Blumen, die Früchte auf dem Tisch und der aufgespannte, mit Schmetterlingen bemalte Sonnenschirm, vor dem sich Etties Haupt im Profil schwarz abhob. Sie hatte das Werk ihrer Mutter gewidmet. Im Erscheinungsjahr erlaubte sich Edward Steichen einen Scherz, den er der Titelseite inskribierte: »Flagellation. Die wunderbare Geschichte, von einem Apfel und einer Hickory-Nuß, erzählt mit viel Intelligenz [...] und Charme von einer Verrückten.«[23] Und auf die nächste Seite schrieb er das *Hamlet*-Zitat: »Get thee to a nunnery – we are errant knaves, all; believe none of us: go thy ways to a nunnery. Thaddeus.«[24] Henrietta möge sich, gleich Ophelia, in ein Nonnenkloster begeben, um ihren irrenden Rittern zu entgehen.

Eine Mrs. Putnam gab brieflich zu, schallend gelacht zu haben, wenngleich ihr *Philosophy* als Feministin sehr zusage, »denn so schreiben Frauen nicht oft; und es gefällt mir als Amerikanerin, denn Amerikanerinnen tun so etwas nie«[25]. Der Held und Lover blieb unter den Verehrerfreunden Henriettas eine unentdeckte Rätselfigur. Wer stand für Taddeo Modell? Der scharfgeschnittene Medaillenkopf Marcel Duchamps drängt zum Vergleich mit dem schönen Donatello-Jüngling in seiner schmalgesichtigen Melancholie, doch im Gegensatz zu dem in eroticis Schüchternen trat Duche als ein Wilderer in Erscheinung. Literarisch besehen: ein Wüstling dank seiner steten Affären. Was ahnten die scharfhörenden, scharfsichtigen Gastgeberinnen mit ihrer kaum zu unterdrückenden Bereitschaft – Junggesellinnentum hin oder her – zum Pas de deux? Es heißt, dreimal hätte Marcel Henrietta Stettheimer aufgefordert, ihn nach Südamerika zu begleiten. »Was immer das heißen soll, weiß ich nicht«, notierte sie in ihr Tagebuch. »Er hat keine Aussichten dort unten, keine Freunde. Ich sagte ihm, er solle sich an mich wenden, wenn er krank würde oder ihm die Pfennige ausgingen [...] Armes kleines dahinfließendes Atom, ein seltsamer Junge – Aber ein lieber.«[26] An Bord des Kohlendampfers teilte der Entschwundene den Anblick der Wellen, das Rauschen des Ozeans mit einer gewissen Yvonne, der Ehefrau seines Schweizer Freundes Jean Crotti, der nach seiner Scheidung Marcels Schwester Suzanne heiratete. Noch vor seiner Abreise hatte Duchamp die drei Stetties zu einem Dinner eingeladen, aber nur Ettie kam für einige Stunden zum Nachtspaziergang durch die Straßen Manhattans. Florine hatte der Künstlerfreund ein Adieu in Form einer geographischen Aquarellskizze gesandt, welche die beiden amerikanischen Kontinente durch eine gestrichelte Reiseroute verband. Im Jahr darauf sollte er dem Schachspiel in Buenos Aires entsagen und zurückkehren an den Schauplatz New York, sollte Abschied von der Wärme des Südlichen Amerika – mit dem Wort »hot« gekennzeichnet – nehmen und die Geißel der Kälte im Norden masochistisch genießen: »cold« mochte auch die Abweisung durch Henrietta bedeuten. Marcel Duchamp würde auf den Landsitzen der Stettheimers oder ihrer Stadtresidenz das Gefühlsbarometer abklopfen, heiß oder kalt; und er würde ihnen – vielleicht, vielleicht auch nicht – gepfefferte Anekdoten erzählen, etwa die von seinem Intimfreund Picabia, der bei einer Performance splitternackt in einem Schrank heiße Schokolade trank, die ihm seine Geliebte, die Tänzerin Isadora Duncan, verabreichte.

Die Liebesakrobaten und die Artisten der Freundschaft, wenn sie denn stürzten bei ihren Kapriolen, fielen wie in einer Zirkusmanege in ein eng geknüpftes Netz. Es fing die Taumelnden und Strauchelnden auf. Es erstreckte sich von Greenwich Village als dem Herzen der neuen Bohème mit seiner dichtesten Vernetzung bis hin zu dem weitmaschigeren Areal um den Central Park West. Von hier warf Henrietta scharfe Blicke auf das Gezappel im Netz, auf die Geschicke der von der Macht des Eros Getriebenen; und das mannweibliche Miteinander zumeist im Unglück ehelicher Schieflage bewog sie zu einem Roman. *Love Days,* dem vollen Titel nach *Susanna Moore's Love Days,* spiegelt als Fortsetzung von *Philosophy* das angstgequälte Ich der Schreibenden wider. Albtraumartige Bilder steigen vor der im Bett Ruhenden und mit dem Bibelnamen Susanna Bedachten auf, sie gemahnen an den *Nachtmahr* des Johann Heinrich Füssli von 1781. Eine in Ekstase oder in Ohnmacht Hingesunkene im Nachtgewand wird von gleichfalls wahnbefallenen Tieren heimgesucht. Die Angst vor dem Tier im Manne war in der jetzigen Heldin einer abstrakten Vorstellung von dem, was eine Ehe ihr bedeuten könnte, gewichen. »Wenn – selten genug – sie sich ausmalte, verheiratet zu sein, war dieses Bild uninspiriert, mager, trocken und akademisch, und schon im Prozeß der Komposition gestorben.«[27]

Rückzug in die Wissenschaft. Trostsuche bei der Philologie, den alten Sprachen. Die gelehrte Susanna, bewandert in der Dichtung der Griechen, wurde dennoch ein Opfer des vielbeschworenen »daimon«. Die Wahnliebe zu einem französischen Maler führte zu Eheirrtum und Scheidung, führte zu weiteren amourösen Eskapaden: mit einem englischen Doktor, einem Nietzscheanischen Baron, einem bejahrten deutschen Professor, mit dem sich gut über Sappho als Dichterin des Perversen diskutieren ließ; am Ende folgte ein kahlgeschorener, nicht unbedingt romantischer Künstler mit teils kubistischen, teils abstrusen Hervorbringungen, Objekten im Stil Marcel Duchamps. Und wie der wirkliche Marcel und die wirkliche Henrietta deuteln die beiden Romanfiguren über ihr Dasein im Sonnensystem, sie verfallen in eine Mythologisierung, wie Duchamp sie schon in seinen Notaten zum *Großen Glas* anstellte. Das schaufenstergroße Objekt im Metallrahmen, auch *Die Braut von ihren Junggesellen nackt entblößt, sogar* genannt, will Liebesmaschine sein, »doch ist eigentlich eine Leidensmaschine«[28].

Ein Künstler drücke sich mit seiner Seele aus, das Geschaffene müsse »mit der Seele aufgenommen werden«[29]. Das allein zähle, meinte Duchamp. Härte und Grausamkeit des Liebesvollzugs – auch dies Henriettas Albtraum – demonstrieren Aluminiumblech, Bleifolie, Bleidraht, staubbesetzte, zersprungene Glasplatten. Dem Betrachter als Voyeur wird der Schauder zuteil, er wähnt sich in einer Blaubartkammer der Moderne. Den »Koitus« hinter der Fensterscheibe zu verheimlichen, wäre »absurd«, und die Strafe bestehe darin, »die Scheibe einzuschlagen und Wut und Bedauern zu empfinden, sobald der Besitz konsumiert« sei.[30]

Das *Große Glas* von 1923 (nach dem frühen Entwurf von 1915) erwies sich als nicht transportierbar und blieb in der Vorstellung mancher Freunde und Freundinnen Marcels im Raum der kalten Abstraktion, als physikalisches Experiment ungeeignet für die bei aller Intellektualität in einem Winkel ihres Herzens romantisch Empfindsamen, Henrietta wie Florine. Die fragile Beschaffenheit des Kunstgebildes stand im Einklang mit Henriettas Liebesphilosophie oder Philosophie der Liebe. Die Glaszerbrechlichkeit einer Amour fou trug jedem Leser des Romans gleichsam Splitter im Auge zu. *Love Days* erschien – welche Koinzidenz der Daten! – ebenfalls im Jahr 1923.

Wurde auch Florine von den Strahlungen des so oder so aktiven Erotikers getroffen? Aufs Datum genau malte sie den Liebesironiker Rrose Sélavy als einen hummerrot gewandeten Pierrot hoch oben auf einer Springteufelspirale, welche Vorrichtung sein Alter ego im dunklen Herrenanzug nach Belieben manipulieren konnte; herauf wie herunter. Dem

*Gegenüber: Ettie Stettheimer*

204

Doppelportrait des Künstlers als Clown folgte ein Poem, wenn man so will ein Hochzeitscarmen, denn 1927 vermählte sich Marcel Duchamp auf den Rat seines Freundes Picabia mit der jungen Lydie Sarazin-Levassor. Eine pummelige Tochter gutbürgerlicher Herkunft und mit einer sich als Irrtum erweisenden goldenen Mitgift. Caroline Stettheimer war ihr kurz danach in Paris begegnet und raunte ihren Schwestern wie zur Beruhigung oder Eindämmung der Eifersucht zu: »a very fat girl … very, very – FAT«[31]. Florines Phantasie kreiselte um das ungleiche Paar, sie imaginierte »A silver-tin thin spiral«[32], eine silberdrahtdünne Spirale, die sich vom kühlen Zwielicht zur rosigen Dämmerung winde, die stählerne Verneinung eines Blitzes, der in einer heißen Nacht in einen soliden Berg aus Schafswolle hineinführe, was nun die Liebesflucht der trudelnden Spirale beende. Wobei sich das Bild vom »solid lambswool mountain« als eine ironische Anspielung auf den Reichtum der alttestamentlich Ägypter mit ihren Schafsherden versteht. Marcels Liebesflucht endete nach wenigen Monaten. Eskapismus und Askese, das Ideal eines gleichsam »mönchischen«[33] Künstlerdaseins und das Unvermögen, dem Eros nun gänzlich zu entsagen, entsprachen – aus männlicher Sicht – der weiblichen Haltung, vor allem aber der der Romanautorin Henrie Waste. Das Pseudonym mochte Henrietta als eine abnehmbare Maske vor dem Gesicht dienen, dem die Liebesbereitschaft nun einmal eingraviert war. »We may be virgins, but we know the facts of life!«[34] Soweit Henrietta in einer »priesterlich bebenden Aufwallung«[35], als entweder Freund Duche oder Van Vechten ihr allzu deutlichen Klatsch nur verbrämt zumuten wollte. Sie als betörend dunkles Pelzgeschöpf auf einer (undatierten) Portraitphotographie von Arnold Genthe in der verlockenden Anziehungskraft einer Romanfigur aus Thomas Manns *Königlicher Hoheit*, und daneben Florine in ihrer gemalten Libellenzartheit – wie entzogen sie sich durch Flucht ihren Fängern, denen sie durch innere Steuerung doch in die Arme liefen? Dem Entkommen der »großen Lebensangelegenheit« widmeten die beiden Schwestern Wort und Bild auf ihre Weise. Die Lockung und die Fährnisse in Henriettas (oder Henries) *Love Days,* auf über 300 Seiten ausgebreitet, beanspruchten die Zeit des Lesers, der sich, andererseits, einen Fünf-Minuten-Überblick über Florines Liebestage verschaffen mochte, wenn er sich dieses Tableau im Hochformat betrachtete, *Love Flight of a Pink Candy Heart* (1930). »I finished a history of my life that takes about five minutes to read.«[36]

Doch was sind fünf Minuten gemessen an der Sternsekunde einer Lebensdauer? Alle erlittene Bitternis der Protagonistin, deren Identität eben das zuckerrosa Herz symbolisch in seine Kammern der Erinnerung und des Vergessens einschließt, diese Bitternis überglänzt eine süße Glasur. Pink! Die Farbe verweist auf den französischen Dichter, den die Herzmalerin längst verinnerlicht hatte: Marcel Proust, den Wortmaler der Rosen und rosaweißen Obstbaumblüten, der Hortensien und der rötlichen Sommersprossen und Haaren eines kleinen jüdischen Mädchens, so daß eine Philosophin der Moderne, Julia Kristeva, die kühne Behauptung von einer »valeur juive de ce rose«[37] aufstellt. Stettheimers »pink diamond heart« in einer Brillantfassung läßt das so nicht vermuten. Wenn sich in den 1970er Jahren ein Künstler der Pop-Art, Jim Dine, das Herz gleichsam als Markenzeichen seiner »visual poetry« erkor, dann im Wissen um die Doppelnatur: als biologisches Organ und als Metapher. Als ein fundamentales Symbolon in der westlichen Welt für die Sphäre der menschlichsten Gefühle. In diesem Falle zielen sie wie der kleine Pfeil vor dem *Pink Candy Heart* auf Trauerempfinden ob der Liebesflucht ab. Wobei ungeklärt bleibt, wer die Flucht ergriff: Florine, die vom schmiedeeisernen Balkon – aus ihren Stuttgarter Kindertagen – auf das sich unter ihr ausbreitende Szenario schaut: Traummänner? Fluchtmänner? Und sie eine tanzende Columbine im Arm eines Harlekins, der an Duche-als-Pierrot-Rrose-Sélavy denken lässt … Oder hatten sich jene anderen von ihr, die sie so gern brüskierte, entfernt? Eine Traumsequenz versammelt sie auf dem wüstengelben Terrain: den Reiter auf einem schneeweißen Pferd, den blonden Kavalier im Frack, den schnurrbärtigen Picknickgast im Smoking, einen vom Marmorsockel herabgestiegenen Apollo von Belvedere mit einer Friedenstaube oder Seemöwe – hier konnte sich Florine ornithologisch nicht entscheiden – und zwei ihrer sonnengeküßten, ambragesalbten Pharaonengott-

*Florine Stettheimer,* Love Flight of a Pink Candy Heart, *1930*

heiten. Sie verleihen dem Bild als Kultstätte etwas Mausoleumhaftes: »a vision of life, death and eternity«[38] nach Parker Tyler.

Welche Reminiszenzen spukten im Herzen der Malerin in ihrem sechsten Lebensjahrzehnt? Waren ihr die Tahitijünglinge nur bei Gauguin vor die kritischen abschätzenden Augen gekommen oder an einem der gern aufgesuchten Strände? Steckte im bunten Harlekin mehr als nur Nijinsky im Ballett *Le Carnaval,* und besaß nicht auch Duchamp Züge eines Fauns? Die Namensreihe ließe sich fortsetzen, wären nicht manche der im Tagebuch aufgeführten später eliminiert worden. Zu den Sonnenanbetern zählte – als »Latin« apostrophiert – auch Adolfo Best-Maugard und ein junger Louis Bernheimer, Etties »tragic boy«[39]. Florine sandte ihm Farbproben zu für die richtige Schattierung seiner Haut im Portrait, der Nacktschwimmer wählte ein Kaffeebraun – er hatte sich in eine Zellkörper-Religion eingesponnen, die er »protoplasmism« nannte, wobei er durch selbstauferlegtes Schweigen »die naive Einfachheit einer Amöbe«[40] anstrebte. Welche Konsistenz konnten Florines Liebesflüchtige eigentlich aufweisen? Man täte ihr Unrecht, wollte man das Schlüsselbild ihrer Vita amorosa, *Love Flight of a Pink Candy Heart,* (wobei das Wort »candid«, also »offen«, »aufrichtig« und »lauter« mitschwingt) allein als ein Mausoleum eher imaginierter denn erlebter Romanzen verstehen. Ein Revuegirl in der Bildmitte verschießt Cupidos Pfeil, er wird Colombine in der schwarzen Künstlerkappe mitten im Tanz treffen. Was in einer Music Hall als *Follies* ablief, war es nicht erfahrene Realität? Sie kommt leicht wie ein Lied daher, wie ein Song, ohne viel Worte zu machen, und wo die Leere um ein einzelnes Wort, das sich vom anderen abgrenzt, aufgefüllt wird durch die Vorstellungskraft des Hörenden, des Lesenden. Denn wo Henrietta ihre Liebeserfahrung – eher eine Selbsterfahrung dank einer Romanze – über Seiten analysierte, begnügte sich Florine mit ihren ins Bild getupften Kürzeln. Durch Orts- und Landschaftsnamen erfahren die Episoden einer langjährigen Liaison eine romanähnliche Struktur und Aufteilung in Kapitel.

Die Intensität der Gefühle läßt sich allenfalls durch die Dauer dieser Beziehung erraten, nicht aber, ob die männliche oder die weibliche

Seite stärker im Empfinden und beim Wechselspiel von Anziehung und Zurückweisen in die Schranken war. Schließlich gab Florine Anfang der 30er Jahre viel auf ihren autonomen Status und erklärte es ihrem Verehrer bei einem Lunch. Seine Vorstellungen vom Mysterium Weib – dieser Begriff war sehr im Schwange in der europäischen Kunst- und Literaturszene zu Beginn des 20. Jahrhunderts – seien obsolet. Sie wolle als »artiste« von ihm behandelt werden, von ihm, James Loeb, dem New Yorker Bankierssohn, dem Gelehrten und Sammler antiker Skulpturen und seltener Druckwerke. Er hielt sich zur Ausheilung eines Liebeskummers in Deutschland auf, genauer gesagt in Bayern, auf seinem Anwesen in Murnau. In New York, wo er in der väterlichen Firma Kuhn, Loeb & Company wirken sollte, war für ihn kein Bleiben mehr. Zum einen gefiel ihm, der an der Harvard University Ägyptologie studiert hatte, das Bankwesen nicht, zum anderen widersetzten sich – aus religiösen Gründen – seine Eltern und die Eltern einer nichtjüdischen Tochter einer Eheschließung. Er erlitt einen Nervenzusammenbruch, ging ins Ausland und »konsultierte Freud, bei dem er einige Jahre verbrachte«[41]. Sein einsichtiger Vater unterstützte ihn großzügig.

Noch hielt die bayrische Landschaft das Echo der dort in den späten 1870er Jahren weilenden Landsleute fest, jener amerikanischen Maler um Frank Duveneck und um den Leibl-Kreis. Der Blaue Reiter war durch die Münchner Ateliers galoppiert, wo Florine Stettheimer neue Farbtechniken, etwa mit Kasein, wie sie schrieb, erlernte. Das Zusammentreffen der Mutter-und-Schwesternfamilie mit dem gutaussehenden James Loeb lag, so gesehen, in der Luft; über dem Geplauder bei Tee-Nachmittagen gab der Besucher zu, wenig übrig zu haben für die Kunst der Moderne. Immerhin gefiel Florine sein Haus, es passe zu ihm und sei »a good expression of his taste, his museum is very attractive«[42].

Florines Poem in blauer Tintenhandschrift mißfiel Sister Ettie, und ob wirklich JS, was auf einen Kunstsammler Gerald Sides verweisen könne, nicht austauschbar wäre gegen ein JL, bleibt, wie so vieles, im Dunkeln.[43] Das Gedicht fand sich – ungedruckt – im Nachlaß. Erinnerung an eine Dampferreise vom November 1913. An Bord der Amerika mit dem Ziel New York tauchte ein sehr überrascht schauender, aber doch erfreuter James Loeb auf. »Er schien vergessen zu haben, daß ich ihn eingeladen hatte auf unser Schiff.«[44] Fünf fehlende Seiten im Tagebuch lassen die Intensität der Liebelei erahnen.

| | |
|---|---|
| Wir flirteten | viele einladen |
| In New York | Sie werden uns schenken |
| An der Jersey-Küste | Kristallenes |
| In Paris | Diamanten |
| An der Riviera | Venezianisches Glas |
| In München | Vielleicht |
| Im Engadin | bekommen wir |
| Über Jahre und Jahre | Saphire |
| »Ich fahre heim | Vielleicht |
| auf der Rotterdam.« | errichten wir |
| »Ich buchte | ein Schatzhaus |
| auf der Majestic.« | ganz aus Glas.« |
| »Quel malheur!« | Seine Gläser |
| Wir flirteten | trübten sich |
| Auf der Rotterdam | seltsam. |
| Wir passierten die Meerenge | Seine Augen |
| Flirtend | Sie wurden |
| Wir passierten die French Liberty | Eine Barriere, undurchsichtig |
| Flirtend. | an der |
| »Laß uns feiern | Unser Flirt |
| diesen treuen | Zerbrach |
| langen Flirt | In tausend |
| ein Fest geben | Splitter.[45] |

Ein auf den Wassern ausgetragener Flirt nimmt ein unglückseliges Ende. Die Geschichte ist so alt wie die von Tristan und Isolde. Zeitlich jünger nimmt sich ein anderes Paar am vergoldeten Bug eines Schiffes aus: eine liebesunglückliche Königin und ihr Galan. »Elizabeth and

Leicester / Beating oars / The stern was formed / A gilded shell / Red and gold«[46]. Vermutlich hatte Stettheimers Biograph Parker Tyler diese berühmte Passage aus T. S. Eliots Epochengedicht *The Waste Land* vor Augen, als er einen Stilvergleich anstellte, wobei sich für die lyrische Liebesbrüchigkeit weitere Beispiele in den brüchigen Rhythmen Eliots aufzählen ließen.

Auf dem Schiff ging Florines Flirt zu Bruch. Hatte sie die Segel falsch gesetzt, die »Segel der Rede«[47] nach Cicero? Ihre Vision vom »Schatz-haus / ganz aus Glas«, angefüllt mit kristallenen und diamantenen Ga-ben, ritzte wie ein scharf geschliffener Brillant das Wort »Nein« in die Augengläser des Reisegefährten. Die Hoffnung der 44jährigen versteckt sich in den Worten »Venezianisches Glas«. Nach jüdischem Brauch galt ein venezianisches Glas bei einer Hochzeit im Tempel als Symbol un-zerstörbarer Einheit. Dieser Sinngehalt mochte sich der Proust-Leserin in Marcels Jugendreminiszenzen einmal offenbart haben, so er nicht in ihrer eigenen Familie tradiert war.

Wie wenn man ein Kaleidoskop voller bunter Glasstückchen schüt-telt, um ein neues Bild vor Augen zu haben, so geschah es auch hier. Jahre später. Diesmal als Vision des Mannes mit den Augengläsern, die nicht mehr getrübt waren von aufspritzender Meeresgischt, wie bei jenen Promenaden an Deck des Schiffes, wo Florine allzu kristallene Phantasien entwickelte. Jetzt war der einst Liebesflüchtige ganz ver-rückt, »crazy«, wie es im Gedicht heißt, »crazy to see your paintings«[48]. Süchtig nach Geplauder beim Tee, auf das die Spröde wortkarg reagier-te. Dann klang ihr der Begriff »superiority complex«[49], Überheblich-keitskomplex, im empfindlichen Ohr. Das amüsierte Gelächter der Lady brachte die Teetassen zum Klirren.

Jener Mann mit den Glitzeraugen stocherte beim Wiedersehen in dem einst Gewesenen seiner Jugendentflammtheit herum, so als wollte er an abgestorbene Wurzeln im Erdreich rühren, um etwas zum Blühen zu bringen. Verblaßte Sehnsüchte – männliche? weibliche? – schlagen sich in Blumen-Stilleben nieder, wo, laut Henry McBride, diese allzu konventionellen Objekte der Kontemplation Blütenstengel zeigen, deren Biegungen kaum übertroffen werden könnten von den launischen Windungen der »automatischen«[50] Malerei eines Miró. In einigen von Florine Stettheimers »eyegays« wollen Insekten, Schmetterlinge, Eintagsfliegen, Person oder Persona, Anima aus dem menschlichen Bestiarium sein: entweder Florine selber, oder ein männliches Objekt ihrer Verbitterung, dem nur mit Zynismus beizukommen war. Der männliche Gegenspieler mußte erdgebunden bleiben, ohne die zur Transzendenz strebende Flugfähigkeit einer »mayfly«:

Du narrtest mich,
Du kleiner Wackelwurm
Denn nach Flügeln suchte ich
Die dich durch Lüfte trügen
Und die dich unterschieden
Von andern Würmern
Und dann entdeckte ich
Den dünnen Faden
Mit dem fest am Baumstamm du klebtest
Den meine Fingerspitze nur berührte
Daß du dich wandest
Den Faden schnappte ich
Du fielst zu Boden
Und kringeltest dich
Und wurmtest dich
Und zappeltest nur.[51]

Die namentliche Enthüllung des als Wurm apostrophierten Individuums blieb diesem erspart; offen bleibt auch die Frage einer Singularität oder Pluralität, den der Gattungsbegriff »Wurm« nahelegt. Die niedere Stufe des Tiers, das Abstoßende, Madige und Windende bei der geringsten Berührung, was seinerseits auf Empfindlichkeit schließen lässt, all das bezeugt Verachtung, die sich nach tiefer Verletztheit einstellt. Verachtung auch als Selbstschutz, um mögliches eigenes Fehlverhalten zu bemänteln. Der vorausgegangene erotische Fehlschlag muß die Schreiberin tief getroffen haben, so daß die Flucht in den Zynismus nurmehr ein mühsam herbeigezwungenes Mittel zu sein scheint, ein – dem Wortsinn nach – beleidigtes Selbstbewußtsein aufzurichten. Der Ich-Gefährdung durch den männlichen Part auszuweichen, dabei den Anschein erotischer Attraktivität und damit auch eines erotischen Interesses aufrecht zu erhalten, war immerhin ein Bestreben, von dem Stettheimers Bildnisse ihrer Selbst (man denke nur an ihr Aktbild) gleichsam hautnah Zeugnis ablegen. Diese Dualität machte Florines Reiz aus. Nie wurde sie müde, noch im Älterwerden nicht, Illusionen ihrer Salon-Habitués zu nähren, auch wo beide Seiten das Spiel durchschauten, aber die tradierten Regeln des Pas de deux – wie aus einer Höflichkeit des Herzens heraus – respektierten.

Die nähere Bekanntschaft mit dem jüngeren Dramatiker Avery Hopwood (1882–1928) fiel in die Zeit der Rückkehr nach New York; Kriegsgerüchte trieben die Stettheimers an die immer noch vertrauten Gestade zurück. Wer spricht da von »mild flirtation«, wenn nicht eine Biographin, die zur Begründung ihrer Vermutung ein unmittelbar nach dem Tod des Freundes verfaßtes Gedicht anführt: *A friend died.*

Ein Freund starb
er hinterließ mir eine leere Welt
die ist so groß
und so trostlos
Ich möchte sie loswerden
wem kann ich sie geben
Ich werde in meinem Atelier bleiben
Ich werde es vielleicht vergessen.[52]

Der nach Ruhm strebende junge Schriftsteller – er graduierte 1905 an der Michigan University – bescherte der New Yorker Theaterszene über 30 Stücke, Unterhaltungskomödien wie *Fair & Warmer*[53] oder *The Gold Diggers,* in denen er die Zuschauer mit den üppigen, bei den Stettheimers genossenen Gelagen erfreute. Den Mann von germanischem Typus, blond, die Gesichtszüge ausgeprägt, trennten zehn Jahre von der zarthäutig rothaarigen Künstlerin. Die Dekadenkluft übermalte sie, der so ausgiebig gepflegte Jugend- und Körperkult täuscht über alle Altersunterschiede hinweg: bei der *Fête à Duchamp,* bei der *Soirée* oder in *Asbury Park.* Bei *Soirée,* diesem Schlüsselwerk der Stettheimer'schen Salonkultur, erscheint Hopwood, wie neben ihm Lachaise und Gleizes, in der Haltung der bekannten drei Äffchen, »die nichts Böses hören, sehen oder reden«[54]. Hopwood hält die Hand vor seinen Mund.

Sein wie nach einer Photographie gemaltes Portrait, als solches ein Unikat in Stettheimers Œuvre, wurde schon 1916 bei einem Privatissime enthüllt. Streng und in sich gekehrt kündigt er die Drei-Äffchen-Botschaft bereits an: nämlich die Ausschaltung der Konversation, soweit sie dem salonüblichen Klatsch frönt, der Konversation somit einen saftigen Nährboden entziehend. Das – vorübergehende – Schweigen im geselligen Kreis wirft jeden – vorübergehend – auf sich selbst zurück. Sein Bildnis in der Ankündigungsfarbe seines Todes kommt durch die hinter seinem Kopf auftauchende Buchstabenfolge zur Sprache: sie deuten auf die »bedroom farce«, wo Wärme im Titel suggeriert wird und der Begriff »fair« auf blonde Schönheit zielt, wie sie im Pariser Boulevard applaudiert wurde. Die der Liebeslust entwöhnten Schwestern, mit welchen Empfindungen saßen sie im Parkett eines Broadway-Theaters? Das Bedauern über die Taubheit der Sinne mochte noch einmal aufwallen, wenn sie dann in einem New Yorker Filmpalast die Wiederbelebung des von Hopwood so erfolgreich bedienten Genres wahrnehmen durften. Es war gleichsam europäisch grundiert, enthielt etwas von jenem Pariser Belle-Époque-Flair, das die drei reisenden Amerikanerinnen zusammen mit ihrer Haute-Couture-Garderobe über den Atlantik heimbrachten. Nur sie selber, die jüdisch getreuen Mutter-Töchter, die den Schwur der Ehelosigkeit getan hatten, waren Zuschauende geblieben, die dem erotischen Treiben der warmblütig Blonden im Melodram oder Musical allenfalls nachsinnen durften. Das Bedauern über das Vorenthaltene aus eigener Schuld erlaubte gegenüber dem Gaukler auf der

Bühne allenfalls eine freundschaftliche Aufwallung, wie sie in Florines Epitaph auf ihren Freund Avery zum Ausdruck kommt.

Hopwood gelangte in den 20er Jahren nach Paris, wo Carl Van Vechten ihn bei Gertrude Stein und Alice B. Toklas einführte. Ihre Anbetung tat dem diskreten Morphinisten so wohl, daß er sich nicht scheute, die Droge in ihrer Gegenwart zu konsumieren. Er machte dazu eine lammfromme Miene, die aber möglicherweise zu der eines Wolfs werden könne, so ließ sich die tiefe und des Französischen nie ganz mächtige Stimme Gertrude Steins vernehmen, die das Salongeplauder in der Rue de Fleurus dominierte. Immerhin erwies sich Hopwood als ein brillanter Unterhalter, wenn er mit seiner behäbigen Landsmännin und ihrer hageren und mit einer riesigen Hakennase ausgestatteten Gefährtin Alice kreuz und quer durchs Quartier Montmartre fuhr. Häufiger Taxiwechsel. Verwunderung bei den Damen ob der Kaschemmen, die Freund Avery aufsuchte. Noch mehr erstaunte sie sein grandioses Romanvorhaben, das jedoch im Hirn seiner Gastgeberin nur den Gedanken an etwas Konfuses auslöste. Dennoch beteten beide diesen Mann mit der flinken Feder an, nur Alice munkelte etwas von »impending doom«[55], dem bevorstehenden Verhängnis. Vielleicht hatte Avery ihnen seine geheime Wunde offenbart, er litt an Verfolgungswahn, jemand sei ihm auf den Fersen, »a friend«, und wolle ihn töten. Im Sommer 1928 reiste er an die Riviera, er verkündete sein Daseinsglück auf einer Ansichtskarte – kurz darauf kam die Todesmeldung: ertrunken im Mittelmeer.

Der Tod des Freundes stieß Florine in ihrem 58. Lebensjahr in eine Leere. *A friend died* – dieses kurze Epitaph wurde nicht gedruckt. Sein so photographisch getreues Portrait verblieb in ihrem Besitz, so sehr sich Carl Van Vechten auch bemühte, es an die Michigan University zu transferieren, wo ein Avery Hopwood Room darauf wartete – bis zum Jahr 1944. Nach dem Tod der Künstlerin gelangte es an den Ort der Stiftung für junge Schriftsteller, wie es das Vermächtnis Hopwoods vorgesehen hatte. Niemand wäre auf den Gedanken verfallen, das Bildnis könne das Ende einer *Love Flight of a Pink Candy Heart* signalisieren.

# Vier Heilige auf der Bühne, doch Pocahontas fehlt

Wie Henry McBride und Carl Van Vechten hatte auch Avery Hopwood an dem Faden mitgesponnen, der sich um die Namen Florine Stettheimer und Gertrude Stein schlang. Auf eine ihr zugetragene Äußerung Gertrude Steins über ihrer beider Freund Avery erwiderte Florine, das interessiere sie nicht sehr. »I only know her through her writings.«[1] Sie wehrte jeden Gedanken einer Ähnlichkeit zwischen ihren Werken und denen ihrer Landsmännin ab. Übereinstimmungen in ihren lyrischen Hervorbringungen oder bei der spielerischen Verwendung von Worten, Begriffen oder Namen – oder gar Steins »wordplays« zur Charakterisierung einer Person – waren Zufall. Florine fügte sie ihren Freundesportraits ein, zum weiteren Verständnis des Modells. Ein Spottvers beweist ihre abgründige Antipathie Gertrude Stein gegenüber:

> Gertie met a unicorn.
> It was black and waved
> its Tail.
> Gertie roared a big laugh
> back – very male.[2]

Das legendäre Einhorn auf dem berühmten Teppich im Pariser Musée de Cluny zeigt sich elfenbeinweiß, die immaterielle Färbung verweist auf den Mythos. Babylon, Assyr, China und auch Indien wollen Stätten des unwirklichen Tieres und seiner Darstellung in der Kunst sein. Nach einer indischen Überlieferung erotischer Natur war »das Einhorn […] zugleich auch ithyphallisch gemeint«[3]. Das Motto der Cluny-Tapisserien lautet für *La Dame à la Licorne* so geheimnisvoll wie für jeden Betrachter der so paradiesisch-christlich anmutenden Szenerie: »À mon seul Désir«.

Unzweideutig spielte Florine auf Gertrude Steins erotische Vorlieben an; unübersehbar die sexuelle Färbung des Gedichts. Das unübliche Schwarz für das geheiligte, dämonische Fabelwesen verneint den ihm zugeschriebenen Liebeszauber und verkehrt ihn ins Höllische, Teufli-

*Florine Stettheimer,* Portrait of Virgil Thomson, *1930*

sche. Dabei war man doch im Kreis der Stettheimers und ihrer Habitués nicht gar so empfindlich in der Gender-Frage. In einem stark vom Puritanismus geprägten und sich daher nach außen prüde gebenden Amerika wurden Gertrude Steins Person und auch ihre Persönlichkeit von Intellektuellen, Studenten und insbesondere von den Studentinnen an den Universitäten, wo die unpariserische Salonnière Vorträge hielt, schief angesehen. Zeitungsschreiber vermittelten ihre Eindrücke der massigen Silhouette unter der grauhaarigen Kurzschur; sie ließen die Sandalen unter den fußlangen Röcken aus Tweedstoffen nicht weg. Ihre Wortbilder über Miss Steins Auftritte erschufen im Hirn der Leser eine bizarre, multiple und dennoch immer sich gleichende Übergestalt der Predigerin, deren Sprache und deren Botschaft fremd anmutete: »Auch eine langsame Katastrophe bricht ziemlich schnell herein.«[4] Diesem Zitat fügte die *St. Paul Pioneer Press* vom 9. Dezember 1934 wie zur Verschleierung der ominösen Prophezeiung über die Weltlage eine Skizze der Gewandung Gertrude Steins hinzu. Wie zur Ablenkung von der Aussage, die sie alle betreffen mochte, so als stamme diese aus dem Munde einer allenfalls belächelnswerten Sektiererin und nicht einer Kassandra: »Ihre Robe – es war eine Robe, keine Toga, nicht einmal eine Kutte – war aus schwarzem, ins Nachtblau hinüberspielenden Taft, vom Schnitt her weder Soutane noch Herrenmorgenrock [...] die Kragenzier erinnert an die eines reformierten Priesters.«[5] In keinem Auditorium – weder in Chicago, Iowa City, Boston oder Wisconsin, am Bryn Mawr oder Vassar College, nicht einmal in der so nahegelegenen

Brooklyn University of Music – wären die Stettheimer-Schwestern zu sichten gewesen.

Dabei hätte Florine allen Grund gehabt, die Vielbesprochene persönlich in Augenschein zu nehmen, anstatt sie aus den Seiten des *New Yorker* aufsteigen zu sehen: »the two Ladies Stein and Toklas«[6], zwei anbetungswürdige Exzentrikerinnen. Eine Phantasmagorie, eine Doppelerscheinung, die eine untrennbar von der anderen und sich das Schibboleth ihrer verbotenen Liebe zureichend; untrennbar verbunden wie *Die Dame mit dem Einhorn,* dem Florine unter dem Zwang ihres Zynismus die Schwärze eines schweifwedelnden Satans verlieh. Sie war gebildet genug, sie hatte in ihren Pariser Jahren die zartfarbene Magie dieses Wunderteppichs im Musée de Cluny mit eigenen Augen eingesogen; sie kannte vielleicht Rainer Maria Rilkes dichterische Auslegung, die Übertragung vom Bildlichen ins poetische Wort; sie mußte wissen um die christliche Bedeutung dieses »Einhornsymbols mit dem Sinnzeichen des Kreuzes«[7], sich also auch der Blasphemie ihrer Spottverse bewußt sein.

Freundeskichern im Atelier-Salon. Mutmaßungen über die Natur des Wundertieres, das der Dame Gertrude ein Männerlachen entlockte. Spekulationen über eine zum Horn sich auswachsende Hakennase unter einer pechschwarzen Haarmähne, und die zierlichen Gliedmaßen dieser Alice in orientalischer Gewandung. Die Stillschweigende, deren Nadel unablässig in die Petit-Point-Stickerei stach. Die Gescheiteren mit den bösen Zungen verballhornten gar, was sie von der indischen Einhorn-Legende wußten, dem *Mahabharata* und seinen Ursprüngen aus vorchristlicher Zeit. Und dann im europäischen Mittelalter, seit Gregor dem Großen und Isidor von Sevilla, taucht erneut eine Jungfrau hervor, das gazellenhornige Wesen anlockend und schließlich seine Vorderläufe auf ihrem Schoß spürend. Das allegorische Tier inkarnierte sich gleichsam »im Schoß der Jungfrau Maria«, womit das Einhorn als eine Art »ästhetischer Gottesbeweis (sein eines Horn wurde stets als Hinweis auf die Wahrheit des christlichen Monotheismus gewertet)«[8] kanonisiert wurde.

Angeblich durch einen Übersetzungsfehler aus dem Hebräischen ins Griechische im 3. Jahrhundert vor Christus, wo man das Wort für wildes Tier mit »monoceros« (Einhorn) wiedergab, gelangte es in die hebräische Bibel und ins Neue Testament und stiftete Unruhe bei den frommen Deutern. Einen Löwen gab man ihm bei, im Psalm 91 nachzulesen, auch er wird, wie das »multikulturelle Einhorn zum Haustier der frühen und hochchristlichen Kultur«[9]. Wo überall blätterte Florine Stettheimer auf ihrer Suche nach einem Symbol, ihrer Aversion gegenüber Gertrude Stein bildhaften Ausdruck zu verleihen? Machten sich die beiden Frauen ihre poetischen Machtbereiche streitig, so wie es Einhorn und Löwe auf den Reliefs von Persepolis vorführen, wo es um den Wechsel von »Mond und Sonne […] von Winter und Sommer, von Regen und Trockenheit«[10] geht? Aus diesem gleichsam universalen Bestiarium gelangten die zwei animalischen Protagonisten, Löwe und Einhorn, vis-à-vis, auf den berühmten Teppich im Musée de Cluny, ihre Aura verleiht der gewebten, höfischen Welt metaphysischen Glanz.

In diesen Sphären, so himmlisch wie irdisch zugleich, begegneten sich die kreativen Schöpferinnen Stettheimer und Stein. Vielmehr ihrer beider Geister, denn in corpore waren sie sich nicht nahegekommen, ihre Hände hatten sich nie berührt. Ihr spirituelles Miteinander unter Gertrudes Führung erlaubte ihnen, gewisse Konventionen des Sakralen über den Haufen zu werfen, zu parodieren und den geheiligten Gütern der westlichen, christlichen Glaubenswelt eine avantgardistische Lektion zu verpassen. Den Kniefall verweigern und dennoch *Vier Heilige in drei Akten* auf die Bühne zu stellen, nach einem Opernlibretto von Stein und mit Kulissen nebst Kostümen von Florine Stettheimer.

*Four Saints in Three Acts* war Gertrude Steins Antwort auf die praktizierte Bigotterie ihres Heimatlandes und die Usancen der Sonntagsschulen zur Erziehung und religiösen Erbauung der Black Americans. Die Geschichte der Oper begann im Winter 1925/26 in Paris, in der Rue de Fleurus, bei einer Weihnachtsfeier. Mit von der Partie war ein junger amerikanischer Komponist, Virgil Thomson. Wie der Stern über Bethlehem leuchtete die Idee eines gemeinsamen Gesamtkunstwerks »of the modernist era«[11] über den Köpfen. Historisch sollte es sein, ein Vergangenheits-Epos der Vereinigten Staaten, doch böten die allzu ein-

*Florine Stettheimers Modell zu* Four Saints in Three Acts

heitlichen Militäruniformen wenig optischen Reiz. Wie anders dagegen die spanischen Barockheiligen Theresa von Avila und Ignatius von
Loyola! Prozessionen und Chöre in stimmlicher Pracht: »saftig-reiche
Vokale, noble Konsonanten, absolut ohne Bedeutung«[12]. Steins Sprache
im Stil der écriture automatique, die sie bei ihren Vortragsreisen verteidigte, blieb den Zuhörern rätselhaft. Vom Libretto heißt es, es sei »much
cussed and discussed«[13] – heftig geschmäht und besprochen worden.

Dezembersoirée 1928 bei Carl Van Vechten in New York. Virgil
Thomson spielte den Auserwählten sein Opus am Klavier vor und sang
alle Rollen selbst. Mabel Dodge brachte die Metropolitan Opera ins
Gespräch sowie Pablo Picasso. Diesen 15 Jahre älteren Künstler lehnte
der Komponist ab: nicht seine eigene Generation. Aber die noch ältere
Florine Stettheimer, Feuer und Flamme nach der bei ihr wiederholten
musikalischen Darbietung, durfte es sein. Das Vorhaben erlöste sie von
familiären Problemen, Rosettas Krankheiten und Depressionen; die

Schwestern wechselten sich in der Pflege ab. Ettie und Carrie gaben im Zustand der Erschöpftheit dem Opernprojekt keine andere Chance als die einer öffentlichen Demütigung ihrer Sister Florrie, die sich derweil an die Arbeit machte.

> Die Drossel im Wipfel unserer Ulme
> hat Fragen gesungen
> tagelang
> Ich fühl' mich geläutert
> Dies ist meine Läuterung
> Meine Rolle heißt malen
> deine vier aktiven Heiligen
> und ihre Stützen
> in- und auswendig dein Portrait
> Die Heilige Gertrude wird euch alle beschützen[14]

Dampfwolken füllen das schmale Hochformat, legen einen Schleier über das Maskenantlitz der Heiligen Gertrude, Grau in Grau. Daneben eine Blüte in der Farbe getrockneten Bluts. Eine Anspielung auf die christlichen Märtyrer? Auf die in Pogromen verfolgten Juden? Tauben mit dem göttlichen Wort flattern ins Bild. Unten greift der Pianist in die Tasten. Ein kleiner gelber Löwe liegt an einer Kette wie der vor der Kathedrale von Avila, der Stadt der Heiligen Theresa. Ein Abrakadraba von Zahlen und Ziffern – solcherart war anno 1930 Stettheimers Vision einer Heiligenoper. Sie auf die Bühne zu bringen, dauerte Jahre. Freunde raunten Ratschläge in Miss Steins Ohr. Carl Van Vechten plädierte für schwarze Sänger, nur sie besäßen die weichen, sinnlichen Stimmen, das unter die Haut gehende, nervenkitzelnde Timbre und die betörende Geschmeidigkeit der Körper beim kultischen Tanz. Kein Gedanke an Blasphemie. Frohe Botschaft: The Friends and Enemies of Modern Music fungierten als Sponsoren, wie schon für Debussy, Strawinsky, Schönberg, Satie, Bartok und Poulenc. Sie spendeten 10 000 Dollar für die Produktion, »their first premiere of an original work«[15]. Im Winter 1934 in der Provinz und im Frühjahr 1935 im Empire Theater am Broadway, wo es 1952 wiederholt wurde, trug das verblüffende Spektakel *Four Saints in Three Acts* der bislang unbekannten Künstlerin Florine Stettheimer *den* Triumph ihrer Karriere ein. Der wurde auch von Etties Entsetzen kaum geschmälert, daß ihre Schwester, als sie sich zum Schlußapplaus des Publikums verbeugte, keine weißen Handschuhe trug. »Inelegant [...] it was INELEGANT!«[16] Carrie stimmte dem zu.

Worauf zielte das Großbuchstabenwort? Auf die Aufführung? Das allzuviele Weiß hunderter von Kostümen auf schwarzer Haut in allen Schattierungen? Auf das allzuviele Zellophan im Dekor, »Botticellophane«? Die langgeflügelten männlichen Engel, die kurzgeschürzten, blumengeschmückten Hawaii-Mädchen wie die Girltruppe einer Revue? Die Heilige Theresa im Gewand einer Spanientouristin um 1900, wie sie mit der Heiligen Taube photographiert wird und in die Kamera unter der schwarzen Spitzenmantilla schaut? Ihr kniender Troubadour, der Heilige Ignaz von Loyola, schlägt die Laute, oder er richtet das Teleskop auf den himmlischen Wohnsitz im All ...

Glückwunschtelegramme. Etwas lau das von Georgia O'Keeffe; auf der Ghost Ranch in New Mexico stellten sich ihr Visionen ein, von Himmelsweiten und Horizonten und Wüsten – fernab von den Stätten der Idolatrie und des Wahns in Zellophankulissen, mochte Henry McBride sie auch »sublim«[17] nennen, mochte der fromm-unfromme Hokuspokus auch 20 und mehr Vorhänge erbringen.

Andere Kritiker schmeckten den Zuckerguß eines *Pink Candy Heart* unter der Kruste, im Inneren schimmerten Museumsimpressionen aus dem Alten Europa hervor – sie wurden schwächer. El Grecos ekstatische Jungfrauen und Heilige verschwanden, und vor sie schob sich das Vexierbild eines Kindes aus der Neuen Welt, einer kleinen Eingeborenen indianischen Blutes. Welch eine Phantasmagorie, sie tanzend auf die Bretter zu bringen, die so viel weniger rauh für die Füße als die Beschaffenheit jener Palisaden waren, die zur Geschichte der Tochter des Stammeshäuptlings Wahunsonacock oder Powhatan gehörte; Bretterwälle, in deren Schutz eine nationale Legende gedieh. Die

Indianerprinzessin Pocahontas führte Florines Altersherz zurück auf die Kindheitsstraßen des New York der späten 1870er Jahre, wo man die Rothäute als Sehenswürdigkeit ansah. Wo sie, ihrer Pfeile und Todeswaffen beraubt, mit einer einzigen Adlerfeder im langen Schwarzhaar in den Kaufläden kauderwelschten und durch ihr Erscheinungsbild mit beitrugen zum Begriff des »Schmelztiegels« der Völkerschaften.

Es scheint, als sei Florine Stettheimer in ihrem siebenten Lebensjahrzehnt der Rolle einer künstlerisch sich betätigenden Salonnière in luxuriösen Behausungen müde geworden. So als sehnte sie sich nach einem Orts- und Menschenwechsel, so als suchte sie Wildheit und Hautgerüche der Unparfümierten mit dem Hautgout des Urigen und Primitiven. Natürlich hätte sie zu den Reservaten reisen können, aber sie nährte ihren Hunger nach dem Fremden und Andersrassigen auf stille, von den Schwestern und Freunden beiderlei Geschlechter – die männlichen überwogen – unbeobachtete Weise. Sie las *True Travel Adventures & Observations in Europe, Asia, Africa and America* oder vergilbte Aufsätze wie den aus *Harper's New Monthly Magazine* von 1860.[18] Sie fertigte im Museum of National History Skizzen an, zartgestrichelte gefiederte Kopfzierden, Werkzeuge, Totems und Schnitzereien, übertrug sie ins Aquarell, zeichnete tanzende Püppchen, bastelte Modelle aus Federn und farbigem Zellophan, aus Gaze oder Silberfolie, sie erträumte sich ihr Pocahontas-Ballett vor pinkfarbenem Samt. Der bunte Legendenstoff, den die Vereinigten Staaten von Amerika mit immer neueren Variationen boten, erlaubte nach genossener Lektüre durchaus die eigene Auslegung. Etwa einen Namenswechsel. Aus Pocahontas (um 1595–1617) wurde eine Rebecca, eine Getaufte – ob Jüdin? Ob Christin?

Lohn einer kühnen Tat: die Hagiographen wollen es so, daß sie, halb Kind noch mit elf oder 13, einen abenteuernden Gentleman vor der Keule ihres Häuptlingsvaters bewahrte. Captain John Smith gehörte zu den von König James I. anno 1606 nach Virginia entsandten Eroberer-Pionieren; sie bewahrten in ihrer von der Seereise arg mitgenommenen Tracht Reste höfischen Glanzes, den sie der Wildnis von Virginia übermachten, dem Territorium der »Virgin Queen« Elizabeth I. Über Po-

cahontas' weitere Geschicke rätseln die Historiker, wen sie nun ehelichte, wer der Vater ihres Sohnes wurde, wer sie nach London begleitete, wo
sie am Hofe des englisch-schottischen Königs und in der Gesellschaft
der Langgelockten, Ladies wie Gentlemen, eine Sensation hervorrief.
Die jüngste Forschung will von einem Pockentod der Indianerprinzessin nichts wissen. Vielmehr sei sie in London von einem Captain Argall
vergiftet worden, und diesem Akt seien andere voraufgegangen, solche
der Entführung und der Gewalt. Das 2012 erschienene Buch *The True
Story of Pocahontas* stützt sich auf die heilige mündliche Überlieferung
der Mattaponi, eines Indianerstammes in Virginia; »Lügen«, heißt es
dort, würden in dieser »geheiligten Form der Weitergabe« der Kenntnisse der Ahnen »als Verletzung der Gottesrelation selber und damit
als absolut ausgeschlossen angesehen«[19]. Pocahontas habe ihr Leid »aus
Loyalität gegenüber ihrem Vater und ihrem Volk« ertragen, sei nie eine
Überläuferin gewesen oder eine Freundin der Weißen. Ihre Statue in
Jamestown blickt über den James River hinweg bis zur Chesapeake Bay
und zum Meer, verfolgt ein Geistersegelschiff über die Atlantikwellen
bis hin zur Themse …

Eine kleine Ballettfigurine, und schon im Entwurf behaftet mit
dem jüdischen Leid und der Schmach einer Rebecca. Florine Stettheimer mochte eine Erinnerung aus ihrer Berliner Kinderzeit angeweht
haben, das seinerzeit bekannte Gedicht vom Geburtstagsfeste, wo ein
»Rebekkchen, Rebekka Silberstein«, nicht eingeladen war. Oder ihr
schwebte die verschmähte Morgenlandgeliebte Rebecca aus Walter
Scotts Roman *Ivanhoe* vor Augen; und hinter diesen beiden eine endlo-
se, bis zur Wasserkrugträgerin Rebekka aus dem Ersten Buch Mose sich
erstreckende Reihe gepriesener jüdischer Frauen und Mädchen. Neben
dieser in die Brunnentiefe der Zeiten reichenden Geschichte war die
400jährige des Indianerkindes Pocahontas noch vergleichsweise jung.

Welche Gedanken bewegten Florine Stettheimer bei dieser Ver-
zwirbelung der Identitäten von Rassen und Heimsuchungen? Es sollte
doch recht flott hergehen in diesem Ballett mit männlichen Tänzern im
hochfliegenden Kilt. Diese Idee kam von Virgil Thomson, dem Kompo-

nisten. »Indian war-dances & peace-pipes«, so schrieb er ihr 1934, »eine mimische Exekution«[20], ein Solo für Pocahontas, ein Pas de deux mit ihrem Captain, Debütantinnen als Brautjungfern und eine Apotheose im großen Finale, wo König und Königin ihren Segen geben. Das höfische Flair verband sich mit dem Talent des noch jungen Choreographen Frederick Ashton, dem Matador des Royal Ballet, von dem es heißen sollte, er »tanze Tango«[21] mit Königin Elizabeth, der späteren Queen Mum, im Buckingham Palace … Ashton (1904–1988) hatte schon *Four Saints in Three Acts* choreographiert und dort, sehr zur Freude von Gertrude Stein, »eine religiöse Prozession ohne Bewegung zum Schwingen und langsamen Verschwinden gebracht«[22].

Im London der Zwischenkriegsjahre spiegelten seine Tanzschöpfungen das leichtgewichtige Miteinander von Lords und Ladys oder die Eskapaden der Götter im Olymp, das beliebte frivole Genre der Revuetheater. Und alles in der von den Stettheimers so hochgeschätzten Eleganz als einer im Sinne Oscar Wildes aristokratischen Überlegenheit des Geistes. Daß Ashton in seinen privaten Sympathien »wie ein Metronom«[23] hin- und herpendelte zwischen den Geschlechtern sicherte ihm um so mehr das Wohlwollen der Stetties und ihrer Trabanten. Doch letztlich gelangte das Ballett über Rebecca / Pocahontas dann doch nicht auf die Broadwaybühne.

# Americana fantastica

Am 8. Oktober 1932 wandelte Carl Van Vechten der Wunsch an, seine Freundinnen Stettheimer zu portraitieren, wie um ihrem Altern Einhalt zu gebieten mit diesem Stichtag. Florine verweigerte sich dem Ansinnen, wie sie sich überhaupt aller Öffentlichkeit entzog. Ihrer Mit- und Nachwelt mochten die geschönten gemalten Konterfeis genügen, oder die singuläre Ablichtung in ganzer Person in pludrig weißer Seide vor blühenden Büschen. Oder die spätere aus den Endzwanziger Jahren, eine eher amateurhafte Photographie Florines im Rosenkleid mit der Pose des ausgestreckten Armes à la Theda Bara, eines Stummfilm-Vamps in ähnlich rosengemustertem, knöchellangem Sommerkleid und Spangenpumps. Wobei sich die Frage stellt, welche der Diven, Pola Negri oder Theda Bara, auf der Netzhaut der Malerin ihren düsteren, melancholischen Abglanz hinterließ.

Wollte Carl Van Vechten das Schicksalhafte der Töchter Zions einfangen und es fixieren in den Doppel- und Einzelbildnissen zweier Schwestern in kruder Ungeschöntheit? Wahrheitsphotographie im Stil der Neuen Sachlichkeit, von der sich freilich die Männer mit der Kamera in den folgenden Jahrzehnten fortstahlen und den Belles Juives der Kinoleinwand, Hedy Lamarr wie Lilli Palmer, in ihren 60er Jahren den scheinbar unvergänglichen erotischen Reiz gönnten. Caroline war 63 und Henrietta 57, ihre weißgepuderten Antlitze stechen aus rußschwarzem Hintergrund hervor. Von weitem betrachtet evozieren sie einen haikuartigen Zweizeiler von Ezra Pound, der das Auftauchen von Gesichtern aus der Schwärze eines Métroschachtes mit der Blütenblattmalerei japanischer Tuschemeister vergleicht. Emphatische Gebärden ihrer Hände in Herzhöhe. Wellig aufgeworfene Gesichtslandschaften, die Münder sind leidverzogen oder vielsagend geschlossen. Man nennt solche Physiognomien ausdrucksstark; auch eine Hannah Arendt kam ohne eine Verhübschung ihrer individuellen Persönlichkeit aus und bewahrte das Sein einer belle Juive jenseits aller vordergründigen Ästhetik.

Die gleichsam herausphotographierten – oder hineinphotographierten? – Enttäuschungen, die Verbitterung, die Resignation, sie schlichen sich in die Kommentare der Betroffenen ein: »*a revelation, eine Enthüllung. Ich denke, ich werde mich in ein Nonnenkloster begeben*«.[1] Soweit die Ältere, und die Jüngere sah in den Bildern ihre von Carlo prophezeite nächste Inkarnation: »Wenn ich zur Erde als Mann zurückkehren werde & genau so sein werde wie auf diesem Bild – falls ich lang genug lebe […] Ich muß sagen, ich bin versessen auf diesen herausfordernden, erfahrenen Gentleman & und würde mich in ihn verlieben, wäre es nicht mein eigenes Selbst.«[2] Der witzige Gendertausch, diente er als Camouflage? Gram war Henriettas Gesichtszügen abzulesen – ob der gescheiterten Liebesromanzen und auch der gemischten Resonanz auf deren literarische Wiedergabe. Gewiß sei es ihr gelungen, so »genau die eigentümliche Dualität in der Natur der Frau«[3] wiederzugeben, andererseits, so ein mißgelaunter Kritiker, überzeuge in ihrem Liebesroman mit dem vielversprechenden Titel *Love Days* den Leser die Charakterisierung der männlichen Figuren nicht. Noch zu Lebzeiten der Autorin erschien 1951 eine Neuauflage ihres Buches als *Memorial Volume of and by Ettie Stettheimer*. Im *New Yorker* begrüßte ein Rezensent die »enorme Mannigfaltigkeit« des Werks und die außergewöhnliche Persönlichkeit Etties, »die sich niemals ganz klar darüber gewesen sei, auf welchem besonderen Gebiet sie ihre Talente am erfolgreichsten hatte einsetzen können«, und er frage sich, »was wohl eine so begabte, aktive, intelligente Frau daran gehindert hatte, eine volle Erfülltheit als Schriftstellerin« zu finden.[4] Diese Würdigung erschien freilich erst posthum anno 1955.

Die Ambivalenz ihrer Schwester hatte Florine in ihrem anspielungsreichen, so mystisch wie spirituellen, halb heidnisch, halb religiös untermalten Portrait von 1923 seismographisch erfaßt: »in a thoughtful state«[5]. Nachdenklichkeit als Merkmal der ganzen Person gestand ihr – fast eine Dekade danach – Carl Van Vechten zu, indem er sich nur auf das Gesicht konzentrierte; hinter der halb vom dunklen Haarhelm verborgenen Stirn mochten sinnliche oder metaphysische Liebesgedanken kreisen. »Alles Leid wird erträglich, wenn man es einer Geschichte eingliedert oder eine Geschichte darüber erzählt«[6]; für die Philosophin Hannah Arendt schien das eine ganz einfache Sache zu sein.

Camouflage, das war die Sache Florine Stettheimers in ihrem herrlichen, extravaganten *Family Portrait No. 2* von 1933. Sie und ihre Schwestern gleichsam als die kleinen Schwestern übergroßer Blumen, einen künstlerisch raffinierten Trick, den sie von Marcel Proust übernahm. Die naturgeschaffene Eleganz langgestielter rosaroter und weißer Blüten wetteifert mit den Creationen der Pariser Couture, und die blauen Flutwellen im Hintergrund mit Manhattans transparenten Märchentürmen. Um dieser Neuerschaffung der

*Florine Stettheimer*

amerikanischen Welt willen und vor allem der Metropole New York, unternahm man Reisen im chauffeurgelenkten Automobil. Die geschlossene Limousine schützte vor dem Anprall allzu krasser, vorüberziehender Bilder, wie sie ihre Photographenfreunde mit ihrer Kamera festhielten: auf den Landstraßen die Fluten arbeitsloser Hilfskräfte und Landarbeiter zur Zeit der Großen Depression. Der Börsenkrach vom 8. Oktober 1929 hatte das Vermögen der Stettheimers kaum angetastet. Das riesig schlangenhafte Dollarzeichen in Florines Stilleben nahm im wahren Leben die Goldfarbe an, die sich über das Elendsgrau der anderen legte, jener, die in den populären Song einstimmten: »Brother can you spare a dime«. Man zog gleichsam die Vorhänge des Nicht-Hinschauen-Wollens zu, wenn es unterwegs an Bauplätzen und Apartmenthäusern Schilder zu lesen gab: »No dogs or Jews allowed«.[7] Wenn die luxusverwöhnten Damen in Hotels Aufnahme fanden, ohne irritiert auf diskrete Unterscheidungen zwischen »Gentiles and Jews« zu star-

*Carrie Stettheimer, 1932*

ren, litten ihre Vornehmheitsgefühle dennoch. »Heute lunchte hier Millers Handlungsreisender in Schuhen – der Ultraviolette-Strahlen-Assistent spielte *Kino* in der Lounge, der Zwei-Meter-Masseur schwätzt mit den Gästen in der Lounge, der Chauffeur, der uns fährt, sitzt in der Lounge – ganz so, wie es in einer Demokratie sein soll.«[8]

Nur zu zweit hatten sie sich im Januar 1935 mit der Chief-Cristal-Gorge-Bahn nach Kalifornien begeben, Carrie leistete daheim am Alwyn Court der Mutter Gesellschaft. Sie mochten sich mit der exotischen Drachen- oder Salamanderfassade begnügen, während Florine und Ettie in Palm Springs im El Mirador Hotel einem Exotismus anderer Art frönten, wie sie an Freund Carlo Van Vechten schrieben. Besonders Ettie in ihrer Schriftstellermanier – sie gefiel dem Kollegen außerordentlich – erging sich über den Wüstenkurort, wo man wie in der »Randzone einer großen Badewanne« lebe – »einer Gemeinschaftswanne, in der außer uns und den Hunden jedermann badet oder nur so tut als ob – die Präliminarien das Entkleiden und Hinlegen sind, eingefettet, überall im Garten [...] wir fühlen, falls wir noch länger bleiben sollten, werden wir einer permanenten Halluzination erliegen, Bademägde irgendeines Königs zu sein.«[9] Ein Gedankenblitz. Filmisch gesehen ein Shortcut aus einem biblischen Leinwandepos um einen Gesalbten unter den karessierenden Händen halbnackter, mit falschem Schmuck behangener Dienerinnen. Zu den Erzählungen aus dem Alten Testament, wo ein Samuel einen Saul zum König salbt – ein relativ schlichter Vorgang im Vergleich zur filmischen Umsetzung auch ähnlicher Vorgänge –, liefern Gustave Moreaus orientschwülstige Gemälde die Kulissen, den Background. Florine kannte sich aus. Etties »permanent hallucination« verdichtet sich dank der erinnerten Bilder, die Florine vom Musée Moreau in Paris mitnahm und die der Schriftstellerfreund Carl Van Vechten seinerseits im Roman *Peter Whiffle. His Life and Works* (1922) detailliert wiedergibt: »*Ein Raum nach dem anderen mit Einhörnern, Messalinen, Musen, Magiern, Sphingen, Salomes, Argonauten, Kentauern, mystischen Blüten, Chimären, Semeles, Hydren, Magdalenen, Greifen, Circen, ticpolongas und Kreuzfahrern*«.[10] Hier schürften Hollywoods Goldsucher. Bei Tageslicht besehen enttäuschten die Personen der Pseudoszenarien der Lichtspiele Florine: »They all look alike with and without clothes.«[11]

Die Stettheimer Sisters in den Hollywood Studios, die Stars geschminkt und ungeschminkt, Katherine Hepburn und Charles Boyer in *Break of Hearts*. Aus dem Wirbel von Assoziationen der unterschiedlich Weiblich-Kreativen drängt Henriettas Unglücksroman vor und ein Tableau von der Hand Florines: *Cathedrals of Broadway* von 1929. Kinopaläste, von Flammenschriften überwölbt. In gleichsam embryonaler Winzigkeit ist die kleinste unter den vielen Figuren auszumachen, deren künstlerische Größe jedoch das Warum und Wofür all des imposanten Dekors erklärt. Daß sie heranwachsen würde zur 100jährigen Legende mochte die Malerin mit dem kritischen Blick auch für die Talente der Darstellenden Künste vorausschauend erahnt haben: Lillian Gish (1893–1993). Im Stummfilm *The White Sister* aus dem Jahr 1923 appellierte sie an die religiösen Gefühle der Nation – ganz ohne jenen parodistischen Beigeschmack, welcher der Oper *Four Saints* innewohnt. »The first modern religious story to be filmed«[12], meinte Miss Gish, fast bedauernd, daß sie nicht ihrer Berufung aus Kindertagen gefolgt sei, den Schleier zu nehmen. Eine kostbare weiße Kamee in einem schwarzen Schrein ruhend, kinogemäß nach einer überstandenen Leidenschaft. Grund genug also für die Stettheimers, sich ihre eigenen Liebesgeschichten aus dem Melodram herauszufiltern. Florine in kniekurzer, schwarzweißer Abendeleganz am Eingang der Kathedrale und wie aufblickend zur *White Sister* in einem Reklamebild, sie kehrt dem Betrachter ihren Rücken zu und überläßt ihm das Nachdenken über ihre – recht eigenartige – Wahl. Neben ihr zwei Modepuppen, Mutter und Sohn, Stella und Walter Wanger, eine Komposition brillanter Materialien, Gold wie Perlen, rosaroter Pelz zum weißen Gelock, und zum Herrenschwarz der passende Zylinder, die weiße Knopflochblume.

Stettheimers repräsentative Wiedergaben ihrer Angehörigen stehen in der Tradition der Portraitkunst des Gilded Age; sie kompensieren das Bewußtsein, von der anderen Gesellschaft als Parias betrachtet zu werden. Wie in der mittelalterlichen Buchmalerei die Heiligen und Märtyrer, sind auch sie, die Sich-Behauptenden umgeben von reicher Symbolik. Eine goldene Siegesgöttin, ein goldener Adler mit ausgebreiteten Schwingen hoch zu Häupten der drei Schwestern; sie blicken in distanzierter Neugier auf die Hochzeitsgesellschaft vor der St.-Patricks-Kathedrale. Ihr Fluchtmobil in diesem Gemälde *Cathedrals of Fifth Avenue* von 1931 wird die drei Eheunwilligen hinwegführen, weg von der Welt des Brautzaubers ohne den Glanz des venezianischen Glases beim jüdischen Ritus. Im offenen Automobil werden sie Raum und Zeit überwinden, ungleich langsamer freilich als der Atlantiküberquerer Charles Lindbergh, der hier im Bilde insektenhaft klein den American Way of Life durch die Lüfte symbolisiert.

Um die Landstriche, Klimazonen und die noch unbesuchten Stätten in den riesigen Vereinigten Staaten zu erfahren, verließ Florine ihr Atelier halbherzig. San Diego, dann Pasadena, wo sie die Bilder im Huntington Museum nicht gerade aufregten, und Frank Lloyd Wrights Haus schien ihr »a beast«[13] – ein Ungeheuer – zu sein. Los Angeles lockte straßenweise nach Japan oder China, nach Mexiko; jedoch zog man das Wiedersehen mit den Freunden vor, den Archipenkos, den Arensbergs, ach, und Louise, weißhaarig wie auf der Photographie von 1936 aus Hollywood mit dem Pfeife rauchenden Freund Duchamp. In diesem Frühjahr anno 1935 kam es endlich zum Treffen mit Gertrude Stein und Alice B. Toklas, wobei, wie Florine vermerkte, Man Ray beim Nachmittagstee und Dinner seinen Charme sprühen ließ. Man sammelte Erzählstoff für die Parties daheim und das Salongeplauder, wo Erlebtes wie in einem geschüttelten Kaleidoskop in stets neuen Kompositionen

aus bunten Steinchen wieder auftaucht. Szenenfolgen von Abschieds-
gesellschaften in Kalifornien, den Besuchen bei Bruder Walter in San
Francisco und Gertrude Steins Abendvortrag an der Stanford University, dazwischen Splitterportraits des Tänzers Adolphe Bolm, der als Bal-
lettmeister an der San Francisco Opera Florine nun nicht mehr Modell
steht mit seiner männlichen Muskulatur.

Das geschulte Auge für alles Körperliche und Physiognomische
nahm schon geringe Abweichungen wahr: die Andeutung einer Hüftrundung bei Nijinsky als tanzendem Faun. Oder die Schwellung zwischen den Augenbrauen der Alice B. Toklas, die der Pariser Maler Pablo Picasso, damals noch ein recht unbekannter Spanier, im Bild der
Freundin seiner Freundin Gertie zum Einhorn auswachsen ließ. Zu
dieser Story, die als Klatsch in den Stettheimer-Salon einfloß wie alle
diese transatlantischen Humaniora, trug ein jüngerer amerikanischer
Romancier bei. Einer aus der Schar um Gertrude Stein: Thornton Wilder
(1897–1975). Er hatte schon 1928 mit seinem Roman *The Bridge of San
Luis Rey* (1927) den Pulitzer-Preis gewonnen. Die darin erhobene Frage,
ob unser Leben durch den Zufall bestimmt werde oder durch eine Vor-
hersehung, bewegte auch die europäischen Intellektuellen. Florines Ver-
trauter, Henry McBride, fand diese Zelebrität bei einem Luncheon, wo er
unerkannt geblieben sei, »äußerst nervös, aber noch ganz unverwöhnt«.
Wilder geriet in Chicago in den Gesichtskreis der Schwestern, als er sich
auf einer Vortragsreise befand. Die Begegnung mit den Bedeutenden,
Stein und Wilder, schien den Flügelschlag einer zur Sonne strebenden
Libelle aus dem *Portrait of Myself* zu lähmen. Florines lyrisches Ich
stimmte sich auf den Klageton ein, der ihre bunt-heitere Bildkunst kon-
trapunktiert. Das Ende der Reise kündigte die innere Existenzwende an:

Dieser Sommer ist vorbei
Ich lebte ihn nicht –
Ich tötete die Zeit
Das war wie Fliegen totschlagen
Die Stunden fielen herunter, tot,

Geräuschlos –
Ich hatte sie nicht einmal summen hören
Ich war ohne Blumen –
Andere hatten ein paar –
Es gab große Bäume da
Aber sie gehörten niemandem –
Dann fuhren wir nach Südwesten
Über glatte Straßen –
Eilten auf die Weise der Zeit voraus –
Jetzt ist es September –
Kinder auf Rollschuhen
Kunst kratzt rollend über die Zeit –
Ich werde bald auf Rädern rollen
Zurück zur Stadt
Zeit auf mich nehmen
Und wieder übergewahr werden
Ihrer Kostbarkeit –[14]

Bald nach Florines und Henriettas Heimkehr starb die hochbetagte Mutter und das so Festgefügte stürzte ein. Es war eine Erlösung für die Schwestern nach den Jahrzehnten der Liebespflicht, der Beinahe-Unterwerfung, des Anbetungszwanges, den Florines zweites Familien-bildnis veranschaulicht: Dieses zeigt die Ehrwürdige in der Sitzhaltung des Thronenden Buddha, »sweet white-haired«[15]; vergoldete Muscheln, beschirmende Riesenblumen entrücken sie und die drei töchterlichen Keuschheitsikonen der Zeitwirklichkeit des Jahres 1933, »als Recht-schaffenheit zum großen Teil und der Frieden ganz von der Welt ver-schwanden«[16], wie Ettie sich erinnerte. Da legte sich bereits ein Schatten über ihre Kindheits- und späten Jugendtage im Deutschen Reich.

Dem malerischen Eskapismus ihrer Schwester setzte Henrietta ih-ren zwar geschärften, aber weithin unbeschäftigten Verstand des Zoon politikon entgegen. (Keiner der Stettheimer-Biographen erwähnt einen immerhin möglichen Einsatz bei jüdischen Organisationen, in der sich bald etablierenden deutsch-jüdischen Flüchtlingswelt in New York, die ihrerseits, wie Hannah Arendt schreibt, »abgeschlossen und verängstigt« war, das typische »Mißtrauen gegenüber den *goyim*« an den Tag legte in einer Situation, da der Antisemitismus unter den Amerikanern »als *consensus omnium*« galt.[17])

Der Elfenbeinturm namens Alwyn Court spaltete sich. Die Klausen der Privatheit lagen von nun an häuserblockweit entfernt: Henrietta und Caroline mieteten ein Duplex-Apartment im Hotel, dem Dorset an der 54. Straße, Florine zog ihre Unabhängigkeit im Beaux-Arts-Studio vor. Es kriselte zwischen den Schwestern, ihre telephonische Kommunikation führten sie wie mit den Stimmen enragierter Geistergestalten. Allzu lange seien sie einander ergeben gewesen, schrieb die Freundin Isabelle Lachaise, »ich spürte, das Band bedurfte einer Lockerung«[18]. Vertraute Nähe, Hautgeruch, Parfum, wenn das Trio im Sommer in Atlantic City weilte. Kanada verhieß Kälte und Gemütsverdüsterung; Henrietta, depressiv nach dem Tod der Mutter, steigerte sich in die Feindseligkeit einer von ihrer älteren Schwester Verlassenen. Alfred Stieglitz suchte sie von ihrem Mantra »the world is ugly and not worthwhile«[19] abzubringen. Die Malerin Florine überzuckerte die Erkenntnis und überstrich die Liebesfluchten eines ungenannten Herzens rosarot. Nicht in der Liebe gelebt zu haben, wofür sie doch von Natur aus geschaffen war – man studiere nur Arnold Genthes Fotografie von ihr als *Venus im Pelz* –, diese späte Einsicht zehrte an Ettie. Die Mutterfessel war ein trügerisches Halteseil gewesen und hinterließ Merkmale einer Strangulierung. Henrie Waste alias Henrietta Stettheimer war an einer Sublimierung ihrer Liebesleidenschaften gescheitert, die philosophierende Schriftstellerin resignierte. Sie überdeckte die Wunden durch Camouflage, blendete die Salonfreunde weiterhin mit Diamanten und Brokat und einer roten Perücke als Übertrumpfung der tizianhaften Haarschattierung ihrer Schwester Florrie.

Florine Stettheimer widerfuhr später Ruhm. Ruhm für die Dauer eines Flügelschlags ihres Libellenemblems. Stieglitz und Georgia O'Keeffe hatten sie gedrängt, einer vom Präsidenten des Museum of Modern Art

*Florine Stettheimers Studio im Beaux-Art*

initiierten Ausstellung zeitgenössischer amerikanischer Kunst in Paris ein Werk zu leihen. »I know how you feel about the Museum«, las die plötzlich Hofierte. Sie freute sich an Aussagen wie »broken hearted if you are not represented« und mehr noch an »our best painters«, zu denen sie gehöre.[20] So hatten es ihr schon Carl Van Vechten, Marcel Duchamp und Henry McBride eingeflüstert, wie in Vorwegnahme ihrer posthumen Lobpreisungen. Also gelangte *Asbury Park South* anno 1938 ins Musée du Jeu de Paume. Es war gewiß die amerikanischste Bildbotschaft eines Miteinanders von afroamerikanischen Akrobaten und hellhäutigen Flaneuren. Mehr Gelb war nie auf einer Leinwand der Künstlerin aus den Staaten, wo das Wort »Sunkist«[21] für die in der Sonne gereiften Früchte Kaliforniens Reklame machte. In den weniger begünstigten Zonen pervertierte der Zeitgeist das Sonnenkolorit. Jenseits der französischen Grenze, Grenze Europas in diesen 30er Jahren, wenn man so will, schnitt man Davidsterne aus Quadratmeilen von gelbem Tuch und versah sie mit einem hebräischen J. Die Eingeweihten unter den Besuchern der Ausstellung im Jeu de paume verstanden vielleicht den Code. Den angereisten Deutschen jüdischer Herkunft diente der Code als eine Art Schibboleth: das aufzuckende, flammende Gelb in den Gemälden Lesser Urys, etwa diesem *Regentag Unter den Linden* (1926), wo sich die Scheinwerfer der Automobile in Pfützen spiegeln. Für die Entschlüsselung der Codefarbe erteilt Stettheimer keine Hinweise. Die im Europa der Wende zum 20. Jahrhundert Herumwandernde, was hatte sie erhascht von den Diskussionen um die Femme nouvelle oder die Femme fatale, woran sich eine Stigmatisierung der Jüdin anschloß? In seiner Studie über *The Modern Jewess* erinnert der Autor S. L. Gilman 1993 an den Salomé-Skandal, an Sarah Bernhardt, an literarische Verleumdungen ob eines Portraits der Aktrice vom Wiener Salonmaler Hans Makart, das aufgrund der Farbe – angeblich – von einer Ausstellung zurückgezogen worden sei. »The accusation that the picture is too yellow evokes all of the images of decay and degeneration evoked in general by yellow at the turn of the century, but also the parallel image of the diseased and ›yellow‹ Jew.«[22] Im Moment der Dreyfus-Krise bekannte sich Sarah Bernhardt zu ihrem Judentum: »Mon cher sang d'Israël qui coule dans mes veines, me pousse aux voyages.«[23] Das in ihren Adern fließende Blut Israels, das ihr lieb und teuer sei, dränge sie zu reisen. Um diese Dinge wußte Florine, sie erfüllten sie mit Empathie, und als Leserin des Proust-Romans hatte sie die Verehrung des Dichters für seine »grande tragédienne« Berma verinnerlicht.

Die amerikanische Salonnière blieb noch als Malerin der *Manhattan Fantastica* eine Kosmopolitin. Sie überwölbte ihre feingepinselten Bilderzählungen mit den optischen Speicherungen von Erinnerungsrelikten an jene Kathedralen, deren Untergang Proust beklagte. Sein eigenes Werk wollte er wie im Schatten der gotischen Baukunst erstehen sehen, und den Stein durch das gedruckte Wort im Buch ersetzen. In Stettheimers großformatiger Viererserie dienen die Andachtsstätten profanen Kulten, solchen, die den Sinnen bei noch so patriotischen Anlässen schmeicheln. Wie etwa dem Gedenken George Washingtons und seinem Amtseid von 1789, also vor 150 Jahren. Grund genug, ihm anläßlich der New Yorker Weltausstellung 1938/39 eine Statue von 25 Metern Höhe zu errichten, goldüberzogen. Florine harrte über Stunden in heißer Sonne aus; sie dankte ihrem Freund Carl für treu übersandte Memorabilia: »Dear Carlo, How wonderful to receive handsome Washingtons from you – with your help he is the only man I collect.«[24] Und im Tagebuch heißt es, sie hülle Washington in der Robe seiner Amtseinführung über und über in Gold. Eingerahmt von den Stars & Stripes überblickt er, was die Heilsarmee, die Girls vom Musikcorps und eine Opernsängerin darbieten, God Bless America. Im Hintergrund der Goldtempel der New Yorker Börse, daraus blickt das Antlitz des Präsidenten Franklin Delano Roosevelt. Der taucht im Bild *Cathedrals of Wall Street* von 1939 noch einmal auf; ein schwarzgekleidetes Puppenfigürchen, wie erdrückt von den großen Lettern der Bankgebäude und den Köpfen im Giebel des Börsentempels: Pierpont Morgan, Rockefeller und Bernard Baruch, der als schwerreicher Finanzier Ratgeber des Präsidenten wurde. FDR gehörte Florines Sympathie, ob aufgrund seines New Deal genannten Sozialprogramms oder wegen seiner geradezu gefallsüchtig strahlenden Männlichkeit, das sei ebenso dahingestellt wie die Frage, was Florine dazu trieb, sich ihrer eher republikanisch gestimmten Entourage gegenüber als »glühende Demokratin«[25] zu bezeichnen. So sehr sie seine Radiostimme auch überzeugte, konnte sie dennoch nicht umhin, ihn im Konterfei einzuschrumpfen, ihm seine immense Bedeutung vorzuenthalten. Unbeholfen, etwas kurzbeinig, wie eben ein Mann steht, dessen Poliomyelitis-Erkrankung ihm seit 1921 Metallschienen aufzwang. Ein Leiden, streng geheimgehalten vor der Öffentlichkeit; der Troß der im Weißen Haus stets präsenten Journalisten, Publizisten und Politker schwieg.

Florine war an einem Portrait der First Lady gelegen, und sie bat Carl Van Vechten, etwas einzufädeln, eine persönliche Begegnung. Mrs. Roosevelt hatte die Nation, die Regierung, den Kongreß überrascht und konservative Kreise düpiert, indem sie sich für die Belange der Schwarzen einsetzte: ein unerhörtes Wagnis Mitte der 30er Jahre; so weit war keine der 14 First Ladies vor ihr gegangen, und sie war zu Lebzeiten

Florines die 15., die ein Beispiel geben mochte, wie eine Existenz jenseits der Privatheit und Selbstbezogenheit befriedigen könne. Anna Eleanor Roosevelt (1884–1962) gehörte zu jenen »vornehmeren Kreisen«, wo man von Juden als »Hebräern« sprach. Bei Kriegsbeginn setzte sie sich für Hilfsaktionen zugunsten der aus England und Deutschland evakuierten Kinder ein. Die deutschen Kinder waren jüdischer Herkunft, was nach Meinung der Amerikaner einen Unterschied ausmachte, »The crucial difference«[26]. Einmal gelang ihr die Rettung von 83 jüdischen Flüchtlingen an Bord der Quanza im Hafen von New York. Ihre Appelle gingen ins Leere. Daß sie bei ihrem Präsidentengatten zwar Gehör, aber keine zupackende Hand fand, blieb, nach Aussagen eines ihrer Söhne »her deepest regret at the end of her life«[27].

In ihrer Autobiographie von 1938 erwähnte sie das vom Vater verschuldete Trauma ihrer Kindheit und Jugend; die gescheiterte Ehe ihrer Eltern mochte bei den Stettheimer-Schwestern auf einen Resonanzboden stoßen: die Ehe mit ihrem Vetter Franklin Delano stellte sie unter das Motto »there was no love but borrowed love«. Sie kanalisierte ihre Liebesfähigkeit und ihr Liebesbedürfnis – denn Liebe werde in jeder Form gebraucht – in einen gewaltigen Strom zugunsten der Hilfsbedürftigen und Unterprivilegierten und letztlich zum Wohle der Nation. »The First Lady of the World« (so Roosevelts Nachfolger Harry S. Truman) wurde zur Agitatorin des New Deal genannten Sozialprogrammes des Präsidenten. Über kleinere Geschehnisse aus dem Weißen Haus berichtete sie in ihrer täglichen Kolumne »My Day«, die landesweit in 135 Zeitungen erschien. Ihre Meinungen über FDRs Außen- und Innenpolitik wurden Gemeingut noch in der tiefsten Provinz; Photographien zeigten sie mit aufgeputzten Hüten und mit Fuchsstolen behangen.

Im Kathedralbild nimmt sie eine zentrale Position ein, sie trägt weiße Hermeline zum Schleppgewand in Königsblau und gleicht aufs Haar einer »paper doll«. Ein Schutzengel in goldener Indianerhaut steht hinter ihr und als tänzelnde Sylphide in einem Hauch von rotem Kleid die Künstlerin in Person. Stramme Militärfigürchen wollen Marine sein, Luftwaffe, Heer und verweisen in diesem Jahr 1939 auf das Geschehen in Europa. Florine quittierte den Kriegsbeginn in ihrem Tagebuch einzig mit dem Wort »horrors«; sie pflegte es auf »Gesellschaftsereignisse und Bilderausstellungen zu münzen und alles, was ihr mißfiel«[28]. An diesem 3. September sei sie mit Ettie zum Rockefeller Center gegangen, um sich eine Wochenschau anzusehen. Im Kino erlebten sie im Folgejahr Charlie Chaplin als *The Great Dictator*, der ihnen böse Ahnungen vom Hitlerreich einflößte. Die Radiostimmen von Roosevelt und Churchill erschufen gleichsam Hörbilder von den Schauplätzen des Krieges. Bei den drei Schwestern nahmen gewisse Erinnerungsstätten zwischen Berlin, London und Paris eine eigentümliche Färbung an. Man entsann sich seiner Familienphantome: Wann eigentlich war Großvater Israel Walter in New York eingetroffen? Zu Staub zerfallen seine Kavalleristenuniform vom Mexikanischen Kriege, verschwunden die Pferdeställe von der Beaver Street und geblieben sein Haus, sein Memento in Sichtweite der Freiheitsstatue – photographierende Zeitungsreporter wollten sie winzig klein in den Pupillen der Schiffsreisenden ausmachen. Die Aktivitäten des American Jewish Congress, des Jewish Labor Committee, der Selbsthilfegruppe der geflüchteten Deutschen in New York, die Veranstaltungen am Day of Morning and Prayer vom Dezember 1942, wo sich die Synagogen füllten, und Roosevelts Appelle an die Nation, sie konnten den Stettheimers nicht entgehen. Man las es in *Newsweek*: »Die häßliche Wahrheit ist, daß der Antisemitismus ein bestimmender Faktor in der bitteren Opposition gegen das Ersuchen des Präsidenten war.«[29] Im Kreis ihrer nichtjüdischen, konservativen Freunde fühlten sich die Schwestern auf einmal als Ausnahmejüdinnen im Sinne Hannah Arendts. Henry McBride schrieb an einen Freund über ein Dinner mit Ettie und Florine im Sommer 1938, sie seien ihm weinerlich vorgekommen, »weepy«, und das schon Monate vor dem Berliner Synagogenbrand vom 9. und 10. November, da ihre Kindheitsstraßen mit Glassplittern übersät wurden. »Aus rassischen Gründen« seien sie tränenklagender als die meisten. Er selber müsse seine Gefühle ummänteln. »Aber offensichtlich üben die Juden eine Kontrolle über die meisten Zeitungen und Rundfunkstationen aus, und immer nur hört man sie ›Wurra-Wurra‹ schreien«, im übrigen besäße der Kommunismus für die Judenheit eine Anziehungskraft, doch kein Jude könne ihm den Grund dafür angeben.[30]

Wenn die Stettheimer-Schwestern hinter den Freundschaftsmasken ihrer Vertrauten und Salongäste das Unbehagen witterten, das dem Wissen um ihr Jüdischsein entwuchs und auch aus dem Wissen um die zunehmend einsickernden Berichte über das Unaussprechliche in Polen und Deutschland, so ließen sie die langjährig gesponnenen Fäden nicht abreißen. Und wenn Florine das Menetekel mit ihrem inneren Auge erkannte und es wiedergab in dem einen Wort »horrors«, dem sie nach dem Angriff auf Pearl Harbor im Dezember 1941 ein »more horrors!«[31] im Tagebuch nachsandte, weil es den Eintritt der Vereinigten Staaten in den Zweiten Weltkrieg bedeutete, so bewahrte sie weiterhin Schweigen. Ihrer verschlossenen Miene – wie auch der Etties und Carries – war dieses »Nothing is here for tears, nothing to wail«[32] von John Milton abzulesen. Untereinander teilten sie ihre Empfindungen. Doch wenn sie etwa einen Blick auf Marcel Duchamps Beitrag zum Zeitgeist warfen, den die Angst mitbestimmte und der Drang, dieser Angst zu entfliehen, dann mußten sie erschrecken. Es war ein kleines Gepäckstück und trug den vieldeutigen Titel: *Die Schachtel im Koffer* (1935/41). Im Inneren wertvolle Habe, Kunstwerke en miniature, die eigenen des vielreisenden, vor politischen wie privaten Zwängen flüchtenden Duchamp. Nicht anders verbargen manche der jüdischen Emigranten auf dem Boden des Koffers oder unter dem Deckelfutter aus dem Rahmen geschnittene Gemälde. Garanten des Überlebens und der neuen Existenz im Exil …

In die Rokokobonbonniere von Salon in Manhattan zog ein, was die Zeitungen als »The Jewish Question« bezeichneten. Man übernahm diesen Terminus aus dem Deutschen, verkürzt um den Begriff Endlösung, wie es im Januar 1942 auf der Konferenz am Wannsee hieß. Wenn sie dies lasen, mochten in den Gealterten und Kränkelnden Bilder aus der Kinderzeit auftauchen, Impressionen von Max Liebermann flirrendes Licht über die Vergangenheit werfen. Marcel Duchamps nicht mehr ganz so hofierte Stettheimer Sisters führten gleichsam eine Doppelexistenz und verbargen die eine Seite vor ihren Freunden. Sie fühlten sich als Schwestern der Verfemten und Verfolgten, dabei gehörten sie zu den Privilegierten. Jetzt nahmen sie wahr, wie sich staubgraue Asche auf die vergoldeten Boiserien in ihrem Salon legte und dem »Jewish rococo« seinen Glanz raubte. Vor Ausbruch der Weltkatastrophe hatte Florine mit Henry McBride über ihr neues, mit Zellophanvorhängen verhülltes Domizil gescherzt, »heavenly« in den Augen ihrer »black maid«: Wenn es ihr in diesem Paradies zu langweilig würde, dann hieße sie hier Schlangen willkommen. »I shall welcome serpents.«[33]

Das Schlangensymbol der Versuchung im Paradiesgarten, es erschien einem jungen russischen Künstler im Traum. Noch bevor Pavel Tchelitchew (1898–1957) Stettheimers *Sun* (1931) in ihrem Atelier sah, wollte er die Malerin selbst wie in einer Vision erlebt haben, in Silber und Gold, Schlange und Sonne in einem, ganz in der Couleur ihres Bildes: »I will be your friend to my last days.«[34] Sie erfüllte ihm das Versprechen. Unbeobachtet von Caroline und Henrietta, konnte sich Florine ihrer letzten Versuchung hingeben: ihre Anima, ihre Persona, ihr tagesinsektenvergängliches Ich noch einmal widergespiegelt zu sehen in einem männlichen Auge. Der Mann, den seine eigenen Dämonen beherrschten, überraschte durch seine zarte Wortmalerei: »The transparent insect that is so translucent one can hardly see it. Art is ephemeral – all illusion – world is too.«[35] Ihrer beider ästhetischer Antennen berührten sich. Umwoben von den Gedankengespinsten ihres Freundes Pavel, kam Florine sich vor wie »die jungfräuliche Sibylle seiner persönlichen Mythologie, Symbol einer rein passiven, weiblichen Sensibilität«, die überleben werde »wie eine Glasblume unter Glas«[36]. Diese Inkarnation seiner Traumfrau trat ihm weniger in ihrer leiblichen, als in ihrer Kunstgestalt entgegen, in ihrer reizvollen Unwirklichkeit. Bei seinem Eintreffen in New York im September 1939 wirkte dieses »Meer von Empfindungslosigkeit und Mediokrität« wie ein »gewaltiger Schock« auf ihn – »the women above all – who are dreadful – and the men no better«[37]. Und er selbst fühlte »sometimes such a hell in my soul«[38]. An diese Hölle in seiner Seele dürfe niemand rühren, sie erlaubte ihm allenfalls platonische Leidenschaften zu »grande-dames«[39] wie der englischen Dichterin Edith Sitwell. Nicht etwa, daß er sie in seinen Portraits verschönerte, seine Pariser Gönnerin Gertrude Stein ganz gewiß nicht. Der Bojar vom Montparnasse – er war aus Kiew geflüchtet – wurde in der Rue de Fleurus empfangen. Alice B. Toklas war ihm heftig abgeneigt, er war erst 26 und glich einer Romanfigur von Dostojewski, einem der Brüder Karamasow.

Was er in seinem Fluchtreisekoffer nach Amerika mitbrachte, waren teils Grotesken, die respektlosen Wiedergaben Großer Damen, die in ihm ein Genie sahen. Aber auch Bühnenentwürfe, die den Eindruck, man habe es mit einem Monster zu tun, etwas abmilderten. Seine Zeichnungen verwiesen auf die sogenannte Neoromantische Bewegung, die sich gegen Picasso, Matisse, die Meister des Abstrakten und der in Mode gekommenen abstrakten Expressionisten wandte. Florines Urteil glich laut Henry McBride dem unvorhersehbaren Schmetterlingsflug; ihre Bewunderung einiger Werke Tchelitchews in der Julien Levy Gallery entkräftet ein Tagebucheintrag: »Pfauenhafte Selbstinterpretation«[40], aber brillant koloriert und gemacht. Im Museum of Modern Art zeigte man seine *Phenomena;* Florine war so enthusiasmiert wie entsetzt über ein Schulmädchen, das mit dem Bleistift über das Meisterwerk »Hide and Seek« kratzte.[41] Florine griff zur Feder:

| Dear P | leafy gestures |
| your show at the | Are you keeping your |
| Museum is over | skyey laughter |
| whelmingly you – | and flowery accolades |
| your mountainous | for paradise?[42] |
| thoughts – your | |

Das spirituelle *Portrait of A Gentleman* folgt dem Gebot der Schmeichelei: berghohe Gedanken, sprudelnde Rede, wendige Gesten, Himmelsgelächter, Blumenküsse – ein durchaus tauglicher Mann für ihr imaginäres Paradies. Überkamen sie Endzeitgedanken? Und überhaupt: betrachtete sie ihr eigenes Werkschaffen zu diesem Zeitpunkt kritisch?

Eine Art von Glasperlenspiel und konträr zum Weltgeschehen? Der einzige, mit dem sie sachliche Gespräche führen konnte, über ihre Malerei und seine, sei Pavel gewesen, versicherten Freunde. Es sei dahingestellt, wie sie in Wahrheit über die vordergründig heitere Leinwandkunst ihrer Freundin Florine dachten, ob sie eine Art Eskapismus vermuteten, eine Flucht vor ihrer jüdischen Identität, die auf einmal so stark ins Bewußtsein trat. Jedenfalls blieben sie diesem Salon nicht fern; soweit sie Ausländer waren und Grenzfälle im Sinne von »alien enemies« trugen sie im Stettheimerschen Miniaturkosmos mit zu dem bei, was der Kulturhistoriker H. R. Vaget die »Europäisierung Amerikas«[43] nennt. Hierzu zählten – neben Van Vechten und McBride mit ihren unamerikanischen Wurzeln – die Photographen Stieglitz, Steichen und Arnold Genthe, Nadelman und Tchelitchew, Man Ray, Lachaise und Demuth, sowie Albert Gleizes. Der Kunstkritiker Paul Rosenfeld nannte Stettheimers Americana »grandiose, dokumentarische Karikaturen des Landes der Freien«[44], neben ihm der von Thomas Mann hochgeachtete Publizist Henry Louis Mencken, der ähnlich kaustisch die amerikanische Gesellschaft und ihre Literaten beäugte. Mencken gab Periodika heraus: den *American Mercury, The Nation* und *The Dial,* »für die er von 1922 bis 1925 gehaltvolle Berichte aus Deutschland schrieb«[45]. Und auch Marcel Duchamp stellte sich wieder ein. Er sei, ließ Ettie Georgia O'Keeffe und Stieglitz wissen , »as charming as before«. Aber jetzt mehr nach ihrem Geschmack, da er älter und reifer geworden sei, freilich saftloser, »less sappy«. »Aber getrocknete Feigen sind schöner als frische, es sei denn, man äße sie vom Baum. Ich denke, diese Feigengeschichte ist ein amüsanter Vergleich & könnte weiterentwickelt werden, wenn ich die Energie hätte. Aber davon besitze ich weniger denn je. Ich verwandle mich vermutlich selbst in getrockneten Ingwer.«[46]

Es kamen betagte Berühmtheiten oder auch die Berüchtigten, deren Namen schon verblaßten: Sherwood Anderson in seiner letzten Lebensphase. In den 20er Jahren hatte er in Romanen und Kurzgeschichten gegen die industrialisierte Mittelstandsgesellschaft rebelliert, das Kleinstadtleben des Mittleren Westens in die Schullesebücher gebracht.

Aber wer kannte noch die Schriftstellerin Fanny Hurst? Deren Name war – zum Entsetzen ihrer Zuhörerinnen in einem Club in Minneapolis – Gertrude Stein nicht geläufig. Sie und Alice fehlten bei den Réunions in Florines Ateliersalon im Beaux-Arts-Refugium an der Ecke der Sechsten Avenue und 40. Straße. Sie waren nach Einmarsch der Deutschen in Frankreich geblieben, sie fanden Zuflucht in der Provinz und hatten in ihrem Fluchtgepäck Picassos Bildnis der düster sinnenden Gertrude und Cézannes *Portrait de Madame Cézanne* gesichert. Der amerikanische Konsul in Lyon hatte ihre Pässe noch einmal verlängert; in den Vereinigten Staaten beunruhigten sich die Freunde, Thornton Wilder und Carl Van Vechten ob dieser Ruhe, dieser Resignation Gerties.

Gertrude Steins Gegenwart in den Rokokokulissen von Manhattan, genauer im Stettheimer-Ambiente, war durch zwei Abgesandte aus ihrem früheren Nymphäum gewährleistet. Fast gehörten sie schon zu den Gewesenen, und in ihrer matronenhaften Erscheinung in sportlichen Hüten und Marderfellmänteln – eine Photographie zeigt sie so – bildeten sie einen Anachronismus zu ihrem früheren Selbst. Sie gehörten zu denen, die man einmal Amazonen nannte, als sie Monokel trugen und jungen Mädchen nachjagten. Die Malerin Romaine Brooks bebilderte mit ihren Portraits die Gesellschaftschronik der Pariser Belle Époque. Kühlen Blicks musterte sie die Avantgardekollektion Gertrude Steins. In tizianhafter Haarfülle gab sie ihre Geliebte wider, die ebenfalls aus Amerika stammende Dichterin und Salonnière Natalie Barney. Deren Pariser Apartement im schwelgerischen Stil eines italienischen Palazzo gründete auf Gewinnen aus dem Eisenbahnbau. Sie kam nach New York zusammen mit ihrer Schwester Laura Dreyfus, einer entfernten Verwandten der Stettheimers.

Im Brennspiegel des Studiosalons bündelten sich Strahlungen. Sie kamen aus näheren und entfernteren Regionen und hatten die Zeitschranken durchbrochen. Fühlbar mächtig waren jene aus Marcel Prousts Epochenroman *À la recherche du temps perdu*. Er hatte mit diesem Werk die Judaica der Belle Époque vorgelegt. Sie vermittelten den Stettheimer-Schwestern das Gefühl eines inneren Zuhauses, und besonders Florine ein Bei-Sich-Sein. Sie mochte sich den Dichter – post mortem – wie durch Geisterphotographie vor Augen zaubern, um jetzt, in den Turbulenzen des Zweiten Weltkriegs, seine Streifzüge durch das Paris von 1914 zu erspähen. Die Zeppelinangriffe der Deutschen unter den Klängen des Walkürenritts, die Apokalypse am Himmel und im Hotel Ritz »amerikanische Jüdinnen im Hemd [...], wie sie die Perlen, die ihnen einmal erlauben sollen, einen total verarmten Herzog zu heiraten, an ihre welken Brüste drücken.«[47] Dem Vernehmen nach soll sich eine Frau von Welt den Davidsstern in gelben Diamanten haben fassen lassen, eine Nachfahrin der »juives américaines« aus dem Hirn des Romanciers. Solidarität und Snobismus halten sich die Waage. Die Geschichte hätte seiner illusionslosen Sicht des jüdischen wie des nichtjüdischen Individuums ein Glimmersteinchen ins Mosaik eingefügt – das byzantinische Mosaik einer Gesellschaft im Untergang.

Florine mußte ihre Ahnungen und das Wissen um die Dinge vom Juli 1943 (etwa durch die American Jewish Community oder die sogenannte Emergency Conference to Save the Jewish People of Europe) verbergen. Die Maske, das Janusgesicht lächelnd, die Altersspuren überpudert, überschminkt, wie Henrietta es tat und auch Caroline. »Three sisters are always three sisters«[48], sagte Virgil Thomson und verglich sie mit den drei Schönen und in Melancholie Dahinwelkenden aus dem gleichnamigen Drama Anton Tschechows.

Ihre Bühne war der intime Salon, an dessen Wänden Florines Blumenstilleben ein Blühen in Ewigkeit vorgaben. Den Kristallblüten in ihrem Atelierboudoir drohte das Zerbrechen. Die florale Metapher der menschlichen Existenz läßt sich ablesen an den bildlichen Darstellungen durch die Jahrhunderte, Jahrtausende. Insbesondere bot sich das Damenbildnis als Spielfläche für ein Ineinander der Genres an. Der Salon in Prousts Roman wird zur Domäne einer *Madame Chrysanthème*. Die Illustratorin seiner *Freuden und Tage* (1896) war die Pariser Malerin und Aquarellkünstlerin Madeleine Lemaire. Ihr Ölgemälde *Five o'clock dans le salon des dames Lemaire* (1891) mit den stengelschlank geschnürten Frauen mag ebensosehr als eine florale Komposition gedeutet

*Carl Sprinchorn*, The Three Stettheimer Ladies and Some Friends, *1944*

werden wie ein Aquarell von Carl Sprinchorn aus dem Jahr 1944: *The Three Stettheimer Ladies and Some Friends*. Hochmodische Gewächse im Stil von Hollywood-Diven. Besucherinnen mit den zum Nachmittagstee obligaten Hüten; ganz ähnliche Gebilde sieht man in den spätmittelalterlichen Stundenbüchern auf Hofdamenköpfen thronen. Die Damen der Moderne balancieren Zigaretten. In dieser dichtgedrängten Assemblage von Mondänen, von Künstlern und Intellektuellen – Georgia O'Keeffe ist dabei und Isabel Lachaise, Charles Demuth und der Photograph Arnold Genthe – fügen sich die Stimmen zum polyphonen Konversationsstück. Geisterhaft zart kommt es Florine von den Lippen, etwas über »die Kostbarkeit einer arbeitenden Künstlerhand«[49]. Sie hatte Sprinchorn zu seiner ersten Einzelausstellung gratuliert und war erschreckt über seinen festen Händedruck und belehrte ihn lächelnd und augenzwinkernd, nun habe er seine Initiation in die »delikate Dynamik« erfahren, die ihr eigenes Wesen beherrsche.

Sprinchorns im nachhinein skizzierte Erinnerung an den Salon der Stettheimer Sisters mutet wie ein filmisches Shortcut an, wie eine Parallele – oder Parodie? – zu dem erfolgreichen Hollywoodfilm *The Women* (1939) von George Cukor, ein Hit aus der Feder der Journalistin Clare Booth Luce. Eine Satire ohne Männer, aber über die Männer. In Sprinchorns Tableau vivant tauchen sie als Hintergrunddekoration auf und eher wie Gipsbüsten jener »Civilizers of the World« aus Florines Gedicht.

Die Denkenden und die Kreativen waren tröpfchenweise zugelassen im Zellophan-und-Kristall-Boudoir, der nun Florines alleiniger Salon war. Der junge Lichtbildner Ansel Adams weitete gleichsam die Stäbe des Käfigs mit seinen Naturaufnahmen vom Yosemite Valley und den Landschaften von Amerika mit Bäumen aus Urzeiten. Selbst einer Rose und Treibholz verlieh er 1933 jene innere Dimension der einzelnen Blüte, die gleichsam aus Florines Empfinden erwuchs und die sie in ihren Bildern groß zum Leuchten brachte. Besucherinnen wie Mina Loy und Muriel Draper mochten sich im Beaux-Arts-Duplex in einem Treibhaus wähnen, oder in einem Herbarium, oder in einem trügerischen Spiegelkabinett, wenn ihnen diese Blumengemälde auf den Staffeleien ihre Verjüngung vorgaukelten. Ihre faltenlosen Blütenblattgesichter reihten sie ein in die von Proust beschworene menschliche Flora, damals, als sie in der Lilienstadt Florenz auffielen durch eine gewisse Extravaganz ihrer Aufmachung. Schwarz war nicht ihre Kleiderfarbe. Mina Loy und Muriel Draper in den beginnenden 1900er Jahren: die eine von der Lieblichkeit einer byzantinischen Madonna, die andere von der Anmut einer Elfenbeinfigur. Sie malten und dichteten, morbide und symbolistisch, ließen sich den Witz eines Oscar Wilde nachsagen. Sie standen unter dem Einfluß Gertrude Steins, sie verkehrten in der Villa Curonia bei der ubiquitären Mabel Dodge. In Paris und New York mutierten sie zu Vertreterinnen der Avantgarde-Bohème. Eine so tolle Parole wie »Anarchisten in der Kunst sind die aus dem Boden hervorgeschossenen Aristokraten der Kunst«[50] (Mina Loy) wurde zum Fundstück bewundernder Chronisten. McBride und Van Vechten nahmen die zwei ins Visier, als sie längst getrennte Wege eingeschlagen hatten.

In Florines Salon, und wie wenn man zusammengefaltete japanische Papierblumen in eine Wasserschale warf, um sie zu künstlicher Blüte zu bringen, entfalteten sich überm Geplauder gewisse Lebensstationen. Mina Loy (1882–1966) brachte ihre Gedichtsammlung *Lunar Baedeker* (1923) ins Gespräch, vielleicht, vielleicht auch nicht ihre Ein-Jahres-Ehe mit dem Dadaisten Arthur Cravan, ihren Zusammenbruch nach dessen Verschwinden, ihr Lampenschirmatelier in Paris, wo Peggy Guggenheim sie unterstützte, und schließlich 1933 ihre Ausstellungen im Pariser Salon d'Automne und der New Yorker Julien Lévy's Gallery. Man fischte nach gemeinsamen Souvenirs, und das Netz erwies sich als engmaschig. Auch Muriel Draper (1886–1956) berührte Florines Antennen, soweit sie junge männliche Künstler, Maler wie Mark Tobey und Ballettänzer, betrafen; jedoch stellte sie Florines Introvertiertheit ihre Extrovertiertheit gegenüber. Ihre Memoiren *Music at Midnight* avancierten 1929 zum Bestseller. Sie schrieb im *New Yorker* über Innendekoration, sie sprach im Rundfunk über »Frauenrechte, den Spanischen Bürgerkrieg, über die Ausbeutung der Afroamerikaner, sie erinnerte an Henry James und die Bedeutung des Charmes«[51].

Wie groß oder wie klein kamen sich wohl die Stetties in Gegenwart ihrer namhaften Rivalinnen vor? Henrietta neigte ohnehin gegenüber ihrer älteren Schwester zur Eifersucht, was sich erst zu Beginn der 1940er Jahre ändern sollte. In den letzten Lebensjahren der anschleichenden Krankheit schuf Florine das vierte ihrer Kathedralenbilder. Zurückgezogen entstand in dem vor der Öffentlichkeit geheimgehaltenen Werkstatt Stein für Stein ein Memorial. Ihr hatte eine Satire auf den Kunstbetrieb vorgeschwebt, »Art is spelled with a Capital A / And Capital also backs it«[52], wie sie einmal notierte, und ihr Opus sollte den Titel »Our Dawn of Art«[53] tragen. Sie besann sich. Aus der nebulosen Abenddämmerung ragten die Säulenportale des Metropolitan Museum, des Museum of Modern Art und des Whitney Museum of American Art. Vor und in diesen drei Tempelfassaden als Hüterinnen einer Vita im Dienste der Kunst spielte sich ab, was Hilton Kramer 1980 in der *New York Times* so beschrieb: Eine »komische Oper [...] die ganze Szene ein schamloses Gedränge und Posieren. Es ist ein so prophetisches wie vergnügliches Gemälde.«[54]

In den *Cathedrals of Art* (1942/44) wirkten einige Gurus und Mandarine mit: Tchelitchew und McBride, Prinzlinge von Kulturinstitutionen; einer im weißen Dinnerjackett darf den *Apollo von Belvedere* mimen. Stettheimers Bildgedächtnis umspannte Zeiten und Strömungen, von der Renaissance über die Malerei der Flamen bis hin zur Gegenwart mit Picassos kräftigen Strandläuferinnen, jauchzend vor Lebensfreude – ein Zitat fern aller Ironie, eine Wunschvorstellung der Alternden, Kränkelnden. Hoch oben ein Adler vor den Strahlen einer untergehenden Sonne, die ihn rot überzieht. Unten die Malerin in Brautkleid- oder Totenhemdweiß, so diaphan wie ein Sauerstoffzelt; aber bis zum letzten Atemzug oder Pinselstrich die Illusion aufrechterhaltend, ihr Dasein als Blumenmädchen mit einem prangenden Strauß im Arm durchschritten zu haben. Indessen drangen Röntgenstrahlen und Seziermesser in ein poröses Brustgewebe. Sie hatte den Zerfall ihrer ephemeren Persona vorweggenommen, noch eine Lebende und schon ein »kleiner grauweißer Schatten, in dem keinerlei Rosarot übriggeblieben war, dem der Puder ein geisterhaftes Aussehen verlieh«[55]. Ihre Substanz wurde Asche, wurde in den Hudson River gestreut, 1948, vier Jahre nach ihrem Tod …

Das Ende bedeutete einen Beginn neuer Wertschätzung ihrer Malerei. Schon lauerten die künftigen Giganten. Vorausahnend hatte Florine ihnen einen roten Teppich auf die Treppenstufen zu den Kunstkathedralen gelegt, jedoch die wilden jungen Männer im Säuglingsstadium gezeigt – und schon unter dem Blitzlicht des anwesenden Photographen George Platt Lynes. Nackt wie die Bronze eines *Schlafenden Eros* aus dem dritten vorchristlichen Jahrhundert, den das Metropolitan Museum 1943 erworben hatte. In Anbetung versunken eine Bewunderin im Blau der Himmelskönigin, sie würde dem Reiz der »baby Art«[56] erliegen.

Florine Stettheimer konnte die frühe Werkphase jener noch miterleben, die Amerikas Kunstlandschaft umpflügen sollten. Vor ihren gewaltigen, expressiven Abstraktionen widmeten sie sich der menschlichen Gestalt, wie diese auch im Zentrum der Pinselmeisterin und Erzählerin der *Ars Fantastica Americana* stand. Der aus Holland stammende Willem de Kooning (1904–1997) fügte sich als blonde Männerschönheit in Florines Spektrum der – zumindest in den Gedichten – Adorierten. Er wird ihr »Art Baby« aus der Kunstkathedrale ganz und gar verweiblichen in eben seiner tief rosaroten Tönung. »Fleisch ist der Grund, warum Ölfarbe erfunden wurde«[57], dieser Satz fließt ein in die sanguinen Verkörperungen der »Frau in *mir*«[58]. De Koonings ungewöhnlicher Ausspruch hätte Florine kaum irritiert. Eher der gewaltige Blow-up, der ihrem Kindgeschöpf widerfuhr: fleischfarben und blutdurchpulst, eine Substanz, die selbst den noch so erotisierten Spiegelungen ihres Selbst durchaus fehlt.

Der Körperlosigkeit ihrer Selbstbildnisse entspricht die »wirbellose Qualität« (Hilton Kramer) der Frauenbilder de Koonings, der hier Organismen »aus Fleisch ohne Knochen«[59] sieht.

*Pink Angel, Pink Lady* in verschiedenen Variationen – sie befreiten die weibliche Spezies aus dem Stettheimer'schen Kristallpalast, wo ein ästhetischer Zwang zum Artifiziellen herrschte. *Women* – von der Hand eines Rubens-Nachfahren – muten an wie eine zeitnahe Reaktion auf die bedrohlich propagierte Überfrau in Hollywoods Filmstudios, die sich noch in Pin-up-Kalendern sehr nackt darbot. De Koonings Engel und Ladies wischten Stettheimers zarte Figurantinnen von der Leinwand. *Women,* ob an Picassos Kriegsfrauen mit ihren aufgerissenen Mündern für den Horrorschrei, ihren verrenkten Gliedmaßen orientiert, sie wurden de Koonings Obsession. Seine ihnen gewidmete Serie in den Jahren 1938 bis 1945 zeigte Vorläuferinnen der Grotesken, die 1953 das Publikum in der New Yorker Sidney Janis Gallery entsetzten.

Florine Stettheimer blieb bis zum Schluß die kritische Beobachterin der Kunstszene, in den Augen der Galeriebesucher »otherworldly«, wie die hochgeschminkten New Yorker Salonnièren, die »grand old ladies«. Wo soll man sich ihre fragile Erscheinung vorstellen? 1942 hatte ihre entfernte Verwandte, Peggy Guggenheim, an der Ecke der 30. Straße West und der 57. Straße eine krummwandige Tunnelstätte eröffnet, ihre Galerie Art of This Century. Marcel Duchamp gehörte zu den Beratern.

Etwas zögerlich zupackend bei den Werken des unbekannten Jackson Pollock (1912–1956), übrigens einem Freund de Koonings. »Ich bin Natur!«[60] – das rechtfertigte Kreuzungen von Mensch und Tier. *The She-Wolf* (1943) bringt die Kapitolinische Wölfin ins Kulturgedächtnis zurück, und dem Zeitgeist gemäß wie aus den Rutenbündeln römischer Prätorianer zusammengefügt. Unter dem Zubiß der Wölfin lösten sich Florines poetisch erinnerte »savanti-galanti-litterati and padri« in Knochenstaub auf. Hätte sie wiederum »horrors« notiert beim Ankauf des Gemäldes durch das Museum of Modern Art? Eine Pioniertat in der Geschichte der amerikanischen Kunstinstitutionen, lange bevor das MoMA Werke von *ihr* aufnahm.

Jackson Pollock hatte sich wie Florine Stettheimer an frühamerikanischer »primitive art« und zeitgenössischer mexikanischer Malerei orientiert. Auch das Figurengewimmel frühzeitlicher Höhlenmalerei, etwa der Felsbilder von Simbabwe – sie wurden 1937 im MoMA gezeigt –, will man in seinem faserigen, zappeligen Gebilden wiedererkennen, wenngleich nicht marionettenhaft wie in Stettheimers Vergnügungsszenario. Die Rolle der Sonne als kosmisches Element im Leben jedes einzelnen Individuums, diesen Part übernimmt in Pollocks Dunkel der Mond. *The Moon Woman* (1942) fällt heraus aus dem rhythmischen Tanz der abstrakten Gestalten; ihr rußschwarzes Skelett beschwört Finsternisse herauf, transatlantische, kontinentale; im Hintergrund ein Rot wie von den – bereits bekanntgewordenen – Verbrennungsöfen und davor ein Stück Grün vom Lethefluß des Vergessens. Peggy Guggenheim sicherte sich das berühmte, vieldeutige Bild.

Durch Amerikas Kunstszene schritt ein keiner Schule zugehöriger Einzelgänger, den Pollocks Totems so wenig angingen wie etwa die Sandmalerei der Navajo-Indianer oder Duchamps Surrealismus. Mit Edward Hopper (1882–1968) teilte Florine frühe Tage und Wege in Paris. Doch Großstadt und Einsamkeit wurden seine, nicht ihre Synonyma. Und wenn sie später in den klassizistisch weißen Landhäusern weilte, genoß sie, so wie er, den Blick auf ein Meer von Bäumen und dahinter den Fluß, die See. Den großen, bunten Blumenzauber ihrer

Gemälde vermißt man auf den seinen nicht. Er setzte ihren *Americana Fantastica* eine gemalte amerikanische Kinorealität mit Außen- und Innenaufnahmen, Landschaften und Interieurs entgegen, bestückte sie mit geradezu filmhaft Schöngewachsenen, Kraftvollen im Modekleid. In seinen *Notes on Painting* von 1933 legte er seine Auffassung dar: »Im Allgemeinen kann man sagen, daß die Kunst einer Nation am größten ist, wenn sie den Charakter ihres Volkes am deutlichsten reflektiert. Die französische Kunst scheint das zu beweisen […] wir sind [aber] keine Franzosen und werden es nie sein, und jeder Versuch, wie sie zu werden, würde bedeuten, unser Erbe zu leugnen.«[61]

Zu den anfänglich Schwankenden zwischen den Kunstwelten diesseits und jenseits des Atlantiks gehörte auch Mark Rothko (1903–1970). Vor seinem philosophisch inspirierten Abstrakten Expressionismus, der sich niederschlug in den emotional aufgeladenen und aus reiner Farbe bestehenden Rechtecken gleich Fenstern, die Einblick in ein Seelisches gewähren, arbeitete er figürlich, erzählerisch. Sie hätten an Florines weiblichem Horizont auftauchen können: etwa diese Hutdamen im Restaurant, wie auch Vuillard oder Bonnard sie malten, und denen Hopper eine kühlere Schärfe gab. Stettheimers femininer Spielart des Surrealismus setzte Rothko die seine gegenüber, die eines berechnenden Geometers. Passanten in einer U-Bahnstation vom Jahr 1939 bilden schmale, schräg lehnende Ausrufezeichen menschlicher Isoliertheit. Ein Zeitungsleser in Schwarz mutet wie der Herold an, der das politische Menetekel verkündet.

Dieser Quadriga von jungen Giganten der modernen Malerei in den USA will Marcel Duchamp im Jahr 1946 Florine Stettheimers lyrische, ephemäre Figura mitsamt ihren Spiegelungen gleichsam entgegenstemmen, ohne daß die Künstlerin zerbricht. An einem 1. Oktober eröffnete das Museum of Modern Art die ihr gewidmete Retrospektive. Eine asthmakränkelnde Henrietta zeigte wenig Enthusiasmus für eine Preisgabe ihrer Schwester, in welcher Form auch immer. Schließlich hatte sie seit zwei Jahren die Asche ihrer ambivalent geliebten Florrie gehütet; und sie würde noch zwei weitere verstreichen lassen, ehe es zu dieser Bootsfahrt auf dem Hudson River kommen sollte, wo sie gemeinsam mit dem Rechtsanwalt der Familie, Joseph Solomon, den Inhalt der Urne ins silbrig grüne Wasser rieseln ließ und in den Lethestrom des Vergessens einen Strauß von glühenden Zinnien warf. Eine Pappschachtel flog hinterher. Danach stärkte man sich mit einem Picknick im Boot. Florine selbst hätte diese Szene malen können, die so unzeremoniös verlief, überhaupt nicht nach jüdischem Brauch einer Bestattung, vielmehr im Sinne einer lebensweisheitlichen Heiterkeit angesichts eines Todes, der so leicht wog wie der Tod eines Schmetterlings. Ähnliches muß Henry McBride vorgeschwebt haben, als er einen witzig plaudernden Essay für den Katalog der Werkausstellung schrieb. Eine Auflage von 10 000 Stück, zu der die augurenäugige Henrietta – ihr lag das Manuskript zum Begutachten vor – 5000 Dollar beisteuerte.

Von da an folgten beinahe jährlich Ausstellungen und Würdigungen, die sich in den Vereinigten Staaten zu einem flächendeckenden Memorial fügten. Zwei bald renommierte Künstler besuchten 1963 in New Yorks Durlacher Brothers Gallery die Schau über Florine Stettheimer: *Her Family, Her Friends.* Sie hießen Jasper Johns und Andy Warhol. Johns unterstrich die Nähe zu Marcel Duchamp, und er fand in Stettheimers Gemälden den Geist ihrer Ausstattung für *Four Saints in Three Acts,* aber auch den »sophisticated spirit«[62] ihrer Kathedralenserie wieder. Andy Warhols Bewunderung speiste sich auch aus gewissen Verbindungen zu Tchelitchew wie aus der eigenen biographischen Vergangenheit: Er sah in ihr eine Vorläuferin seiner Pop-Art. »Warhol seemed to have seen in Stettheimer – and her sister Carrie – a taste similar to his own in Americana and kitsch.«[63]

# Caroline Stettheimer und ihr Puppengeisterhaus

Oh, look! Käferfüßchen huschen über die Fifth Avenue! Nein, es sind Puppenfüßchen, die huschen die ganze Museumsmeile entlang. Von der Frick Collection zum Whitney Museum of American Art, vorbei am Metropolitan Museum, dem Solomon R. Guggenheim Museum, dem Jewish Museum, um vis-à-vis des Conservatory Garden des Central Park ihr Ziel zu erreichen: The Museum of the City of New York. Eben dort wird es aufbewahrt, The Stettheimer Dollhaus. Die Geschichte dieses Puppenhauses begann anno 1916 am Ferienort Lower Saranac. Eine Polio-Epidemie war ausgebrochen und die Sommergäste, darunter die vier Stettheimer-Damen, suchten Mittel aufzutreiben, um den Betroffenen zu helfen. Wohltätigkeitsbazare gehörten zum guten Ton der gehobenen Gesellschaft. Caroline bastelte aus Holzschachteln vom Krämerladen ein kleines Puppenhaus. Bei der Tombola fiel es an Mrs. Rosetta Stettheimer, die es zur Versteigerung anbot, wo es dank der entzückenden Ausstattung eine Summe zwischen »500 und 1 000 Dollar«[1] einspielte. Damit war eine Idee geboren worden und der Auftakt zu einem geheimgehaltenen Tun.

Eine Portraitaufnahme aus dieser Zeit des Ersten Weltkriegs – die Vereinigten Staaten griffen 1917 in ihn ein – zeigt Carrie in der weißen Tracht einer freiwilligen Krankenschwester. Ihr Perlenohrgehänge beschwört Vermeers Perlenmädchen mit dem fragenden Blick herauf, und die Lazarettuniform das Kolorit Whistlers, das Florine für das Bildnis ihrer Schwester im Schleppkleid wählte. *The White Angel.* Carrie verkörperte die Rolle eines Engels der Familie in dem Bewusstsein, für ihre Mutter und die jüngeren, künstlerisch und schriftstellerisch tätigen Schwestern verantwortlich zu sein. Mehr noch als diese war sie in der Wertewelt des 19. Jahrhunderts verwurzelt, sie bewies es durch ihren äußeren Habitus, ihren Kleiderkult paßte sie königlich britischen Gepflogenheiten an. Sie ließ sich mit Queen Marys hohen Colliers, einer Tiara und einer hermelingesäumten Schleppe malen – die Augen von Maskara geschwärzt, was am englischen Hof undenkbar gewesen wäre. Sie bezog ihre opulente Garderobe aus dem Atelier der Sœurs Callot in Paris. Manches von der Chiffonpracht, den metallisch glänzenden Seiden oder den weißen Satinpumps war der Freundin Isabelle Lachaise zugedacht. Nachmittagsgewänder »of the utmost chic«[2] blendeten die Salon-Habitués. Eine gewisse Vorliebe für weiße Spitzengarnierung, auch noch zum modischen Turban getragen, unterstrich Carries Viktorianismus, der sich im übrigen auch auf ihre Wohltätigkeit erstreckte. Carrie in den Humpelröcken zur Zeit des Weltkriegs oder Carrie auf dem zweiten Familienporträt in Gestalt einer weißen Lilienblüte – es bleibt beim Nachsinnen über die wahre Person. Ihre Begabung? Ihre Talente? Den einzigen biographischen Hinweis geben die seinerzeit in Florenz genommenen Musikstunden, die aber im Ansatz versandeten. Ihre Neigungen galten der Lektüre, dem Wissenserwerb, der gebildeten Konversation, so ließ Henrietta viel später und erst nach dem Tod ihrer Schwester verlauten. Ihre eigenen Äußerungen sind nicht überliefert, weder Briefe noch Tagebuchaufzeichnungen oder verschlüsselte Gedichte. Person und Persona verschwinden hinter einer schützenden Nebelwand.

Caroline Stettheimer errang ihre großen Erfolge als Organisatorin der Überseereisen, der New Yorker Umzüge, der Haushaltsplanung auf den Landsitzen, der Schulung des Personals, der Butler, Chauffeure und vor allem der – gern deutschen – Köchinnen. Wiener und Brabanter Torten, Hummer in Aspik, Federsuppe (deren Geheimrezept kein Biograph erfuhr), Austernsalat, Rum- und Champagnercocktails sicherten auch während der Prohibition das Renommé des Stettheimer-Salons, sie waren die kulinarische Grundierung des Geplauders, des Klatsches, der Kunstkontroversen, des Geschwätzes der Avantgardisten und kosmopolitischen Intelligentsia. Mehr und mehr wurde der Salon Carries Arena; sie überließ die Grenzüberschreitung in Richtung einer Öffentlichkeit – der sich Florine und die Bücher publizierende Henrietta nicht ganz entziehen konnten – den beiden Jüngeren. Offensichtlich kannte ihre Seele keinen Neid. Und es ist fraglich, ob da ein Bedürfnis war, sich der New-Woman-Bewegung anzuschließen. Aber die Selbstverwirklichung der Kreativen sollte ihr in halber Heimlichkeit und halb hinter dem Rücken von Flor-

*Die untere Terasse des Puppenhauses*

rie und Ettie gelingen. Irgendwann nach der Holzkästchen-Aktion vom Sommer 1916 am Lower-Saranac-See mietete Caroline ein eigenes kleines Atelier für ein geschreinertes Puppenhaus auf Stelzen. Ein klassizistisch weißes Stadtpalais, zwei Stockwerke hoch und mit 16 Zimmern. Ein Schrein der vergeblichen Hoffnungen, der Liebesentsagung, ein Platz für den Eskapismus in einen gelebten Schein, in eine Filmkulisse.

In dem Vierteljahrhundert des Schaffensprozesses am Puppenhaus schwang Carries Psychopendel zwischen Hedonismus und Hermeneutik hin und her, zwischen den Prinzipien von Genuß und Verzicht beim Wirken und Tun in der Stille. Die eingesperrten Triebe mutierten zum Willen, den Händen Befehle zum Gestalten von Souvenirstückchen zu erteilen. Soll die Nachwelt doch Vergrößerungsgläser zücken, um dem Winzigkosmos das wahre Format des Alwyn-Court-Salons zu verleihen! Hier sei die Bemerkung eingeflochten, daß Carries wahre Berufung in der Bühnenbildnerei lag. In den Phasen ihrer Geheimarbeit – wenn sie nicht zähneknirschend häusliche Pflichten übernahm oder Mutter Rosettas Schläfen mit einem Eau de Cologne kühlte, wie John Richardson anmerkt[3], wandelte sie sich zu einer Manisch-Obsessiven. Man stelle sich nur vor, Teppiche, Sofabezüge in Petit-Point-Stickerei und Tisch-

257

*Das Kinderzimmer des Puppenhauses*

deckchen mit Hilfe von Stecknadeln zu verfertigen, oder aus Kork- und Kreidestücken Küchengeräte herzustellen und Puppenmöbelchen aus dem Warenhaus im Geschmack der Innendekorateurin Elsie de Wolfe dem »Jewish rococo« anzupassen. In Miss Carolines Juwelierwerkstatt wurden im Laufe der Jahre die noch gegenwärtigen, bewohnten Räume gleichsam als dauerhafte Erinnerung nachziseliert. So besehen erweckt freilich das Puppenhaus den Eindruck einer ebenso verspielten Weltenferne wie sie Florines Malkunst so zauberhaft vorführt. Und doch scheint das weltweite Geschehen hier ein Echo gefunden zu haben.

Anno 1924 warben die British Empire Exhibitions in Wembley mit einem Juwel um Besucher aus aller Welt: *Queen Mary's Dolls' House.* Königlicher Glanz, »royal splendour« in einer Mischung aus Buckingham Palace und Windsor Castle, wie sie dem Architekten Sir Edwin Lutyens gelang, der in Neu-Delhi im Auftrag der britischen Regierung ein Stadtviertel auf einer Fläche von 200 Quadratkilometern errichtete. Sein Puppenhaus maß in Breite und Höhe 259 × 142 cm, man konnte die noble Fassade als klassizistischen Hohlkörper in Form einer Blumenvase aus weißem Porzellan erwerben. Millionen von Besucheraugen sahen ein Palastinventar, das die Ahnenportraits von König Heinrich VIII. und Königin Elizabeth I. und der gegenwärtigen Queen Mary umfaßte und sich über Speise- und Empfangssäle voller kostbarer Möbel und einer Bibliothek erstreckte. Kunsthandwerker und Fabrikanten des ganzen Landes erfreuten sich an den handgeschriebenen Dankesbriefen Ihrer Majestät: Eine franco-irische Lady hatte 1500 Stunden mit dem Weben der winzigen Leinenbettwäsche zugebracht. Und wer bosselte an den zwei Zentimeter hohen Flaschen für gewisse Grands Crus aus dem königlichen Weinkeller mit einem Château Margaux von 1899 oder einem Brandy von 1854? Irgendwo konnte man das Motto von Lewis Carroll lesen, eine Mahnung an seine *Wunderland*-Alice: Verbeuge dich, während du nachdenkst, was du sagen sollst. Das spart Zeit. Man konnte rätseln über die Verse von Rudyard Kipling oder John Galsworthys *Memories,* eigens für die ledergebundenen Büchlein verfaßt, man konnte Gemälde und Zeichnungen bewundern: an die 700, und darunter der so angehimmelte Prince of Wales in Marineuniform. *The Dolls' House* sollte nach dem Willen der Auftraggeberin aus der verspielten Phantasterei in die historische überführt werden und blieb dennoch »in exakter Weise ein Mikrokosmus«[4] ihres Geschmacks. Und so fährt ihr Biograph fort: »It did not, however, reflect the taste of the age, since modern paintings and objects were as rigidly excluded from the dolls' house as they were from Windsor Castle itself.«[5] Die von Caroline Stettheimer verehrte Queen Mary bewies auch in Dingen der Moral ihre deutschblütig viktorianische Strenge. Sie zeigte, wie die Briten sagen, »a stiff upper-lip«, wenn es um den Klatsch ging, den Hofklatsch über die Eskapaden des Thronerben in seiner blonden Leutnantshübschheit. Man verrenke sich im Puppenhaus den Hals nach einem Deckengemälde mit lauter Drachen, den hundertzüngigen Kindern des Gerüchts, sie warnen die allzu flinken Zungen vor bösem Gerede, so als sei Klatsch nicht die Quelle, aus der die Historiographen schöpfen. Als der Klempner Queen Mary das kleine »water closet«[6] im Puppenhaus zeigte, und es tatsächlich funktionierte, verhakte sich ihr Perlenohrgehänge in seinem Bart. Absurd? Ein Scherz aus dem Hirn eines Dadaisten entsprungen! Ein homo ludens vom Schlage Marcel Duchamps hätte das eine oder das andere Ding als »objets trouvés« in einer Exposition surréaliste untergebracht. Technische Spielereien waren seine Marotte.

Von daher faszinierte ihn schon im Jahr 1919 eine kleine dadaistische Maschinerie, eine Vorrichtung ohne Mechanismus, nämlich der Lift in Carries Puppenhaus. Freund Duche bat Caroline brieflich um Details. Und 1921 – so erzählt es John Richardson in einem Essay – habe er sich besorgt und unter Anspielung auf Henrik Ibsens Schauspiel *Nora oder*

*Ein Puppenheim* bei Florine nach der eigenhändigen Installierung des Aufzugs ihrer »Ibsen'schen«[7] Schwester erkundigt. Die Frage stellte sich: Wer soll den Lift besteigen? Wer von den Freunden, den Kultur-Gurus und Mandelkonfektgenießern würde so ohne weiteres Modell stehen für eine Verpuppung? Eine Verniedlichung seiner Persona, wie sie sich schon Florine erlaubt hatte? Heißt es doch in Carries Schreiben vom 11. April 1931 über solch imaginäre Bewohner: »Ich hoffe jetzt, sie werden niemals geboren, so daß ich sie für immer in meiner Obhut bewahre und mich selber an ihnen erfreue, während ich ihre Ankunft erwarte.«[8] Der in sich widersprüchliche Gedanke birgt eine Schlüsselaussage. Die ihr vom Leben verweigerte Rolle der Matriarchin im Sinne der jiddischen Mamme – Rosetta Stettheimer dient hier als Beispiel – erzwang Surrogate: eine Nachkommenschar in Gestalt von Artefakten.

Marcel Duchamp in seiner Feinfühligkeit erspürte bei Carrie alte Narben. So als wollte er in der Asche herumstochern und ein Begehren erneut anfachen, oder ironisch auf die Verweigerung einer Erfüllung im Erotischen anspielen, dedizierte ihr ein kleines Kunstwerk. Eine streichholzschachtelgroße Replik seines *Nude descending a staircase*. Ein Original von Wert. Sie hatte ihn um ein Kunstwerk für ihre kleine Gemäldegalerie im Puppenhaus gebeten, und er war so weit gegangen, ihrem verborgenen und in Seelentiefen rumorenden Wunsch nach menschlicher Präsenz mit dem kleinen Bild einer multiplen, atmenden, sich bewegenden und dennoch nur scheinlebendigen Person nachzukommen. Die anderen Malerfreunde beeilten sich, es ihm nachzutun. Sie hingen an die Wände des Ballsaals die ebenfalls vervielfachte Version oder Imago des weiblichen Aktes in all seiner fleischlichen Fülle. Gaston Lachaise gab seine Madame Isabel in kühnen Linien preis, er erschuf sie als Alabaster-Venus (um 1925), um es nicht bei ihrer Zweidimensionalität zu belassen. Mehr Wandschmuck kam hinzu. Miniaturen priesen auf kleinstem Raum wie verschämt eine heidnisch bunte Nacktheit. Manche Modelle nahmen mondäne Posen ein. Es scheint, als hätten sich all die Unbekannten, die Paul Thévenaz und Marguerite Zorach mit ihren Badenymphen, zu einem Kreis geformt und zielten mit Pfeilen auf die empfindlichen Stellen der drei Schwestern. William Zorach stiftete den Unmütterlichen, Kinderlosen eine große vergoldete Bronzeskulptur, *Mother and Child* (1925).

Als die Stettheimers nicht mehr unter den Lebenden weilten, störte ganz offenbar einen Ästheten von jünglingshaft romantischer Prägung die Puppenlosigkeit des Puppenhauses. John Darcy Noble (1923–2003) war Kurator der Spielzeugabteilung im Museum of the City of New York. Er sorgte für die Auffrischung des Dekors, der Draperien, ersetzte brüchige Goldspitzen und die seidenen Schleifen an den Zellophanvorhängen durch etwas schimmerndes, glänzendes Neues, ohne dem Stil zu schaden. Seine Passion galt der Sammlung alter Puppen, die er in dem kleinen Buch *Dolls* vorstellte. Darin bekennt er, von der Aura nachgeschaffener Menschenbildnisse gefangen zu sein. Fingerhohe Eiszeitidole aus Tierknochen geschnitzt und strotzend von sexueller Energie – gleichsam die Urmütter von Willem de Koonings *Women* –, Nachfahrinnen aus Römerlümpchen, aus dem Porzellan höfischer Manufakturen, aus pennsylvanischen Maiskolbenhülsen: Jede Puppe will Menschlein sein in effigie. Ihre Gegenwart erlöse den Betrachter aus dem Gefühl des Alleinseins, denn alle diese Kunstgeschöpfe und ihre schiere Unvergänglichkeit, verglichen mit der menschlichen Zeitspanne, diese Artefakte strahlten etwas von der Persönlichkeit ihrer Erschaffer ab. Dies waren Gedanken, die John Nobles kreative Motorik in Gang setzten, als er vor dem Gehäuse, dem Schrein der toten Seelen stand und mathematische Berechnungen anstellte: diese 142,24 × 73,66 × 93,98 cm Breite, Höhe und Tiefe proportionsgemäß mit Figuren zu bestücken. Den Phantomen faßbare Gestalt zu geben und sie am scheinbar ziellos irrenden Gleiten durch die Kulissen ihres früheren Daseins zu hindern; überdies sollen sie Bodenhaftung bekommen!

So entstand aus Draht eine Schar von Stab-Figuren auf Sockeln, eine jede handhoch, und in diesem Rohzustand so metaphysisch aufgeladen wie die *Stehenden* in Alberto Giacomettis Atelier. Alsdann wurden die mit Watte umwickelten Körper dreifach mit Krepp bandagiert, dann, nachdem sie in ihre jeweilige Positur zurechtgebogen worden waren, geweißt. Die Holzperlenköpfe bekamen teils kräftige Nasen oder Näschen und Ohren anmodelliert, auch Stummelhändchen und Füße wie die von Käfern. Die Gesichterbemalung sollte physiognomische Ähnlichkeit mit all denen erzielen, die einstmals bei den Stetties ein und aus gingen. Ihre Augen gleichen denen der altägyptischen Mumienportraits, die wiederum Helena Rubinstein zu dem besonderen Augen-Make-up inspirierten, bei dem das angeblich von Cleopatra benutzte »kohl« Anwendung fand. Mascara, so liest man es in ihren Memoiren, sei in Amerika unbekannt gewesen, aber sie habe sich französische Aktricen unter die Lupe genommen. »For Theda Bara, the Siren of the Silent Screen, we helped to create ›The Vamp‹ look which became internationally famous.«[9] Rubinstein trug einen Hauch Farbe auf die Augenlider auf, so als wollte sie die gebürtige Theodosia Goodman (1890–1955) an die großäugig, buntbemalten Puppen-in-der-Puppe erinnern, das Kinderspielzeug ihrer russischen Vorfahren. Aus dem Lack wurde das Rouge, das Florine Stettheimer in ihrem *Portrait of Myself* für die Bemalung ihrer Augen angebracht hielt. Theda Baras Silberschattierung ihrer Lider hätte auf der Leinwand keinen so sensationellen und von den Zeitungen in den gesamten Vereinigten Staaten verbreiteten Effekt hervorgerufen. Anscheinend hatte sich Florine in eines dieser exotischen Schleiergewänder der Diva gehüllt, die es vermochten, »die Seele eines Mannes zu zermalmen«[10]. Ein frommer Wunsch! Denkbar, hörbar wie von einer Sprechpuppe mit eingebauter Automatik. Der Puppenmacher Mr. Noble begnügte sich für seine Puppe von Florine mit einem kniekurzen, ärmellosen Cocktailkleid aus Tüll, das im Licht des Photographen goldfarben schimmert. Das durchscheinende Material hatte schon Rainer Maria Rilke zu gleichsam beflügelten Gedanken angeregt, als er sich die in den 20er Jahren berühmten Wachspuppen von Lotte Pritzel ansah. In Rilkes Aufsatz ist die nicht von Gott gemachte »Puppenseele« an den Draht-und-Wachs-Figuren erahnbar, die »von einer unbesonnenen Fee launisch erbetene, von einem Götzen mit Überanstrengung ausgeatmete Dingseele, die wir alle, halb ängstlich halb großmütig erhalten haben und aus der keiner sich völlig zurücknehmen kann«[11]. Aber schüttele eine Hand an ihnen, dann flatterten aus ihnen die »kleinen wehleidigen Falter hervor, unbeschreiblich sterbliche, die im Augenblick, da sie zu sich kommen, schon anfangen von sich Abschied zu nehmen«[12]. Und es schiene so, »als verzehrten sie sich nach einer schönen Flamme, sich falterhaft hineinzuwerfen«, und wenn man dies bedenke, stehe man »fast erschüttert vor ihrer wächsernen Natur«[13]. Das Insektenhafte der so zart bekleideten Figuren in tänzerischer Pose ließ Rilke an »kleine Seufzer«[14] denken, die hinschwänden, noch bevor sie das Ohr erreichten.

Rilkes Wachspuppen-Essay erschien 1914 in der Monatszeitschrift *Die Weißen Blätter*. Im Jahr zuvor hatte er die Ausstellung der Künstlerin Lotte Pritzel in München besucht – ein tiefes Erlebnis, das ihm die Puppe, neben dem Engel, als Symbol in der *Vierten Duineser Elegie* zuspielte. In diesem Jahr 1913 weilten die Stettheimers vorübergehend in München, wo Florine in ihrem Atelier arbeitete und sich Gedanken über ihre »deutsche Erziehung« machte, die sich allmählich wie ein abgetragenes Kleidungsstück verschlisse. Der Münchner Fasching hatte ihr Facetten des Deutschtums enthüllt, wie sie in ihrem Tagebuch notierte, auch die Liederabende in der Theaterloge, die sie mit Irene Guggenheim teilte – und natürlich mit Carrie und Ettie. Wie schon die Uniformen der preußischen Militärs befriedigten Bühnen- und Faschingskostüme Florines Sucht, die ihr eigene Spielart eines Verkleidungswahns – »my costume craze«[15]. Jeder Bal paré brachte ihr Impressionen vom Gestaltungswillen des eigenen Selbst in fremder Umhüllung. Schließlich war es ja die verschleierte Psyche, die Rilke im Bild von der Flatterseele dieser »beinah hinschwindenden, in Seide und Spitzen gekleideten Vitrinenpuppen aus getöntem Wachs«[16] beschwor. Eine von Pritzels Puppen, *Die junge Majestät* (um 1910), bot ihren weiblich-insektenhaften Körper wie unter einem schwarzen Trauerschleier an, so als beklage sie die allzu kurz ihr bemessene Daseinsfrist. Florine zog ihr das Nachtfalterkleid ab und verwendete es in all seiner verführerischen Transparenz für das Bildnis ihrer Schwester Ettie.

Weniger elegisch mutet John Nobles Transformation der Ruhenden in eine Stehende an. Für alle Statisten im Puppenhaus übernahm er

*Das Eßzimmer des Puppenhauses*

das von Florine Stettheimer ihm vorgemalte Kostüm, meist im Stil der
20er Jahre, ergänzte die nicht im Œuvre erscheinenden Personen durch
deren Ablichtungen in Zeitschriften oder Kunstkatalogen. Diesen Mo-
dellpüppchen zwang er nun die Rolle auf, nicht nur die Salonnièren und
die Salonbesucher selbst zu verkörpern, sondern vielmehr den Geist
dieses Stettheimer-Salons in seinem gerühmten, bizarren und von ähnlichen Stätten der Konversation und Kommunikation abweichenden
Charakter darzustellen. Doch die Mitspielenden verharrten in Stumm-
heit. Die den Damen winzig gemalten Lillian-Gish-Puppenmündchen
öffneten sich für keine Silbe. Die große Repräsentantin des Stummfilms
hatte auf diese Schwierigkeiten hingewiesen und die Aufgabe der Spra-

che, des Sprechens, als eigentlich unabdingbares Handlungselement an die Ausdrucksfähigkeit der Augen delegiert. Noble verfuhr bei der Puppenaugenbemalung so, als hätte er Lillian Gishs übergroße porzellanweiße Augäpfel – in einem Thriller wie *The Wind* ließen sie das Kinopublikum schaudern – längst verinnerlicht. Und auch die Bedeutung des Sehorgans für die Surrealisten war ihm bewußt. Man Rays Photoportraits betonen das Auge, André Breton gruppiert zwei Augenpaare, eines davon blind, zu einer Blüte: *La Fleur des Amants.*

Die Dingwelt setzt Zeichen. Jedes einzelne setzt eine Kette von Assoziationen frei. Die gemalten und die kristallgeschliffenen Blumen, die gefilmten und die photographierten Augen, die Puppen – wobei das deutsche Wort dem lateinischen »pupa« und der Koseform »pupula« – Kindchen, Püppchen, Augapfel – entlehnt ist und das griechische »eidolon« – das Idol – im Englischen als »doll« fortlebt. Alle diese Zeichen sind im Puppenhaus versammelt, sie bilden eine imaginäre Komposition auf kleinstem Raum, gemessen an der Dimension des Begriffs »Salon«. So wie die Renaissance-Fassade vom Alwyn Court zerbröckelte, so erging es auch der Illusion, Geselligkeit hinüberzuretten in diese Schächtelchen von Räumen. Totenstille! Hie und da knistert die Materie und bringt das Einst ins Jetzt: Goldblechrosen. Blumenbouquets aus Flitter. Zellophandraperien. Artefakte aus Bronze und Alabaster versinnbildlichen, wie sich – en miniature – im Dekor das Naturschöne mit dem Kunstschönen verträgt. Gesellschaftskleidung verbürgt die Gesittung. Smokingherrchen stecken in schwarzem Krepp, sie mimen Kulturgehabe.

Das Figurenensemble formiert sich und nimmt Stummfilmposituren ein. Der Parcours durch das Puppenhaus gleicht einer Abfolge von Short Cuts. Im Souterrain, wie nach dem Theatergesetz, vollzieht sich das Lustspiel. In der Wäschekammer unter der Treppe poussiert das Zimmermädchen mit dem Diener in grüner Livree. Ihr Kuß wird unterbrochen, weil im Stockwerk über ihnen Geschirr in Scherben fällt. Gleich stolpert die hübsche Kammerzofe über zwei Hündchen im Badezimmer. In der Küche waltet ein französischer Küchenchef und hält das Tranchiermesser parat. Auf der Veranda hantiert Edward Steichen mit der Kamera, und die schöne Nichte der Tänzerin Isadora Duncan, Elizabeth, bangt dabei um ihr Seelenheil. In einem der Boudoirs lehnt die Innenarchitektin Elsie de Wolfe – die spätere Lady Mendl – im Sessel, in einem Hauch von Négligé, sie liest im eigenen Werk: *The House of Good Taste*. (Caroline und Florine Stettheimer schöpften daraus ihre Ideen.) Im Gästezimmer mit den italienischen Landschaftspaneelen hält die hochelegante, mit Perlen behangene Madame Juliette Gleizes eine riesige Puderquaste vor ihr Gesicht; es ist nicht auszumachen, ob sie das Modell auf der Tuschzeichnung von 1918 ist, die Albert Gleizes für Carries Kunstsammlung stiftete. Sie wird beobachtet von der ganz in Pelz vermummten Marguerite Zorach. Will die Malerin der bunten Aktbildchen ihre Blöße verbergen? Die kleinformatigen Venus-Hommagen sind gleichsam der Multiplikator von Stettheimers nacktem *Portrait of Myself;* es dominierte einst den Salon vom Alwyn Court. Nun stehen Gaston Lachaise und Marcel Duchamp vor den locker entworfenen Nuditäten und plaudern miteinander – man wüßte gern, worüber. Ihre Sektgläser gehören zu den minimalsten Objekten im Puppenhaus. Halb emporgehalten und schon in der Bewegung erstarrt, wenden sie auch ihre Köpfe nicht. Man würde nie vermuten, daß Marcel sich einmal von Man Ray photographieren ließ mit einem einrasierten Judenstern am Hinterkopf… Das Gespräch wird übertönt von Klavierklängen. Virgil Thomson und Fania Marinoff – ganz als Carmen geschminkt, frisiert und mit baumelnden Gagatohrgehängen – wechseln sich am Piano ab.

Carolines Puppenhaus steckt voller geheimer Chiffren. Leidenschaften und Süchte, auch Eifersucht tarnen sich mit aufgemalten Masken und den von der Konvention verlangten Gebärden. So wenn Carrie, ganz Queen-Mary-Puppe, eine Besucherin im Entree begrüßt. Das Willkommen mit ausgestreckten Armen gehört zum Ritual. Die Baroness Olga de Meyer tut ein gleiches, sie hält sich mit einer plustrigen Weißfuchsstola bedeckt. Ein Salongerücht lief durch die kosmopolitische High Society. Herkunftsgemunkel … »Royal Blood! Oh, Dear!«

Die Kernfrage nach der eigenen Identität ist den großaufgeschlagenen Puppenaugen ablesbar. Diese scheint Carl Van Vechten zu bewegen, während er in der chinesisch dekorierten Bibliothek mit der ebenso fragend dreinblickenden Isabel Lachaise Mah-Jongg spielt. Die beiden verbreiten den »feinen Bildungsduft«, wie es im Alten China hieß; aus dem Reich der Mitte stammen die Neujahrslaternen, die Goldglasdrachen an den Wänden und ein Porzellanbuddha, der seinerseits etwas zum Philosophenrätsel über das menschliche Sein und Denken beiträgt.

Die Verschmelzung von Ich und Du, der Austausch des eigenen Seins gegen ein anderes – abgesehen von dem Wechsel zwischen Puppe und Mensch – beschäftigt die beiden vor dem Spiegel: Gertrude Stein und Alice B. Toklas. Sie prüfen einander. Die Puppe Gertrude in härener Gewandung und einem Samtschal mit eingewebten Schmetterlingsflügeln; ihre Halsbrosche als Siegel ihrer Persönlichkeit – die Photographien und Portraits, zuletzt das von Picabia (1933), zeigen sie – erscheint als das kreisrunde Zeichen von Anfang und Ende, von Vollendung der Persönlichkeit. Sie mündete schließlich ein in die Persona ihrer Gefährtin: Alice im ärmellos gelben Tüllfähnchen und goldenem Flitterkranz im Haar, der von dem schwach gemalten Schnurrbart – ihrem Betonungszeichen – die Blicke der Betrachter wohl ablenken soll.

Die stummen Mitspieler in diesem imaginären Film wollen es uns dennoch nicht verschweigen, daß sie, wenn auch in Puppengestalt, Teilhabe am Wort dokumentieren: als Ich-Befrager, was das Erkunden des Egos der anderen oder eines anderen mit einschließt. Beispielsweise Pavel Tchelitchew. Er steht im Puppenhauslift so erwartungsvoll, als ginge es hinauf zum Parnaß; schließlich hatte die Malerfreundin in einem Poem seinen hohen Gedankenflug gerühmt. Ernsthaft dreinschauende Teilhaber an der Dialektik, am Kulturdiskurs, am Streit: Dingen, deren Belanglosigkeit aus heutiger Sicht die Kleinheit ihrer Puppengestalt beweisen mag. Wenn man freilich die Figürchen durch ein umgekehrtes Fernrohr – der Proust'sche Trick! – zu sich heranzieht, sie in der Nähe zu beäugen, dann nehmen einige von ihnen gebührende Größe an. Mrs. Rosetta Walter Stettheimer beim Teetischgeplauder mit ihrer Tochter Stella. Die Matriarchin nimmt allein die Mitte des Sofas ein, wie dieses Louis-Seize-Möbelchen mit dem Stickereibezug, das Herzstück des

Salons, überhaupt den spirituellen Mittelpunkt im Puppenhaus abgibt. Hier weht der Geist des 18. Jahrhunderts. Eine galante Schloßpark-Szene à la Watteau, à la Fragonard oberhalb der Flügeltür zum Salon, bestimmt die Atmosphäre und gibt den ganz auf die Vergangenheit gemünzten Ton an.

Welch ein Memento Mori für die Stettheimer Sisters, die den letzten Versuch unternahmen, die Salon-Idee aus dem Alten Europa ins New York des Age of Jazz zu verpflanzen! Heutigen erscheint das Puppenhaus als das Objekt eines, wenn auch reizenden, Anachronismus. Aber ob dessen Schöpferin es so empfand? Daß es bis zu ihrem Tod fortwährend miniaturhafte Ergänzungen erfuhr, und in ihrem Sinne nie ganz fertiggestellt wurde, bezeugt letztlich ihr Verwurzeltsein in der familienorientierten jüdischen Tradition. Durch ihr Geisterhaus flattern die Phantome der Blutsverwandten und des Clans; einige würden sich in der Kunstgalerie ihre Falterseelen und ihre Geschmacksantennen wundstoßen …

Caroline Stettheimer starb im Sommer 1944 ganz plötzlich an einer »Augenmigräne«[17], unmittelbar nach einem Dinner mit Ettie. Henrietta, die behauptet hatte, daß sie seit dem Jahr 1933 (dem Jahr der Wahl Hitlers zum deutschen Reichskanzler) »zu desillusioniert« gewesen sei, »um noch an irgendetwas Freude zu haben«[18], und die sich auch durch Florines »Desertation«[19] 1935 verlassen fühlte, mehr noch als durch deren Hinscheiden sechs Wochen vor Carrie, fühlte sich außerstande, an der Urnenbeisetzung auf dem Salem Fields Cemetery teilzunehmen, dort, wo die Walter-Familie ihre letzte Ruhe fand. Es erstaunte die Freunde, daß Henrietta den Zeitungen untersagte, Nachrufe über den Tod ihrer beiden Schwestern zu bringen. Nur die *New York Times* druckte eine kurze Würdigung über Florine Stettheimer. Es gab eine private Trauerfeier im Appartement der Schwestern im Dorset Hotel, wobei »the spiritual leader of the Ethical Culture Society«[20] seines Amtes waltete.

Henrietta Stettheimer verblieben weitere elf Jahre. 1947 übergab sie Carolines Puppenhaus dem Museum of New York. Auch Henriettas Bemühungen um das sorglos heitere Gemälde-Ensemble ihrer Schwester

*Der Salon des Puppenhauses*

Florine scheinen dem Zwang zu unterliegen, dem Zeitgeist zuwider handeln zu müssen. Natürlich gefiel dieser Anachronismus den Freunden des Camp, einer Art Gegen-den-Strich-Ästhetik, über die sich ein Kritiker wie Henry McBride wohlwollend in ihren Aufsätzen verbreitete.

Nach Henriettas Tod im 85. Lebensjahr – fragil und asthmaleidend über den schriftlichen Nachlaß Florines gebeugt, Allzuprivates eliminierend, und dies bis zuletzt – ging die Summe von 130 000 Dollar aus Etties Vermögen an die Columbia University. Zu dem geplanten Museum auf dem Campus kam es nicht; in der stattdessen erweiterten Avery Library wurde ein kleinerer Raum für Florine Stettheimers Werke eingerichtet. Hier darf das Schwestern-Trio noch einmal dominieren: Ihre traumhaften Portraits strahlen ihre Botschaften eines unergründlich weiblichen Seins, das im Jüdischen wurzelt, auf den ganzen Campus aus. Hippies und Blumenkinder werden sich da einmal tummeln und die Malerin der Flora als eine der Ihren ansehen. Wer für gewisse Signale der Kunst empfänglich ist, entdeckt die gemalten Tagträume vielerorts in den Vereinigten Staaten: in den Museen, Instituten, Bibliotheken, Privatsammlungen und Galerien, von denen manche mit dem Etikett Athenaeum auf ihre Ehrwürdigkeit hinweisen. Das geographische Alphabet beginnt mit Baltimore, Berkeley, Boston, Brooklyn, Chicago, Cleveland, Detroit, Hartford, Kansas City, Memphis, Minneapolis, Nashville, Northampton, Pennsylvania, Portland im Staate Oregon, Richmond in Virginia; und nach Rhode Island kommen Philadelphia, das Vassar College und die Yale University. Die wichtigsten Adressen öffentlicher Sammlungen in New York City, wie das Metropolitan Museum of Art, das Museum of Modern Art und das Whitney Museum of American Art bergen Stettheimers großformatige Bilderbuchseiten des American Way of Life. Wer die eine oder andere Wiedergabe von Schönheitswettbewerben, Frühlingsverkäufen im Kaufhaus oder Vergnügungsparks lange genug betrachtet, wer sich hypnotisieren läßt, der spürt, wie der Boden unter seinen Füßen zurückweicht, und wie er, so als hinge er an einer Traube von bunten Luftballons, entführt wird in die Regionen des Irrealen und der Wunschvorstellungen, der Selbsttäuschungen und Gaukeleien.

In den 1970er Jahren nahmen Feministinnen das Werk nicht nur Florine Stettheimers, sondern auch das ihrer Schwestern näher in Augenschein. Sie interessierten sich für das Phänomen der »bachelor artists« in der Maske und Kostümierung von Gesellschaftsdamen. Sie kamen von den Universitäten und hatten ihre Studien in Humanwissenschaften absolviert, Dissertationen und Habilitationsschriften vorgelegt. Sie gaben sich als versierte Psychologinnen aus und rätselten über den Anteil des Unsichtbaren am Sichtbaren im Werkschaffen der drei Stettheimer-Schwestern. Schon dem Laien stellen sich Fragen: Weshalb diese Camouflage um das eigene Ego? Warum, zum Beispiel, schrieb Henrietta zweimal unter dem Pseudonym Henrie Waste? Zu der eigenartigen Verweiblichung des männlichen französischen Vornamens *Henri* trieb die sehr gescheite Verfasserin ein Wortspiel mit dem Begriff »waste«, lexikalisch so breit gefächert von »Wüste« (man denke an T. S. Eliots *The Waste Land*) bis »Verderb« und »Vergeudung«. Hier sind der interpretatorischen Phantasie keine Grenzen gesetzt. Den erstaunlichen

Offenbarungen ihrer fragmentarischen Autobiographie und der dünnen Ich-Verhüllung im späteren fiktiven Liebesroman steht die Taktik der Diskretion, der Verschließung des eigenen Kerns diametral entgegen. Sie teilte dies existentielle Bedürfnis mit Florine. Und schließlich bleibt Caroline Stettheimer zu deuten mit ihrer im Puppenhaus eingesperrten Psyche.

Modernen amerikanischen Forscherinnen ist am Hinterfragen der Innenräume in den gemalten oder minuziös gebastelten Außenräumen gelegen. Wer waren diese Schöpferinnen nicht nur greifbarer Artefakte, sondern mehr noch des Kulturkunstwerks Salon? Wie das nie Realisierbare der Liebe in eine Ausweichexistenz führte, die im Salon – ersatzweise – Erfüllung fand, zeigte Rahel Levin Varnhagen. Die Urzelle des jüdischen Salons, Ort des Verzichts auf gesellschaftliche Anerkennung seitens nichtjüdischer Kreise, dient an die 200 Jahre später der Feldforschung der an amerikanischen Universitäten betriebenen Studies of Female Jewishness. Die gelehrten Exegetinnen verbreiten sich über den Rahel-Kult anhand deutscher Untersuchungen zum Mythos des Namens, der sich mit dem Salonbegriff untrennbar verbindet. Sie legen die Person auf die eine Waagschale, den Salon auf die andere, und je nach Blickwinkel senkt sich die eine oder die andere. Die deutsch-jüdische Intellektuelle wird zum Dreh- und Angelpunkt für die Analyse einer speziellen Geselligkeitsform, die sich unter Rahels Nachfolgerinnen entwickelte, wobei die drei deutschstämmigen Schwestern Stettheimer als die letzten Vertreterinnen europäisch geprägter Salonnièren – gleichsam im Exil wirkend – gelten dürften.

Eine jede von ihnen entzog sich der Demaskierung ihrer Persona; auch ihre Außenhaut verbargen sie unter der Camouflage von Konvention und Snobismus. Was sie dazu trieb, in der Mitte ihres Lebens als Europa- und Kriegsflüchtige in New York einen Salon zu etablieren, an wechselnden Plätzen und ohne den üblichen diskreten männlichen Rückhalt, darüber ließen sie kein Wort fallen. Ihre Wohlhabenheit half ihnen, sich über die steiflippige, antisemitisch gefärbte Ausgrenzung hinwegzusetzen. Sie hatten sich längst emanzipiert, waren herausgetreten aus dem Schatten der Parias, um mit Hannah Arendt zu sprechen. Nur seltene Verlautbarungen deuten auf ihr Fremdsein in einer fremden Welt hin:

> The world is full of strangers
> They are very strange
> I am never going to meet them
> Which I find easy to arrange.[21]

Frei vom Sendungsbewußtsein mancher ihrer Vorgängerinnen in Sachen jüdischer Salonkultur, erschufen sie sich ihre Stätte des unverbindlichen Vergnügens am Gebaren der Sprachtiere, an ihren Wortwechseln und den Wechselreden bis hin zum puren Klatsch. Der Salon war mithin ein zoologischer Garten sui generis. Wenn wir den Salon als einen lebendigen Organismus betrachten, so hat er hunderte von Köpfen, hat Herzkammern, die sich verlagern, verfügt über lebende Organe zum Einatmen von geistigen Substanzen und atmet sie in angereicherter Form wieder aus; Substanzen, die nicht dem biologischen Prozeß des Vergehens unterworfen sind. Er bezieht seine Nahrung aus der Gegenwart wie aus der Vergangenheit, er verändert sich von Tag zu Tag, von Jahr zu Jahr – ätherleicht entzieht er sich im gemalten Bild, im Puppenhaus seiner Verdinglichung.

# Anmerkungen

## Vorspiel im Salon der Puppen von New York

1 Steiner 2001, S. 12.
2 Bilski/Braun 2005, S. 133.
3 Vgl. Bloemink 1995, S. 96.
4 Klingenstein 2005.
5 Zit. n. Heyden-Rynsch 1992, S. 95.
6 Zit. n. Reimbold 1983, S. 32.
7 Lacayo 2009, o. S.
8 Vgl. ebd.

## Im Goldenen Netz der anderen Gesellschaft. Die Familie

1 Bilski/Braun 2005, S. 126.
2 Cornut-Gentille/Michel-Thiriet 1989, S. 46.
3 Ebd.
4 Mann 2004, GKA; S. 414f.
5 Mann 2004, S. 166.
6 Ebd., S. 281.
7 »Gräfin J. de Castellane im Phantasiegewand«, Die Woche. Bilder vom Tage, 13 (22. März 1913), S. 543.
8 Cornut-Gentille/Michel-Thiriet 1989, S. 51.
9 Mann 2004, S. 247f.
10 Ebd., S. 247.
11 Ebd. S. 364 und 224.
12 Ebd., S. 291.
13 Ebd., S. 271 und 239.
14 Vgl. de Waal 2010, S. 45.
15 Zit. n. Bloemink 1995, S. 38.
16 Zit. n. ebd.
17 Ebd., S. 8f.
18 Ebd., S. 99.
19 Ebd., S. 9.
20 Guggenheim 1979, S. 1.
21 Zit. n. Bloemink 1995, S. 1 und 240, Anm. 1.
22 Zit. n. ebd.

23 Zit. n. ebd.
24 Zit. n. ebd.
25 Mann 2004, GKA, S. 360.
26 Bloemink 1995, S. 242.
27 Ebd., S. 241, Anm. 5.
28 Vgl. dazu ebd., S. 241, Anm. 7.
29 Zit. n. Tyler 1963, S. 121.
30 Bloemink 1995, S. 241, Anm. 10.
31 Ebd., S. 241, Anm. 11.
32 Ebd., S. 1.
33 Zit. n. ebd.
34 F. Stettheimer 1949, S. 60.
35 Ebd. S. 47. Die deutschen Übersetzungen der Gedichte Florine Stettheimers stammen im gesamten Buch von der Autorin, U. V.

## Kindheit und Jugend, auch im Deutschen Kaiserreich

1 Zit. n. Bloemink 1995, S. 5f. u. S. 243, Anm. 17.
2 Zit. n. Salber 1985, S. 12.
3 Rilke 2006, S. 676.
4 Carroll 1948, S. 243 und 246.
5 Zit. n. Bloemink 1995, S. 243, Anm. 17.
6 F. Stettheimer 1949, S. 73.
7 Tyler 1963, S. 19.
8 F. Stettheimer 1949, S. 74.
9 Waste 1917, S. 104f. Die Übersetzungen der Zitate aus den Romanen Henrietta Stettheimers in diesem Buch stammen von der Autorin, U. V.
10 Ebd., S. 104.
11 Ebd.
12 Ebd., S. 227.
13 Ebd., S. 106.
14 Ebd., S. 227f.
15 Carroll 1948, S. 158.
16 Waste 1917, S. 106

17  Nachama/Schoeps/Simon 2001, S. 106.

18  Ebd., S. 90.

19  Zit. n. ebd.

20  Zit. n. ebd.

21  F. Stettheimer 1949, S. 74.

22  Brentzel 1993, S. 202, 208 und Bildtafel XX.

23  Edwin Borman, Kinderscene, zit. n. Stenzel o. J.

24  Hamann 1951, S. 476.

25  Laforgue 1969, S. 97.

26  Ebd., S. 98.

27  Ebd., S. 77.

28  Zit. n. Kessler 2004, S. 223, Anm. 3.

29  Ebd., S. 99.

30  Ebd.

31  Zit. n. Dayer Gallati/Westheider 2008, S. 53.

32  Paul 1988, S. 12f.

33  Zit. n. ebd., S. 12.

34  de Waal 2010, S. 69.

35  Craig 1969, S. 69.

36  F. Stettheimer (1949), S. 59.

**Studierte Junggesellinnen**

1  Vgl. Bloemink 1995, S. 244, Anm. 37.

2  Ebd., S. X.

3  Zit. n. ebd., S. 13f.

4  Hughes 1986.

5  Zit. n. Bloemink 1995, S. 14.

6  F. Stettheimer 1949, S. 4.

7  Bloemink 1995, S. 59.

8  Zit. n. Dayer Gallati/Westheider 2008, S. 191.

9  Zit. n. ebd., S. 46.

10  Bloemink 1995, S. 15.

11  Zit. n. ebd., S. 246, Anm. 48.

12  Dayer Gallati/Westheimer 2008, S. 36.

13  Ebd.

14  Ebd.

15  Zit. n. Weitzenhoffer 1986, S. 102.

16  Speiser 1956, S. 368.

17  F. Stettheimer 1949, S. 75.

18  Brown 1925, S. 226.

19  Dayer Gallati/Westheider 2008, S. 33.

20  Zit. n. Bloemink 1995, S. 39.

21  Zit. n. Caws 2006, S. 75.

22  André Maurois, zit. in: Müller 1981, S. 148.

23  Klumpjan 2000, S. 12.

24  Roethlisberger 1983, S. 269.

25  Zit. n. Bloemink 1995, S. 36 und 64f.

26  Zit. n. Stevens 1993, S. 93.

27  Zit. n. Bilski/Braun 2005, S. 50.

28  Zit. n. ebd., S. 58 und Abb. S. 54.

29  Bilski/Braun 2005, S. 202.

30  Waste 1917, S. 3.

31  Bloemink 1995, S. 12.

32  Waste 1917, S. 224.

33  Ebd., S. 224f.

34  Ebd., S. 225.

35  Ebd.

36  Ebd.

37  Ebd., S. 36.

38  Ebd., S. 226.

39  Ebd., S. 33.

40  Ebd., S. 20.

41  Ebd., S. 20f.

42  Rudolph 1986, S. 473, Anm. 46.

43  Waste 1917, S. 57.

44  Ebd., S. 7f.

45  Ebd., S. 245.

46  Ebd., S. 182.

47  Ebd., S. 183.

48  Zit. n. Watson 1991, S. 258.

**Verlockung Europa und Heimkehr nach Amerika**

1  Zit. n. Bloemink 1995, S. 24.

2  F. Stettheimer 1949, S. 59.

3   Zit. n. Bloemink 1995, S. 31.
4   Vgl. ebd., S. 245, Anm. 44.
5   Ovid o. J., S. 111, Vers 615.
6   Ebd., Vers 618.
7   Kessler 2004, S. 160.
8   Zit. n. Bloemink 1995, S. 35.
9   Proust 1967, S. 551.
10  Ebd., S. 513.
11  Kessler 2004, S. 160.
12  Hamann 1951, S. 812.
13  Bloemink 1995, S. 36.
14  Pope-Hennessy 1959, S. 125.
15  Ebd.
16  Ebd.
17  Zit. n. ebd., S. 131.
18  Secrest 1980, S. 113.
19  Ebd., S. 111.
20  Ebd.
21  Vgl. ebd., S. 112.
22  Watson 1991, S. 88.
23  Ebd.
24  Ebd.
25  Ebd.
26  Ebd., S. 96.
27  Ebd., S. 85.
28  Ebd.
29  Vgl. Burckhardt 1928, S. 382.
30  Bloemink 1995, S. 34.
31  Ebd.
32  Eliot 1988, S. 8.
33  Eva Hesse, in: Eliot 1988, S. 410.
34  F. Stettheimer 1949, S. 77.
35  Bloemink 1995, S. 32.
36  Dayer Gallati/Westheider 2008,
S. 46.
37  Bloemink 1995, S. 37.
38  Zit. n. Hoobler 2009, S. 95.
39  Zit. n. Bloemink 1995, S. 37.
40  Ebd., S. 38.
41  Ebd.
42  Ebd.
43  Ebd.
44  Proust 1992, S. 157.

45  Zit. n. Bloemink 1995, S. 42f.
46  Proust 1954, S. 743.
47  Zit. n. Bilski/Braun 2005, S. 66.
48  Zit. n. Voß 2007, S. 78.
49  Watson 1991, S. 144.
50  Zit. n. ebd., S. 37.
51  Zit. n. ebd., S. 38.
52  Zit. n. ebd., S. 44.
53  Zit. n. ebd., S. 50.
54  Zit. n. ebd., S. 39.
55  Zit. n. ebd., S. 36.
56  Zit. n. Simon 1984, S. 97.
57  Zit. n. Watson 1991, S. 39.
58  Zit. n. ebd., S. 50.
59  Zit. n. Simon 1984, S. 88.
60  Ebd., S. 99.
61  F. Stettheimer 1949, S. 77.
62  Vgl. Bloemink 1995, S. 252,
Anm. 60.
63  Michel-Thiriet 1992, S. 502.
64  Zit. n. Dayer Gallati/Westheider
2008, S. 63f.
65  Bloemink 1995, S. 50.
66  Zit. n. ebd.
67  F. Stettheimer 1949, S. 79.
68  Zit. n. Bloemink 1995, S. 59.
69  Zit. n. ebd.
70  Zit. n. ebd.
71  Zit. n. ebd., S. 61 u. S. 255,
Anm. 25.
72  Ebd.

**Ein Salon in Manhattan, pariserisch
eingefärbt**

1   Zit. n. Fischer Sarazin-Levassor
2010, S. 80.
2   Mink 2006, S. 27.
3   Ebd.
4   Bilski und Braun 2005, S. 126.
5   Fischer Sarazin-Levassor 2010,
S. 37.
6   F. Stettheimer 1949, S. 81.
7   Zit. n. Bilski/Brown 2005, S. 131.

8 Zit. n. Bloemink 1995, S. 71.

9 Bilski/Brown 2005, S. 126.

10 Ernst 1970, S. 2.

11 Sartre 1965, S. 37.

12 Steiner 2001, S. 19.

13 Ebd.

14 Zit. n. Bilski/Braun 2005, S. 239, Anm. 66.

15 Ebd.

16 Ries 2001, S. 154.

17 Zit. n. Bloemink 1995, S. 71.

18 Zit. n. ebd.

19 Zit. n. ebd., S. 88.

20 Zit. n. ebd.

21 Zit. n. ebd.

22 Zit. n. ebd., S. 267, Anm. 267. Vgl. a. Watson 1991, S. 377, Anm. 48.

23 Zit. n. ebd., S. 258, Anm. 56.

24 Ebd., S. 258. Anm. 56.

25 Ebd., S. 262, Anm. 7.

26 Zit. n. ebd., S. 78.

27 Zit. n. ebd., S. 257, Anm. 42.

28 Zit. n. ebd., S. 87.

29 Ebd., S. 82.

30 Zit. n. ebd., S. 84.

31 Zit. n. ebd., S. 85.

32 Zit. n. ebd., S. 93.

33 Vgl. Fischer Sarazin-Levassor 2010, S. 301.

34 Mongrédien 1969, S. 112.

35 Vgl. ebd., S. 8.

36 Als Los Nummer 37 erzielte das Parfümfläschchen Belle Haleine im Februar 2009 neun Millionen Euro, als in Paris der Nachlass von Yves Saint Laurent vom Auktionshaus Christie's versteigert wurde.

37 Zit. n. Bloemink 1995, S. 95.

38 Ebd.

39 Ebd.

40 Ebd.

41 Zit. n. ebd., S. 87.

42 F. Stettheimer 1949, S. 19.

43 Watson/Morris 2000, S. 18.

44 Ebd., S. 22.

45 Ebd.

46 Ebd., S. 5.

47 Ebd., S. 172.

48 Ebd., S. 3.

49 Zit. n. Bloemink 1995, S. 93.

50 Zit. n. ebd., S. 113.

51 Zit. n. ebd.

52 Zit. n. ebd., S. 107.

53 F. Stettheimer 1949, S. 82.

54 Zit. n. Bloemink 1995, S. 100.

55 Lanson 1957, S. 840.

56 Ebd.

57 Ebd., S. 717.

58 Saint-Simon 1969, S. 176f.

59 Lanson 1957, S. 838.

60 Lagarde/Michard 1962, S. 262.

61 Ebd.

62 Lepenies 1997, S. 252.

63 Lagarde/Michard 1962, S. 262.

64 Zit. n. ebd.

65 Barudio 1996, S. 14.

66 Zit. n. Solovieff 1971, S. 190.

67 Zit. n. Bloemink 1995, S. 171. Hier wird auf John Lylys Drama *Alexander and Campaspe* von 1584 angespielt.

68 Goethe 1977, S. 728.

69 Ebd.

70 Chateaubriand 1968, S. 134.

71 Ebd., S. 141.

72 Ebd., S. 48.

73 Ebd., S. 141.

74 Ebd., S. 151.

75 Solovieff 1971, S. 153.

76 Ebd., S. 155.

77 Goethe 1977, S. 733f.

78 Zit. n. Solovieff 1971, S. 243.

79 Zit. n. Bloemink 1995, S. 132.

80 Zit. n. ebd., S. 271, Anm. 37.

81 Zit. n. ebd., S. 132.

82 Sanouillet/Petersen 1973, S. 106.

83 F. Stettheimer 1949, S. 42.

**Die Kunstadressen der Avantgarde**

1 Zit. n. Bloemink 1995, S. 74.
2 Zit. n. ebd.
3 Zit. n. ebd., S. 75.
4 Zit. n. Tyler 1963, S. 35.
5 Zit. n. Bloemink 1995, S. XII.
6 Zit. n. Dayer Gallati/Westheimer 2008, S. 204.
7 Ebd., S. 128.
8 Ebd., S. 196.
9 Zit. n. Watson/Morris 2000, S. 171.
10 Meyer 1953, S. 67f.
11 Zit. n. Watson 1991, S. 81.
12 Ebd.
13 Zit. n. ebd., S. 68.
14 Zit. n. ebd., S. 50.
15 Zit. n. ebd., S. 36.
16 Zit. n. ebd., S. 71.
17 Zit. n. ebd., S. 80.
18 Zit. n. ebd.
19 Bloemink 1995, S. 253, Anm. 8.
20 Haftmann 1979, S. 66.
21 Bloemink 1995, S. 253, Anm. 7.
22 Zit. n. Götte/Danzker 1996, S. 125.
23 Vgl. Watson 1991, S. 70.
24 Zit. n. ebd., S. 71.
25 Zit. n. Bloemink 1995, S. 116.
26 Vgl. ebd.
27 Zit. n. Watson 1991, S. 172.
28 Zit. n. ebd., S. 169.
29 Zit. n. ebd.
30 Zit. n. ebd.
31 Zit. n. ebd.
32 Zit. n. ebd., S. 175.
33 Zit. n. ebd.
34 Vanderbildt, Jr. 1989, S. 65.
35 Ebd., S. 198.
36 Watson 1991, S. 169.
37 Weitzenhoffer 1986, S. 37.
38 Watson 1991, S. 168.
39 Zit. n. ebd., S. 264.

40 Zit. n. Watson 1991, S. 170.
41 Zit. n. ebd., S. 185.
42 Ebd., S. 170.
43 Ebd., Abb. S. 171.
44 Mola 2005, S. 35.
45 Ebd.
46 Zit. n. Watson 1991, S. 274.
47 Ebd., S. 262.
48 Zit. n. ebd., S. 274.
49 Ebd.
50 Ebd., S. 269.
51 Ebd.
52 Zit. n. ebd., S. 271.
53 Ebd., S. 267.
54 Ebd., S. 180.
55 Watson 1991, S. 181.
56 Zit. n. ebd., S. 356.
57 Ebd., S. 260.

**Freunde und Paare im Kreis der Stettheimer-Schwestern am Alwyn Court**

1 Vgl. Van Vechten 1971, Abb. 88.
2 Van Vechten 1971, S. 49.
3 Zit. n. Watson 1991, S. 253.
4 Van Vechten 1971, S. 173.
5 Ebd., S. 174f.
6 F. Stettheimer 1949, S. 81.
7 Van Vechten 1971, S. 13.
8 Ebd., S. 1.
9 Ebd., S. 21.
10 Ebd., S. 12.
11 Ebd., S. 14.
12 Zit. n. Watson 1991, S. 252.
13 Zit. n. ebd., S. 257.
14 Tyler 1963, S. xi.
15 Zit. n. Watson 1991, S. 257.
16 Bloemink 1995, S. 120.
17 Van Vechten 1971, S. 9.
18 Ebd., S. 195.
19 Vgl. ebd., S. 17.
20 Vgl. ebd., S. 191ff.
21 1923 am Broadway. Vgl. Bloemink

1995, S. 106.
22  Ebd.
23  Ebd.
24  Zit. n. ebd.
25  Zit. n. Bloemink 1995, S. 106f.
26  Zit. n. ebd., S. 107.
27  Bloemink 1995, S. 265, Anm. 44.
28  Zit. n. Voß 2008, S. 16.
29  Zit. n. Bloemink 1995, S. 123.
30  Vgl. Van Vechten 1971, S. 173ff.
31  Ebd., S. 181.
32  Van Vechten 1971, S. 196.
33  Tyler 1963, S. 130.
34  Zit. n. Bloemink 1995, S. 269.
Anm. 19.
35  Zit. n. ebd., S. 271, Anm. 37.
36  Zit. n. Affron 2001, S. 24.
37  Zit. n. Watson 1991, S. 155.
38  Ebd.
39  Bloemink 1995, S. 106.
40  Ebd., S. 265, Anm. 42.
41  Watson 1991, S. 374, Anm. 20.
42  Ebd., S. 222.
43  Ebd.
44  Ebd., S. 225.
45  Rubinstein 1965, S. 56.
46  Zit. n. Haftmann 1979, S. 381.
47  Rubinstein 1965, S. 50.
48  Ebd.
49  Zit. n. Ausst.-Kat. Paris 1977, o. S.
50  Zit. n. Rubinstein 1965, S. 22.
51  Somerset Maugham 2010, S. 69.
52  Haftmann 1979, S. 31.
53  Ebd., S. 33.
54  Zit. n. Bloemink 1995, S. 138.
55  Tadié 1996, S. 292.
56  Ebd., S. 665.
57  Zit. n. Bloemink 1995, S. 138.
58  Zit. n. ebd., S. 140f.
59  Zit. n. ebd., S. 78.
60  Vgl. de Mille 1991, S. 98.
61  Zit. n. Bloemink 1995, S. 79.
62  F. Stettheimer 1949, S. 43.

63  Tyler 1963, S. 90.
64  Zit. n. ebd.
65  Ebd., S. 91.
66  Zit. n. ebd.
67  Bloemink 1995, S. 101.
68  Tyler 1963, S. 36.
69  Ebd., S. 36f.
70  Ebd., S. 37.
71  Ebd., S. 40.
72  Ebd., S. 115.
73  Zit. n. Bloemink 1995, S. 160.
74  Zit. n. ebd.
75  Zit. n. Branden 1976, S. 15.
76  Zit. n. ebd., S. 7.
77  Ebd., S. 5.
78  Vgl. Metken 2000, S. IV.
79  Zit. n. Branden 1976, S. 6.
80  Vgl. ebd., S. 25
81  Zit. n. ebd.
82  Ebd., S. 22.
83  Zit. n. ebd.
84  Zit. n. ebd., S. 30.
85  Zit. n. Bloemink 1995, S. 161f.
86  F. Stettheimer 1949, S. 53.
87  Zit. n. Bloemink 1995, S. 255,
Anm. 21.
88  Tyler 1963, S. 110.
89  Zit. n. Bloemink 1995, S. 137.
90  Ebd.
91  Watson 1991, S. 333.
92  Zit. n. ebd.
93  Zit. n. Watson/Morris 2000,
S. 131.
94  Zit. n. Buhler Lynes/Lange 2012,
S. 14.
95  Zit. n. Watson 1991, S. 333.
96  F. Stettheimer 1949, S. 82.
97  Watson/Morris 2000, S. 195.
98  Zit. n. Bloemink 1995, S. 276,
Anm. 9.
99  Buhler Lynes/Lange 2012, S. 16.
100  Weitzenhoffer 1986, S. 227 und
Abb. S. 228.

101  Vgl. ebd., S. 229.
102  Ebd., S. 236.
103  Zit. n. ebd., S. 236.
104  F. Stettheimer 1949, S. 44.

**Liebestage – dennoch**
1  Zit. n. Voß 1999, S. 7.
2  Zit. n. Watson/Morris 2000, S. 247.
3  Die erste Nummer dieser Zeitschrift erschien 1889.
4  Zit. n. Bloemink 1995, S. 90.
5  Zit. n. Tyler 1963, S. 85f.
6  Zit. n. Bloemink 1995, S. 262, Anm. 7.
7  Elie Nadelman, Bust of a Woman (Ettie Stettheimer), um 1926/28. Preußischblau angemalte Bronze. Abb. bei Watson 1991, S. 258.
8  Zit. n. Bloemink 1995, S. 262, Anm. 7.
9  Zit. n. ebd., S. 262, Anm. 1.
10  Waste 1917, S. 31.
11  Ebd., S. 43f.
12  Ebd., S. 44f.
13  Ebd., S. 45.
14  Ebd., S. 46.
15  Ebd., S. 99.
16  Zit. n. ebd., S. 69f.
17  Ebd., S. 123.
18  Ebd., S. 124f.
19  Ebd., S. 154.
20  Ebd., S. 157.
21  Ebd., S. 185.
22  Ebd., S. 274.
23  Zit. n. Bloemink 1995, S. 255, Anm. 27.
24  William Shakespeare, Hamlet, 3. Akt, 1. Szene, Vers 122f.
25  Brief vom 16. März 1917. Zit. n. Bloemink 1995, S. 255, Anm. 27.
26  Zit. n. ebd., S. 263, Anm. 11.
27  Zit. n. ebd., S. 278, Anm. 37.

28  Mink 2006, S. 76.
29  Ebd., S. 73.
30  Ebd., S. 76.
31  Zit. n. Bloemink 1995, S. 146.
32  F. Stettheimer 1949, S. 55.
33  So Herbert Molderings, in: Fischer Sarazin-Levassor 2010, S. 301.
34  Zit. n. Tyler 1963, S. 93.
35  Ebd.
36  Zit. n. Bloemink 1995, S. 170.
37  Zit. n. Voß 2007, S. 94.
38  Tyler 1963, S. 144.
39  Zit. n. Bloemink 1995, S. 129.
40  Zit. n. ebd.
41  Ebd., S. 249, Anm. 25.
42  Zit. n. ebd., S. 28.
43  Vgl. ebd. S. 249, Anm. 25.
44  Zit. n. ebd., S. 28.
45  F. Stettheimer 1949, S. 58.
46  Eliot 1988, S. 102.
47  Cicero, Tusc. IV 5,9. Zit. n. Curtius 1954, S. 139.
48  Zit. n. Bloemink 1995, S. 30.
49  Zit. n. ebd.
50  Zit. n. ebd., S. 59.
51  F. Stettheimer 1949, S. 43.
52  Zit. n. Bloemink 1995, S. 268, Anm. 10.
53  Uraufgeführt im November 1916.
54  Bloemink 1995, S. 98.
55  Zit. n. ebd., S. 268, Anm. 9.

**Vier Heilige auf der Bühne, doch Pocahontas fehlt**
1  Zit. n. Bloemink 1995, S. 162.
2  Zit. n. ebd., S. 191.
3  Egon Olessak, in: Rilke 1993, S. 44.
4  Zit. n. Simon 1984, S. 196.
5  Zit. n. ebd.
6  Zit. n. ebd., S. 193.
7  Egon Olessak. in: Rilke 1993, S. 44.

8   Hörisch 1997, S. 53.
9   Ebd.
10  Egon Olessak, in: Rilke 1993, S. 44.
11  Bloemink 1995, S. 187.
12  Zit. n. ebd.
13  Zit. n. ebd.
14  F. Stettheimer 1949, S. 56.
15  Bloemink 1995, S. 191.
16  Zit. n. ebd., S. 197.
17  Zit. n. ebd., S. 197.
18  Vgl. ebd., S. 282, Anm. 7.
19  FAZ (5. September 2012).
20  Zit. n. Bloemink 1995, S. 208.
21  Croce 1997, S. 81.
22  Ebd.
23  Ebd., S. 82.

**Americana Fantastica**

1   Zit. n. Bloemink 1995, S. 185.
2   Ebd.
3   Ebd., S. 275, Anm. 1.
4   Ebd., S. 133.
5   Ebd.
6   Zit. n. Young-Bruehl 2000, S. 93.
7   Zit. n. Graham 2000, S. 123.
8   Zit. n. Bloemink 1995, S. 209.
9   Ebd., S. 208.
10  Zit. ebd., S. 251, Anm. 43.
11  Zit. n. Bloemink 1995, S. 209.
12  Zit. n. Affron 2001, S. 167f.
13  Zit. n. Bloemink 1995, S. 209.
14  F. Stettheimer 1949, S. 41.
15  Zit. n. Bloemink 1995, S. 204.
16  Ebd., S. 205.
17  Young-Bruehl 2000, S. 250.
18  Zit. n. Bloemink 1995, S. 211.
19  Ebd.
20  Ebd., S. 213.
21  Vgl. Leo Spitzer 1966, S. 79ff.
22  Zit. n. Gilman 1993.
23  Zit. n. Guibert 2000, S. 23.
24  Zit. n. Bloemink 1995, S. 216.

25  Ebd., S. 219.
26  Kearns Goodwin 1994, S. 101.
27  Ebd., S. 176.
28  Bloemink 1995, S. 218.
29  Zit. n. Kearns Goodwin 1994, S. 397.
30  Alle vorangegangenen Zitate nach Watson und Morris 2000, S. 297.
31  Zit. n. Bloemink 1995, S. 220.
32  John Milton, Samson Agonistes. Zit. n. Horstmann 1995, S. 4.
33  Zit. n. Bloemink 1995, S. 212.
34  Ebd., S. 284, Anm. 27.
35  Zit. n. Tyler 1963, S. 41.
36  Zit. n. Pearson 1978, S. 247f.
37  Ebd., S. 335.
38  Ebd., S. 274.
39  Ebd., S. 234.
40  Zit. n. Tyler 1963, S. 148.
41  Vgl. Bloemink 1995, S. 221.
42  Ebd., S. 220f.
43  Zit. n. Vaget 2011, S. 38.
44  Zit. n. Bloemink 1995, S. 183.
45  Vaget 2011, S. 38.
46  Alle vorangegangenen Zitate nach Bloemink 1995, S. 284, Anm. 26.
47  Proust 1967, Bd. 3, S. 3792.
48  Zit. n. Watson 1991, S. 377, Anm. 48.
49  Zit. n. Tyler 1963, S. 87.
50  Zit. n. Watson 1991, S. 95.
51  Zit. n. Watson/Morris 1991, S. 346.
52  F. Stettheimer 1949, S. 35.
53  Zit. n. Bloemink 1995, S. 225.
54  Ebd., S. 225 u. 285, Anm. 36.
55  Tyler 1963, S. 187.
56  Zit. n. Bloemink 1995, S. 225.
57  Zit. n. Hess 2007, S. 8.
58  Ebd., S. 42.
59  Ebd., S. 59.
60  Zit. n. Emmerling 2009, S. 48.
61  Zit. n. Wagstaff 2004, S. 15.

62  Zit. n. Sussman 1995, S. 62.

63  Ebd.

## Caroline Stettheimer und ihr Puppengeisterhaus

1   Bloemink 1995, S. 257, Anm. 40.

2   Zit. n. ebd., S. 113.

3   Vgl. Richardson 1986, S. 110.

4   Pope-Hennessy 1959, S. 532.

5   Ebd.

6   Stewart-Wilson 1989, S. 79.

7   Zit. n. Richardson 1986, S. 116.

8   Zit. n. Bloemink 1995, S. 274, Anm. 74.

9   Zit. n. Rubinstein 1965, S. 62.

10  Zit. n. Genini 1996, S. 38.

11  Rilke, zit. n. Götte/Danzker 1996, S. 82.

12  Ebd.

13  Ebd.

14  Ebd.

15  F. Stettheimer 1949, S. 33.

16  Zit. n. Freedman 2002, S. 191.

17  Zit. n. Bloemink 1995, S. 230.

18  Zit. n. ebd.

19  Zit. n. ebd.

20  Zit. n. ebd., S. 286, Anm. 45.

21  F. Stettheimer 1949, S. 59.

# Bibliographie

**Bücher:** Affron, Charles: *Lillian Gish. Her Legend, Her Life,* New York 2001; Arendt, Hannah: *Rahel Varnhagen. Lebensgeschichte einer deutschen Jüdin aus der Romantik,* München 1959; Barudio, Günter: *Madame de Staël und Benjamin Constant,* Berlin 1996; Benke, Britta: *Georgia O'Keeffe (1887–1986). Blumen der Wüste,* Köln 2006; Bilski, Emily D. und Brown, Emily: *Jewish Women and Their Salons. The Power of Conversation.* Ausst.-Kat. The Jewish Museum New York, New Haven und London 2005; Bloemink, Barbara J.: *The Life and Work of Florine Stettheimer,* New Haven und London 1995; Branden, Robert (Hrsg.): *De Meyer.* With a biographical Essay by Philippe Jullian, New York 1976; Brentzel, Marianne: *Nesthäkchen kommt ins KZ. Eine Annäherung an Else Ury 1877–1943,* Zürich und Dortmund 1993; Brown, Henry Collins (Hrsg.): *Valentine's Manual of Old New York,* New York 1925; Buhler Lynes, Barbara und Lange, Christiane (Hrsg.): *Georgia O'Keeffe. Leben und Werk,* Ausst.-Kat. Kunsthalle der Hypo-Kulturstiftung München, München 2012; Burckhardt, Jacob: *Die Kultur der Renaissance in Italien,* Berlin 1928; Caroll, Lewis: *Alice in Wonderland together with Through the Looking Glass,* London 1948; Caws, Mary Ann: *Henry James,* New York und London 2006; de Chateaubriand, François-René: *Erinnerungen. Mémoires d'outre-tombe,* hrsg., neu übertragen und mit einem Nachwort von Sigrid von Massenbach. München 1968; Clark, Sheila W. (Hrsg.): *The Stettheimer Dollhouse,* New York 2009; Cornut-Gentille, Gilles und Michel-Thiriet, Philippe: *Florence Gould. Une Américaine à Paris,* Paris 1989; Craig, Gordon A.: *Das Ende Preußens. Acht Porträts,* aus dem Englischen von Heinz Siber, München 1985; Curtius, Ernst Robert: *Europäische Literatur und Lateinisches Mittelalter,* zweite Auflage Bern 1954; Gallati, Barbara Dayer und Westheider, Ortrud: *High Society. Amerikanische Portraits des Gilded Age,* Ausst.-Kat. Bucerius Kunst Forum Hamburg, München 2008; Eliot, T. S.: *Gesammelte Gedichte 1909-1962,* hrsg. und mit einem Nachwort von Eva Hesse. Frankfurt am Main 1988; Emmerling, Leonhard: *Jackson Pollock 1912-1956. An der Grenze der Malerei,* Köln 2003; Ernst, Max: *Die Nackheit der Frau ist weiser als die Lehre der Philosophen. Spiegelschrift 4,* Köln 1970; Fischer Sarazin-Levassor, Lydie: *Meine Ehe mit Marcel Duchamp,* mit einem Nachwort von Herbert Molderings, aus dem Französischen von Isolde Schmitt, Wien und Bern 2010 (Kapitale Bibliothek 2); Fraser, Antonia: *Puppen,* aus dem Englischen von Ingeborg Synold von Schütz, Frankfurt am Main 1963; Freedman, Ralph: *Rainer Maria Rilke. Der Meister 1906-1926,* aus dem Amerikanischen von Curdin Ebneter, Frankfurt am Main und Leipzig 2002; Gennini, Ronald: *Theda Bara. A Biography of the Silent Screen Vamp, with a Filmography,* North Carolina 1996; Goethe, Johann Wolfgang: *Italienische Reise. Tag- und Jahrshefte,* hrsg. von Ernst Beutler, dritte Auflage Zürich und München 1977; Götte, Gisela und Birnie Danzker, Jo-Anne (Hrsg.): *Rainer Maria Rilke und die bildende Kunst* *seiner Zeit,* Ausst.-Kat. Clemens-Sels-Museum Neuss, Museum Villa Stuck München, München und New York 1996; GRAHAM, KATHARINE: *Personal History,* dritte Auflage o. O. 1998; GUGGENHEIM, PEGGY: *Out of This Century. Confessions of an Art Addict,* New York 1979; GUIBERT, NOELLE (HRSG.): *Portrait(s) de Sarah Bernhardt,* Paris 2000; HAFTMANN, WERNER: *Malerei im 20. Jahrhundert,* sechste durchgesehene Auflage München 1976; HAMANN, RICHARD: *Geschichte der Kunst. Von der altchristlichen Zeit bis zur Gegenwart,* neue erweiterte Auflage München 1951; HERTZ, DEBORAH: *Die jüdischen Salons im alten Berlin,* aus dem Amerikanischen von Gabriele Neumann-Kloth, Frankfurt am Main 1991; HESS, BARBARA: *Willem de Kooning 1904–1997. Inhalt als flüchtiger Eindruck,* Köln 2007; VON DER HEYDEN-RYNSCH, VERENA: *Europäische Salons. Höhepunkte einer versunkenen weiblichen Kultur,* München 1992; HORSTMANN, LALLY: *Kein Grund für Tränen. Aufzeichnungen aus dem Untergang. Berlin 1943–1946,* aus dem Englischen übertragen und hrsg. von Ursula Voß. Berlin 1995; JÜNGER, ERNST: *Strahlungen I. Sämtliche Werke. Erste Abteilung. Tagebücher II,* Bd. 2. Stuttgart 1979; KEARNS GOODWIN, DORIS: *No Ordinary Time. Franklin & Eleanor Roosevelt: The Home Front in World War II,* New York 1994; GRAF KESSLER, HARRY: *Das Tagebuch 1880–1937,* Bd. 3: 1897–1905, hrsg. von Carina Schäfer und Gabriele Biedermann unter Mitarbeit von Elea Rüstig und Tina Schumacher, Stuttgart 2004; KLUMPJAN, HANS-DIETER UND HELMUT: *Henry D. Thoreau,* dritte Auflage Reinbek 2003; LAFORGUE, JULES: *Berlin, der Hof und die Stadt 1887,* aus dem Französischen übersetzt und miet einem Nachwort versehen von Anneliese Botond, Frankfurt am Main 1969; LAGARDE, ANDRÉ UND MICHARD, LAURENT: *XVIIe Siècle. Les Grands Auteurs du Programme, III,* Paris 1960; DIES.: *XVIIe Siècle. Les Grands Auteurs du Programme, IV,* Paris 1962; LANSON, G.: *Histoire de la Littérature Française,* Paris 1957; LEPENIES, WOLF: *Sainte-Beuve. Auf der Schwelle zur Moderne,* München und Wien 1997; MANN, THOMAS: *Königliche Hoheit,* hrsg. und textkritisch durchgesehen von Heinrich Detering in Zusammenarbeit mit Stephan Stachorski. Frankfurt am Main 2004; MAUGHAM, W. SOMERSET: *Leben und Werk,* hrsg. und mit einem Essay von Thomas und Simone Stölzl. Zürich 2010 Meyer, Agnes E.: *Out of These Roots. The Autobiography of an American Woman,* Boston 1953; MICHEL-THIRIET, PHILIPPE: *Das Marcel Proust Lexikon,* aus dem Französischen von Rolf Wintermeyer, Frankfurt am Main 1992; MINK, JANIS: *Marcel Duchamp 1887-1968. Kunst als Gegenkunst,* Köln 2006; MOLA, PAOLA (HRSG.): *Brancusi. The White Work,* Mailand 2005; MONGRÉDIEN, GEORGES (HRSG.): *Der Abbé de Choisy in Frauenkleidern. Memoiren,* aus dem Französchen von Julia Kirchner, Frankfurt am Main 1969; MÜLLER, HARTMUT: *Lord Byron,* Reinbek 1981; OVID: *Metamorphosen,* Bremen o. J. (Sammlung Dieterich 35); MUSGRAVE, CLIFFORD: *Queen Mary's Doll's House,* London 1978; NACHAMA, ANDREAS; SCHOEPS, JULIUS UND SIMON, HERMANN (HRSG.): *Juden in Berlin,* Berlin 2001; NOBLE, JOHN: *Dolls,* London 1967; DERS.: *A Fabulous Dollhouse of the Twentieth. The Famous Stettheimer Dollhouse at the Museum of the City of New York,* New York 1976; PEARSON, JOHN: *Façades. Edith, Osbert, and Sacheverell Sitwell,* Lon-

don 1978; DERS.: *The Private Lives of Winston Churchill,* New York 1991; POPE-
HENNESSY, JAMES: *Queen Mary 1887–1953,* dritte Auflage London 1959; PROUST,
MARCEL: *Auf der Suche nach der verlorenen Zeit,* aus dem Französischen von Eva
Rechel-Mertens, Frankfurt am Main 1967; DERS.: *Essays, Chroniken und andere
Schriften,* aus dem Französischen von Henriette Beese, Luzius Keller und Helmut
Scheffel, Frankfurt am Main 1992; RATCLIFF, CARTER: *John Singer Sargent,* siebte
Auflage New York 1982; REIMBOLD, ERNST THOMAS: *Der Pfau. Mythologie und
Symbolik,* München 1983; RIES, HELMUT: *Kronprinz Wilhelm,* Hamburg u. a. 2001
Rilke, Rainer Maria: *Die Dame mit dem Einhorn,* siebte Auflage Frankfurt am
Main 1993 (Insel-Bücherei 1001); DERS.: *Die Gedichte,* Frankfurt am Main und
Leipzig 2006; ROETHLISBERGER, MARCEL: *Im Licht von Claude Lorrain. Land-
schaftsmalerei aus drei Jahrhunderten,* Aust.-Kat. Haus der Kunst München,
München 1983; RUBINSTEIN, HELENA: *My Life for Beauty,* London 1965; RUDOLPH,
HERMANN (HRSG.): *Theodor Heuss / Elly Knapp. So bist du mir Heimat geworden.
Eine Liebesgeschichte aus dem Anfang des Jahrhunderts.* Stuttgart 1986; SAINT SI-
MON: *Erinnerungen. Der Hof Ludwig XIV. und die Régence,* hrsg. von Ingeborg
Stahlberg und Fritz Nies, Karlsruhe und Stuttgart 1969; SALBER, WILHELM: *Anna
Freud;* Reinbek 1985; SANOUILLET, MICHEL UND PETERSON, ELMER (HRSG.): *The
Writings of Marcel Duchamp,* New York 1973; SARTRE, JEAN PAUL: *Die Wörter,* aus
dem Französischen mit einer Nachbemerkung von Hans Mayer. Reinbek 1965
Secrest, Meryle: *Being Bernard Berenson. A Biography,* London 1979; SIMANOW-
SKI, ROBERTO; TURK, HORST UND SCHMIDT, THOMAS: *Beiträge zur Internationa-
lität des literarischen Salons,* Göttingen 1999; SIMON, LINDA: *Alice B. Toklas, une
Américaine à Paris, témoin des années folles,* aus dem Englischen von Jacqueline
Huet, Paris 1984; SOLOVIEFF, GEORGES (HRSG.): *Kein Herz, das mehr geliebt hat.
Madame de Stael. Eine Biographie in Briefen,* aus dem Französischen von Rudolf
Wittkopf, Frankfurt am Main 1979; SPEISER, WERNER: *Die Kunst Ostasiens,* Berlin
1956; SPITZER, LEO: *Eine Methode Literatur zu interpretieren,* hrsg. von Kurt May
und Walter Höllerer, aus dem Englischen von Gerd Wagner, München 1966; STEI-
NER, GEORGE: *Grammatik der Schöpfung,* aus dem Englischen von Martin Pfeiffer,
München und Wien 2001; STEWART-WILSON, MARY: *Das schönste Puppenhaus der
Welt,* München 1989; SUSSMAN, ELISABETH; BLOEMINK, BARBARA UND NOCHLIN,
LINDA: *Florine Stettheimer: Manhattan Fantastica,* Ausst.-Kat. Whitney Museum
of American Art New York, New York 1995; TADIÉ, JEAN-YVES: *Marcel Proust,* Pa-
ris 1996; THE MUSEUM OF MODERN ART (HRSG.), *Five American Sculptors: Calder,
Flanagan, Lachaise, Nadelman, Lipchitz,* New York 1969; TYLER, PARKER: *Florine
Stettheimer. A Life in Art,* New York 1963; VAGET, HANS RUDOLF: *Thomas Mann,
der Amerikaner. Leben und Werk im amerikanischen Exil 1938–1952,* Frankfurt am
Main 2011; VANDERBILD, JR., CORMELIUS: *Queen of the Golden Age. The Fabulous
Story of Grace Wilson Vanderbildt,* Maidstone 1989; VAN VECHTEN, CARL: *Sa-
cred and Profane Memories,* New York 1971; VOSS, URSULA: *Der Katzenkönig der
Kinder. Balthus und Rainer Maria Rilke,* Frankfurt am Main und Leipzig 2008;
DIES.: *Die Schöne Jüdin in Marcel Prousts Leben und Werk,* Köln 2007; DIES.: *Ber-*

284

*trand Russell und Lady Morell*, Berlin 1999; DE WAAL, EDMUND: *The Hare with Amber Eyes. A Hidden Inheritance*, London 2010; WAGSTAFF, SHEENA (HRSG.): *Edward Hopper*. Ausst.-Kat. Museum Ludwig Köln. Ostfildern-Ruit 2004; WASTE, HENRIE: *Philosophy: An Autobiographical Fragment*, london und New York 1917; WATSON, STEVEN: *Strange Bedfellows. The First American Avantgarde*, New York 1991; DERS. UND MORRIS, CATHERINE (HRSG.): *An Eye on the Modern Century. Selected Letters of Henry McBride*, New Haven und London 2000; WEITZENHOFFER, FRANCES: *The Havemeyers. Impressionism Comes to America*, New York 1986; YOUNG-BRUEHL, ELISABETH: *Hannah Arendt. Leben, Werk und Zeit*, aus dem Englischen von Hans Günter Holl, Frankfurt am Main 2000

**Zeitungen und Zeitschriften:** BUDRAS, CORINNA: »»Die Große Depression läßt sie nicht mehr los.‹ Die Weltwirtschaft steckt in der größten Krise seit der Großen Depression. Vier New Yorkerinnen erinnern sich an diese Zeit«, *F.A.Z.* (7. Januar 2009); CROCE, ARLENE: »The Loves of his Life. What the choreographer Frederick Ashton needed to create British dance«, *The New Yorker* (19. Mai 1997); GILMAN, L. SANDER: »Salome, Syphilis, Sarah Bernhardt and the ›Modern Jewess‹«, *The German Quarterly*, 66,2 (1993); HOOBLER, DOROTHY UND THOMAS: »Stealing Mona Lisa«, *Vanity Fair* (Mai 2009); HÖRISCH, JOCHEN: »To be or not to be. Das Geheimnis vom Tier, das es nicht gibt«, *N.Z.Z.*, 296 (20./21. Dezember 1997); HUGHES, ROBERT: »Tourist First Class. In New York a major show of John Singer Sargent«. *TIME* (27. Oktober 1986); KLINGENSTEIN, SUSANNE: »Vom ›Judensofa‹ zum Barhocker. Auf den Schultern von Riesinnen: Salons in der Neuen Welt«, *F.A.Z.*, (19. Oktober 2005); KRISTEVA, JULIA: »Les métamorphoses du Ritz. Le siècle de Proust de la Belle Époque à l'an 2000«, *Magazine littéraire Hors Série*, 2 (2000); LACAYO, RICHARD: »Decaptivating. Yinka Shonibare's headless sculptures make a witty, damning commentary on colonialism«, *TIME* (20. Juli 2009); MAAK, NIKLAS: »Der Glanz der frühen Jahre. Die amerikanische Porträtkunst des neunzehnten Jahrhunderts gilt als Kitsch. Zu Unrecht, wie jetzt in Hamburg eine große Ausstellung zum ›Gilded Age‹ zeigt«, *F.A.Z.* (30. Juli 2008); Metken, Günter: »Kunst und Lebenskunst. Das Gewissen des neunzehnten Jahrhunderts: John Ruskin, Ästhet und Moralprediger«, *F.A.Z.* (15. Januar 2000); DE MILLE, AGNES: »The Dancer from the Dance. An excerpt from her new biography *Martha*«. *Vanity Fair* (August 1991); PAUL, BARBARA: »Drei Sammlungen französischer impressionistischer Kunst im kaiserlichen Berlin: Bernstein, Liebermann, Arnhold«, *Zeitschrift des deutschen Vereins für Kunstwissenschaft* 42,3 (1988); RICHARDSON, JOHN: »High Life in the Doll's House«, *Vanity Fair* (Dezember 1986); STENZEL, JÜRGEN: »Silverstein's war'n nicht dabei. Edwin Bormann *Kinderscene*«, Frankfurter Anthologie 15 (1992), S. 107–110; STEVENS, MARK: »Sargent's Pepper. This month, Washington, D.C.'s National Gallery of Art explores how John Singer Sargent, who captured society with such perfectly cool aplomb, created his hot-blooded sensation, El Jaleo«, *Vanity Fair* (November 1998); VOSS, URSULA: »Lehrerin ihrer Nation. Die Eleanor Roosevelt Story«, *F.A.Z.*, (1. September 1973)

# Personenregister

1. Auflage 2014
© Parthas Verag Berlin
Alle Rechte vorbehalten

Parthas Verlag Berlin
Gabriela Wachter
Planufer 92d, 10967 Berlin
www.parthasverlag.de

Lektorat: Dino Heicker
Gestaltung und Satz: Lisa Kröning
Covergestaltung: Pina Lewandowsky
Gesamtherstellung: GGP Media GmbH

Coverabbildungen: Florine Stettheimer, *Heat*, 1919 (vorne), Florine
Stettheimer, *Love Flight of a Pink Candy Heart*, 1930 (hinten)

ISBN: 978-3-86964-077-8